浙江贯彻落实习近平总书记

"疫情要防住、经济要稳住、发展要安全"

重要指示要求的实践与探索

浙江干部学习培训教材

稳进提质 除险保安 塑造变革
攻坚克难案例选

浙江干部培训教材编审指导委员会◎编

浙江人民出版社

前　言

　　党的二十大提出全面建成社会主义现代化强国的宏伟目标，指出高质量发展是全面建设社会主义现代化国家的首要任务，强调要增强干部推动高质量发展本领、服务群众本领、防范化解风险本领。这些重大要求，为锻造高素质干部队伍提供了根本遵循。

　　斗争一线是最好课堂，攻坚案例是最好教材。2022年以来，面对复杂严峻的国际环境和艰巨繁重的发展任务，特别是面对需求收缩、供给冲击、预期转弱三重压力，中共浙江省委坚决贯彻习近平总书记"疫情要防住、经济要稳住、发展要安全"重要指示精神，提出稳进提质、除险保安、塑造变革的工作要求。全省广大干部坚决落实中央、省委决策部署，高效统筹疫情防控和经济社会发展，推动经济回升向好，确保经济运行在合理区间，为稳住全国经济大盘打下坚实基础、作出浙江贡献。

　　在这个过程中，各地各单位因地制宜创新推出了一批有效管用的硬招实招，涌现了一批可复制可推广的生动案例。比如，扎实推进经济稳进提质攻坚行动，破解发展难题、激发企业活力；抓紧抓实疫情防控工作，筑牢疫情防控坚固防线；大力开展除险保安攻坚，创造安全稳定的政治社会环境；等等。这些典型案例展示了习近平新时代中国特色社会主义思想在浙江忠实践行"八八战略"、坚决做到"两个维护"、奋力推进"两个先行"实践中的巨大指导作用,是帮助广大干部学习领会习近平新时代中国特色社会主义思想的生动教材,也是做好改革发展稳定各项工作的重要参考。

抓好大学习、干部大培训,要有好教材。各级各类干部教育培训要注重用好这本教材,进一步加大干部教育培训中案例教学力度,突出实战实效、精准破解难题,教育引导广大干部深入学习贯彻党的二十大精神和省第十五次党代会精神,坚定拥护"两个确立"、坚决做到"两个维护",在全面建设社会主义现代化国家、全面推进中华民族伟大复兴的新时代新征程中展现浙江干部的新形象、新担当、新作为。

目 录

冲锋在前 奋勇担当
在大战大考中彰显督查铁军本色

——省委办公厅扎实推动省委疫情防控工作部署落实

摘要 为贯彻落实习近平总书记"疫情要防住、经济要稳住、发展要安全"的重要指示精神，按照省委领导指示要求，省委办公厅干部闻令而动，多次深入疫情一线开展督查。对标中央和省委关于疫情防控工作部署要求，综合研判相关地方疫情防控形势，精心谋划督查方式方法，聚焦重点场所、重点人群和重点环节，坚持"四不两直"开展疫情防控工作督查，及时发现问题，闭环督促整改，压紧压实各方责任，为推动疫情防控工作落实落细提供了强有力的督查保障，在大战大考中彰显了督查铁军本色。

关键词 疫情防控 大战大考 督查铁军

一、背景情况

新冠肺炎疫情发生以来，省委办公厅按照省委领导指示要求，多次紧急派员到最危险的防疫一线开展督查，与基层干部同

　　聚焦重点人群。着重督查重点人员管控是否到位，赋码是否精准；转运隔离人员底数是否掌握，分别转运到哪里，是否有工作人员跟进，是否应隔尽隔、应隔快隔；对重点人员（孕妇、重症患者）是否有相应保障措施等。比如，赴嘉兴市督导期间，督查组兵分三路对平湖市防疫"三区"管控、流调溯源、人物同防等重点措施落实情况进行暗访督导，发现一小区某幢楼为封控区，但有几十人未及时转运。督查组及时将问题上报，并交属地整改落实。对暗访发现的海宁市许村镇新设隔离酒店选址不合理，"三区两通道"设置不规范，隔离区消杀不到位，废弃物管理存隐患，隔离人员超员严重等漏洞，督促当地严格按照工作规范，抓好隔离点有关工作，严防发生隔离酒店感染事件。

督查组深入封控区了解情况。

聚焦重点环节。比如，义乌"8·2"疫情期间，针对义乌这个拥有240万人口的城市如何保供保畅问题，选定义乌国际商贸城为基点，走访商户、客户，了解疫情对外贸、上下游产业的影响，并结合走访调研情况，延伸到相关物流基地、制造业企业、商务、税务部门等进行调研督查，对保供保畅情况深入细致督导，发现问题更加全面，更具决策参考价值。

（三）把握节奏、压茬督导

根据疫情变化趋势，以问题为导向，盯牢工作短板，及时调整督查方向，督促地方完善工作体系，高效统筹疫情防控和经济社会发展。

在全域静默期间，有的地方容易出现"三区"管控始终没有真正"静下来"，各类风险"放大器"不断增多的问题。比如，衢州市衢江区在3月13日发生疫情，省委督查室派员到达衢江区后，了解到疫情源头在廿里镇白马新村，但零号病例尚未锁定。经综合分析，认为当务之急是确保白马新村封控到位、坚决阻断传播链。督查组当即奔赴白马新村实地查看封控情况，发现村里的沿街商铺并未封控，存在严重的防控漏洞，于是第一时间将此问题上报，并以督查单的形式将问题交办，有效防止了疫情扩散。

在静默管理期间，往往出现物流企业复工复产不及时，给闭环生产带来制约的问题，就要重点督导保供保畅、闭环生产工作。比如，义乌"8·2"疫情静默管理期间，督查发现某物流公司多辆货车滞留在周边县市，车上货物价值上千万，货物安全存在风险。企业负责人表示，企业无法及时知晓静默等重要政策信息，也不了解保畅的具体措施。针对这一情况，督查组建议当地更好统筹疫情防控和市内重点物流企业复工复产，因时因势尽力畅通物流，系统解决上下游企业供应链问题，保障企业恢复正常产能。省委领导批示肯定督查组工作深入细致、善于发现关键问题，为打赢义乌"8·2"疫情歼灭战发挥了重要作用。

（四）闭环整改、用好成果

把建立发现问题整改反馈机制，纳入开展防疫工作督查的重要内容，切实督促指导地方把疫情防控各个环节的工作做到位。一方面，采取当面提、现场导的方式，对督查中发现的一般性问题及时督促整改，做到立行立改。另一方面，闭环落实督查反馈。每天将发现的问题以专报形式反馈给地方疫情防控指挥部，由当地以指令单的形式将具体问题落实到责任单位，责任单位对照反馈问题查漏补缺、逐项整改，向督查组报告整改落实情况，确保督查工作落地见效。

三、经验启示

（一）坚持忠诚使命担当

疫情就是命令，防控就是责任，越是关键时刻，越要担负起党员干部的责任，越要展现督查干部的担当。战时状态下，要拉得出、顶得上，发挥得了作用，以"人民至上"的责任感和使命感深入一线督查，把织牢织密疫情防控监督网作为忠诚拥护"两个确立"、坚决做到"两个维护"的具体行动，把每一次督查当作政治历练，用督查工作实绩体现对党和人民的负责。

（二）坚持强化督查合力

在有限人员力量、有限时间的前提下高效打好疫情防控工作督查攻坚战，必须坚持系统观念，建立多部门的沟通协调机制，凝聚督查合力，发挥联动优势。坚持上下联动，充分借助当地的督查力量，形成多方联动、内外协助的工作格局，实现力量共聚、信息共享、人少多办事，确保出色完成督查工作。

（三）坚持优化督查打法

疫情防控形势不断变化，督查工作不断面临新情况、新问题和新挑战，必须认真领会中央和省委最新决策部署，紧扣不同阶段疫情防控的新要求、新特点和新规律，总结优化督查方案，做到每日及时总结，研判疫情进展，动态升级督查打法，确保靶向精准、督出实效。

思考题

1.病毒在不断变异，疫情防控机制在迭代升级，同一疫情不同阶段的督查重点也有不同。如何提升督查工作质效，提高疫情防控工作督查的精准性、时效性、科学性？

2.疫情防控督查带有专业性特点，督查组成员往往临时抽调。如何将疫情防控工作督查培训纳入防疫工作体系，加强督查培训和实战演练，做到有备无患？

省委办公厅　推荐

二、主要做法

（一）找准问题症结

通过研究分析发现，国际贸易中应对汇率风险的主要金融工具是汇率套期保值，即外贸企业与国外进口商签订贸易订单，并明确交货和收汇时间以后，提前通过银行金融机构以当期报价向国际外汇市场出售同等数量外汇，这样可以有效避免收汇时汇率发生变化造成损失。据调查，2020年，仅26.6％的浙江外贸企业购买银行汇率避险产品，使用汇率避险工具的比例总体偏低，特别是近90％的小微外贸企业没有使用汇率避险工具。主要原因有两个方面：

从银行层面看：一是服务动力不足。相较于大企业财务机制全、单笔业务大等特点，小微外贸企业单笔套期保值金额普遍较小，银行金融机构服务中小企业缺乏动力，普遍存在"做大不做小"的情况。二是产品针对性不强。银行金融机构汇率避险产品较少针对小微外贸企业，办理渠道以线下为主，线上产品的普及度相对不够，对汇率波动的响应不够灵活。三是队伍专业性不够。外汇业务对银行工作人员的专业素质要求较高，但基层银行网点外汇专业人员往往相对短缺，外贸企业外汇业务诉求需层层上报至省级分行办理，效率较低。

从企业层面看：缴纳保证金是外贸企业开展套期保值的前提条件，目的是规避参与交易企业到期履约时可能产生的违约风险。购买银行汇率避险产品同样需要外贸企业缴纳保证金（一般为标的额的5%），或者占用相应银行授信额度，并且在锁汇期内一旦汇率波动幅度超过银行风险容忍范围，银行金融机构将随时要求外贸企业增加保证金。由于小微外贸企业流动资金一般较为紧张，保证金本身又会带来新的财务成本，缴纳难度较大。面对参与汇率套期保值的诸多壁垒，很多小微外贸企业产生了"赌一把汇率"的想法，导致企业经营风险大幅增加。

综上分析，推动小微外贸企业参与汇率避险，需要从银行端、企业端双向发力，核心是解决保证金问题。据测算，全省小微外贸企业年收付汇金额接近2000亿美元，仅保证金就超过100亿美元，巨额保证金是政府、银行、企业难以承受之重，也是汇率避险政策需要突破的核心难点。

（二）开出政策处方

工作专班经深入分析后认为，银行金融机构要求外贸企业缴纳保证金，主要目的是预防外贸企业发生交易违约行为，保证金是弥补交易损失的根本保障；小微外贸企业不愿缴纳保证金，主要原因是财务成本高、流动资金紧张，绝大部分外贸企业并非抱着违约得利的目的。如果能够有效控制小微外贸企业的违约比例，用政府性担保代替保证金，为小微外贸企业汇率套期保值提供履约担保，那么银行金融机构就得到了风险保障，小微外贸企业也免去了保证金，汇率避险主要政策难题就能迎刃而解。经过多方研究论证，形成以下汇率避险总体政策框架：

　　总体工作思路：遵循服务对象普惠性、业务操作便利性、政策引导长期性原则，充分利用现有金融市场汇率套期保值政策工具，在不增加企业负担、风险各方共担的前提下，满足小微外贸企业汇率避险需求，帮助小微外贸企业稳定预期、关注主业、防范风险，夯实全省外贸持续稳定发展基础。

　　主要服务对象：根据国务院关于政府性融资担保以支农支小为主业的精神要求，结合浙江小微外贸企业汇率避险问题最为突出的实际情况，汇率避险政策服务对象为浙江省内从事外贸出口的小微企业。小微企业鉴定标准按照《关于印发中小企业划型标准规定的通知》（工信部联企业〔2011〕300号）执行。

　　业务操作流程：一是小微外贸企业接受订单后，根据结汇周期向银行金融机构提出汇率套期保值业务需求。二是银行金融机构将审核通过的业务提交政府性担保机构复审，担保机构对复审通过的业务在担保额度内按照合约5%的额度出具等值人民币担保保函。三是结售汇产品到期时，企业按照合约办理资金交割手续。若企业未按合同约定进行资金交割，政府性担保机构则在担保额度内启动履约保障机制，弥补银行金融机构交易亏损。对于失信企业，由担保公司发起司法追偿，并将该企业纳入社会综合信用体系予以惩戒。

　　综合政策支持：将汇率避险担保业务纳入政府性融资担保扶持政策范围，参照支小支农等政策性业务对担保机构给予费用补贴。对于小微外贸企业未按照合同约定办理资金交割手续造成的交易亏损，银行、省担保集团、市县政府性融资担保机构按3：

3∶4的比例承担风险。

（三）评估政策效果

按照上述政策方案，以小微外贸企业贸易规模2000亿美元、企业参与率30％、贸易周期3个月、保证金5％、担保费1％、再担保费0.12％、汇率水平6.5人民币/美元测算，各级财政需为企业承担担保费3656万元、企业再担保439万元，合计4095万元。如果出现0.1％的企业违约率且未预期到的汇率波动在5％以内，根据银行、省担保集团、市县政府性融资担保机构按3∶3∶4的比例承担风险进行测算，各方需承担损失分别为110万元、110万元和146万元。随着小微外贸企业参与比例不断提高，所需资金在完全可控的范围内。但从政策效果看，可以在不增加企业任何负担的前提

外汇管理部门联合银行金融机构，开展汇率避险融资担保增信签约。

下，为浙江60%的外贸企业、100%的小微外贸企业、34%的收付汇金额提供汇率避险政策保障，有利于大幅提升浙江小微外贸企业汇率风险防范水平。可以说，该项政策花少量的钱解决了小微外贸企业汇率避险的大问题，获得了财政资金"四两拨千斤"的政策效果。

三、经验启示

（一）攻坚克难是谋事的前提

事非经过不知难。汇率避险政策没有先例可循，没有具体经验可借鉴，面对小微外贸企业的迫切需求，唯有把"事不避难"内化于心、外化于行，责任面前不摆手，困难面前不缩手，主动作为不甩手，事不干成不撒手，紧紧咬住目标全力攻坚克难，才能找到解决问题的方法和出路。

（二）调查研究是干事的基础

调查是解决问题的基础，是谋划工作、科学决策的重要依据。在研究汇率避险政策的过程中，省政府办公厅沉下身子调查研究，多次召开座谈会，广泛听取外贸企业、银行、担保公司、基层政府、行业主管部门的意见，真正搞懂汇率内部逻辑，理清各方主要诉求，最终逐步形成有针对性的对策举措。

（三）改革创新是成事的关键

政府有为和财力有限是制定政策的过程中不可回避的矛盾。在研究汇率避险政策时，面对巨额保证金，创新推动财政资金与金融工具协同运用，发挥财政资金的"撬动"作用和杠杆放大效应，实现了财政投入高效益、金融支持有保障、经济发展高质量的良性互动，这是现代政府有效应对复杂局面的必然要求，也是现代政府提升经济治理能力的重要体现。

思考题

1.如何进一步破解个体工商户汇率避险难题？

2.如何推动政府性担保更加广泛地参与经济治理，在全省稳企业、保民生、促发展工作中发挥更大的作用？

省政府办公厅　推荐

"民生议事堂"：搭建起群众身边"有事好商量"新平台

——省政协打造基层协商品牌助力基层社会治理

摘要 省政协深入学习贯彻习近平总书记关于"疫情要防住、经济要稳住、发展要安全"的重要指示精神，坚持"党委领导、政府支持、政协搭台、各方参与、服务群众、助推治理"原则，在基层全面推进"民生议事堂"建设。围绕"协商议事的好平台、凝心聚力的好渠道、反映民意的好窗口、服务群众的好桥梁"功能定位，省政协指导各地更好推动政协协商与基层协商相衔接、与基层社会治理相结合，在实践全过程人民民主、助力助推"三个要"中发挥更大作用，采取一系列创新举措，积极助力疫情防控和经济社会发展大局，构建基层群众表达诉求、反映意愿的新通道，获得政协履职管用、委员和群众代表爱用、基层党委和政府感到受用的效果，呈现出良好的发展态势。

关键词 政协协商　基层治理　协商建言　凝聚共识

一、背景情况

2022年4月，中央政治局会议对当前经济形势作出全面研判，指出稳增长、稳就业、稳物价面临新的挑战，做好经济工作、切实保障和改善民生至关重要，并提出了"疫情要防住、经济要稳住、发展要安全"的重大部署。新的形势和任务对基层政协履行专门协商机构主业主责提出了新的要求。落实"三个要"任务，需要发挥包括政协协商在内的协商民主的重要作用。如何推动政协协商与基层协商有效衔接，让政协委员常态化走进企业、走进社区、走进乡村、联系群众，了解基层和群众诉求，让人民群众感到委员就在身边、政协离自己很近，把人民政协制度优势转化为参与基层社会治理的效能，成为新时代人民政协需要破解的一个课题。为此，省政协坚持"党委领导、政府支持、政协搭台、各方参与、服务群众、助推治理"原则，指导推动各级政协在基层全面推进"民生议事堂"建设，着力把"民生议事堂"打造成实践全过程人民民主、助力助推"三个要"的重要载体，使其呈现出良好的发展态势，取得了助发展、惠民生、聚共识、促和谐的明显成效。

二、主要做法

（一）把握创建方向，加强顶层设计

省政协按照"不建机构建机制"的要求，牢牢坚持把党的领导贯穿平台建设全过程各方面，制定《政协浙江省委员会关于推进"请你来协商·民生议事堂"平台建设的指导意见》《"民生议事堂"协商议事工作规则》等文件，对平台建设的总体要求、功能定位、平台运行、工作机制、组织保障等作出规定，为基层政协提供明确的规范。在试点推进、典型引路的基础上，省政协着

海宁市政协袁花镇民生议事堂"打造特色产业线　拓宽农民共富路"协商现场。

助力基层防疫。又如，杭州滨江区政协着力提高协商活动的开放度、亲和力，在组织"美好生活共同体"协商活动时，采用网络视频直播模式吸引青年人才为美好滨江建设注入热情和智慧。

三、经验启示

（一）坚持党的领导是确保"民生议事堂"行稳致远的根本前提

党的领导是人民政协这一新型政党制度具有旺盛生命力的前提和根本。"民生议事堂"作为省政协打造的重要履职载体，要把党的领导贯穿平台建设全过程各方面，聚焦"两个先行示范"，把握"双向发力"主旨，更好地通过这一平台的有效运行和民主程序，把党的主张转化为社会各界的共识和行动，团结引领各方面忠诚拥护"两个确立"，坚决做到"两个维护"。在"民生议事堂"实践中，各地政协认真贯彻落实中央和省委关于"三个要"等一系列决策部署，争取党政领导参加协商活动，政协党组加强领导、精选议题，党员委员发挥先锋模范作用，引领各界委员和群众广泛参与。

（二）助力打造全过程人民民主省域典范是新形势下"民生议事堂"的职责使命

习近平总书记指出，有事好商量、众人的事情由众人商量，找到全社会意愿和要求的最大公约数，是人民民主的真谛。他还创造性地提出发展全过程人民民主的重大理念。省委明确要积极打造践行全过程人民民主的省域典范。各市县政协开门是群众，出门是基层，社会治理的重点在基层，难点也在基层，推进"民生议事堂"建设，推动政协协商向基层延伸，在镇街层级搭建政协协商平台，是政协发挥独特优势、彰显更大担当的有效举措。要紧密围绕当前形势，助力基层治理，进一步延伸协商链条，丰富协商形式，扩大协商群体，凝聚最广泛的人心力量。推进政协协商与基层协商衔接融合，不断丰富"有事好商量、众人的事情由众人商量"的实践形式，更好地彰显全过程人民民主的特点和优势。

（三）注重协商于民、协商为民是"民生议事堂"发挥作用的关键所在

"民生议事堂"搭建在基层，在察民情、解民忧、聚民心等方面具有独特优势。推进"民生议事堂"建设，开辟了政协走进基层、融入群众的新途径，构建了基层群众表达诉求、反映意愿的新通道。要始终坚持协商于民、协商为民，聚焦群众"急难愁盼"问题，找准民生议题与共同富裕示范区建设的契合点、共振点，让协商建言"商"在民生小事关键处，"议"在群众百姓心坎上，"建"在党委、政府关注点，充分彰显专门协商机构助力"三个要"的独特作用。

（四）完善制度机制是"民生议事堂"质效持续提升的重要保障

"民生议事堂"工作已被纳入省委《关于加强和改进新时代市县政协工作的实施意见》中，要进一步健全完善配套制度，制定工作规则，大力推进"民生议事堂"、委员工作室、社情民意信息联系点"三位一体"建设。尤其要运用数字政协拓展网上履职功能，上下联动、左右协同、一体贯通，串起各级政协组织和政协委员的履职链，实现优势互补、能量互赋、成果互促。同时，要保证界别群众参与度，协商活动中邀请的群众代表、利益相关方要占多数，多听群众说，多请群众议，多给群众平等参与、充分协商的机会，切实把平台打造成协商议事的好平台、凝心聚力的好渠道、反映民意的好窗口、服务群众的好桥梁，打造成在群众身边、与群众亲近、扎根基层、深入人心的协商品牌。

思考题

1.如何更好地贯彻落实习近平总书记关于加强和改进人民政协工作的重要论述，解决"民生议事堂"推进实践中遇到的困难？

2.基层如何更好地运用"民生议事堂"载体，助推高质量发展、竞争力提升、现代化先行和共同富裕示范？

省政协办公厅　推荐

以有力督导为打赢疫情歼灭战提供坚强纪律保障

——省纪委省监委开展义乌"8·2"疫情防控督导纪实

摘要 金华义乌"8·2"疫情，是浙江正面应对奥密克戎变异株BA.5.2的第一仗，也是国家第九版防控方案发布后浙江处置的第一次大规模聚集性疫情。自2022年5月底以来，省纪委省监委坚决贯彻落实习近平总书记"疫情要防住、经济要稳住、发展要安全"的重要指示精神，部署开展"防疫情、稳经济、保安全，迎接党的二十大胜利召开"专项政治监督。义乌"8·2"疫情暴发后，按照省委书记袁家军的指示要求，省纪委省监委会同省委督查室第一时间抽调11名干部组成联合督导组，于8月4日连夜赶赴义乌市开展疫情防控督导，全力克服病毒传播快、隐匿性强、人员流动性大、罕见高温天气等重重困难，深入一线排查疫情防控盲区、漏洞、死角，为全面打赢疫情攻坚战、歼灭战，夺取疫情防控与经济社会发展"双赢"战果提供了坚强纪律保障。

关键词 疫情防控 督导 责任 作风 机制

一、背景情况

2022 年 8 月 2 日 15 时，义乌市在对外省协查管控人员中发现 4 例新冠肺炎阳性感染者，当日重点区域核酸检测发现阳性混管 12 个，为浙江疫情首日发现感染者之最。这次义乌"8·2"疫情面对的是奥密克戎新的变种 BA.5.2，其传播能力是德尔塔的 3.65 倍、奥密克戎 BA.2 的 1.39 倍，至 8 月 6 日，短短 4 天时间，累计报告的阳性感染者突破 200 例。更加困难的是，作为世界小商品之都，义乌市常住人口 240 万，人员密集、流动人口多、互动交流频繁、国内外客商流动，叠加暑期旅游旺季和罕见高温天气等因素，"外防输入、内防外溢"的压力巨大。

疫情发生后，省委、省政府高度重视。省委书记袁家军先后 2 次视频连线、10 次作出重要批示，并指示省纪委会同省委督查室成立联合督导组，查找疫情防控死角盲区、堵塞漏洞短板。

二、主要做法

（一）闻令而动、快速响应，构建高效指挥体系

疫情就是命令，防控就是责任。监督"集结号"吹响后，省纪委主要负责人高度重视，立刻部署，明确由省纪委副书记陈澄牵头，迅速进行平战转换，组织安排赴义乌开展督导工作。接到

任务后仅1个小时，一支由省纪委8名同志、省委督查室2名同志组成的精干力量便完成了集结，直奔义乌疫情防控一线。

"工作重点死角盲区，工作方法即查即改，工作要求每日一报，工作目标压实责任，工作绩效早日清零……"在行进路上，陈澄边赶路边办公、边动员边部署，行进之间便向督导组成员明确了工作任务和具体举措。到达义乌后，督导组立即分成小分队，采用机动的方式，不打招呼、直奔现场，到江东街道石塔头村、青口夜市等此次疫情封控核心区仔细检查区域管控、人员运转情况。

在省纪委的靠前指挥下，"战时"督导机制快速激活，以省市县三级纪委为主，成立8支联动督查组，开展扁平化指挥、"一盘棋"作战。

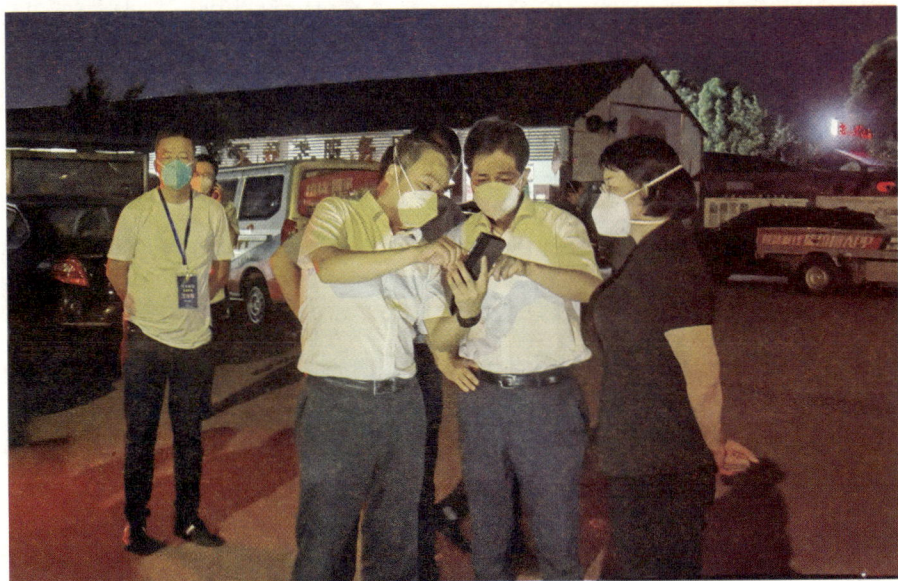

督导组在江东街道石塔头村检查区域管控、人员转运情况。

（二）紧扣重点、查漏补缺，精准有效开展督导

"我们每天根据省委领导的指示批示以及市防控办传送的疫情最新形势，综合研判后明确1—2项督导主题。各组从早上7点开始部署、督查，一直持续至晚上10点左右，回来后再碰头会商。督导情况由专门同志负责及时汇总梳理后形成专报，当天上报省委、省政府和省纪委省监委相关领导，全部工作结束经常要到凌晨两点。"督导组联络员陆军介绍道。

连日来，8支督查组深入义乌全市镇街、村社，走遍大街小巷，针对奥密克戎BA.5.2疫情防控的新特点新规律，"瞪大眼睛"查漏补缺：在疫情暴发初期，紧盯核酸检测"应检尽检"、转运隔离"应隔尽隔"，以及"五快"要求有序衔接落实等，督促推动重点任务日结日清，形成闭环；在全域静默管理期间，紧盯静默措施执行、物资供应保障、重点人群特殊需求等，督促推动社会面静下来、民生保障跟上去，力争早日实现清零目标；在疫情平稳向好阶段，紧盯干部的厌战情绪、松劲心态，加强对保畅保供、企业复工复产举措落实情况的督导检查……

督导的14天中，共检查点位6165个，走访企业162家，发现问题1911个，提出意见建议486条，形成疫情防控督导专报14期。省委书记袁家军多次在专报上批示："督导组工作深入细致、善于发现关键问题，为打赢义乌'8·2'疫情歼灭战发挥了重要作用。"

（三）压实责任、严实作风，最短时间督促整改

在疫情防控的紧要关头，有没有亮出最鲜明的态度、采取最有力的行动、落实最务实的举措？党员干部有没有履职到位？

8月10日，针对疫情暴发初期少数干部工作思路不清晰、行动不迅速、落实不坚决，导致转运、隔离环节秩序混乱，核酸检测出现漏洞等问题，督导组第一时间督促指导金华市纪委市监委进行追责问责，对4起典型案例进行通报，充分释放对犹豫不决贻误战机、工作粗枝大叶、落实不严不细不到位等问题严肃处理的鲜明信号，让各级党员干部受到警示和教育，在疫情防控战役中做实每个环节、把好每个关口、守牢每块阵地。

在严明纪律的同时，督导组还注重压紧压实属地党委、政府的主体责任，第一时间将问题直通反馈整改。比如，义乌市实行全域静默管理后，针对流浪乞讨人员、居无定所人员、在义滞留人员这"三类"人员还没有完全管起来的问题，督导组以专报形式反馈至金华市疫情防控指挥部，建议抓紧研究制定"三类"人员管控和救助措施。金华市委负责人高度重视，第一时间召集民政、公安、行政执法及相关街道负责人，部署开展相关问题自查自纠工作。疫情期间，义乌市排摸并安置"三类"人员共计3000余人，将其对社会面风险降到了最低。

（四）由点及面、举一反三，推动完善制度机制

"根据我们初步了解的情况，金华莱逸园环保科技有限公司是

金华唯一处置医废的企业，当前，医废处置能力出现较大缺口，医废去向存在重大隐患。"第五督查组负责人反映。

疫情发生以来，一些核酸检测点、转运场地经常发生口罩、隔离服等大量医废垃圾随意丢弃的情况，陈澄敏锐察觉到其中可能存在重大漏洞隐患，专门派出督查组对医疗废弃物处置情况进行深挖细查。

通过实地督察，赴有关部门、企业了解情况等方式，督导组发现，"战时"医废处置存在指挥体系不健全、责任落实不到位、应急储备不充分等问题。为此，省纪委省监委专门成立课题组，针对"战时"状态下涉疫医废应急处置情况深入调研，督促从省级层面建立机制、加强监管、完善预案，进一步提升战时状态下各地应急处置能力。在省纪委省监委的推动下，全省疫情防控领导小组及时将省生态环境厅纳入成员单位，并组建涉疫医废处置工作专班，把医废处置工作考虑到整体防疫工作中，强化统筹统管。

（五）发扬作风、主动服务，帮助基层纾困解难

作为全球最大的小商品集散中心，义乌市场与国际市场紧密关联。疫情发生后，如何保证市场大门不闭、营业不停、交易不断？督导组实地走访了国际商贸城等重点市场，大大小小几十家物流快递企业、规上工业企业，电话随访了部分商户，了解疫情防控政策对市场、物流、企业、商户产生的影响。经过分析研判，提出"白名单"企业制度、货车司机闭环管理机制、驻企服

务员点对点指导等工作建议，确保义乌防疫生产两不误。

疫情期间，214家具备条件的规上工业企业实行闭环生产，占全市规上工业企业产值的76%以上，其产能保持在疫情前的90%。2022年9月，义乌中国小商品指数为1251点，同比增长2.63%。

8月16日，督导结束前夕，金华市委负责人，义乌市委负责人专程到督导组表示感谢。8月22日，金华市委、市政府向省纪委省监委发来感谢信，信中写道："大疫见真情，关爱暖人心。在我市疫情防控最困难、最关键、最吃劲的严峻时刻，省纪委省监委机关迅速组织了强有力的督导组下沉义乌，精准指导我市查漏补缺、优化打法、除险拔钉，有力支持了我们打好打赢这场战役，充分体现了担当有为、深入细致的优良作风，生动诠释了患难与共、守望相助的大爱精神。在此，向省纪委省监委机关致以衷心的感谢和崇高的敬意！"

三、经验启示

（一）突出一个"高"字，自觉提升政治站位

纪检监察机关把疫情防控督导作为增强"四个意识"、坚定"四个自信"、做到"两个维护"的实践检验，把思想和行动统一到党中央、省委对形势的判断和疫情防控工作的部署上来，坚决扛起政治责任，以高度的责任感和紧迫感，全身心投入，全天候作战，全力以赴开展督导工作。

（二）突出一个"统"字，全方位落实"三个要"要求

在疫情防控督导过程中，统筹考虑"防疫情、稳经济、保安全"综合效果，既关注"七大机制""五快"要求落实情况，又关注交通物流畅通，重点产业链供应链、抗疫保供企业、关键基础设施正常运转情况，着力推动属地党委、政府把疫情对经济社会发展的影响减到最低。

（三）突出一个"准"字，注重把握阶段性规律性特征

坚持问题导向、效果导向，因时因势、讲究策略。根据疫情暴发不同时期的不同特点，梳理十大督导重点，列出6大方面32类突出问题，做到对疫情各个阶段典型特征、防控中典型问题的准确把握，确保疫情发生后第一时间快响激活，抢抓疫情防控"重要窗口期"和督导"黄金时段"。

思考题

1.各地各部门在疫情防控工作中，如何做到因"疫"制宜、精准施策，科学统筹"防""稳""保"的关系，克服松劲懈怠与过度管控两种倾向？

2.纪检监察机关在开展疫情防控督导过程中，如何使监督工作与疫情防控合力合拍，更好实现政治效果与法纪效果、社会效果有机统一？

省纪委省监委机关　推荐

网格重塑建强最小治理单元作战单元

——省委组织部、省委政法委深入推进党建统领网格智治

摘要 网格作为最小治理单元，对基层治理起着支撑作用，尤其在治理现代化、疫情防控常态化大背景下，其重要性愈加凸显。省委组织部、省委政法委按照省委部署，聚焦"141"体系迭代升级和"1612"体系整体贯通落地，全面部署推进党建统领网格智治，以变革理念推动网格治理系统性重塑。围绕党建统领、平战一体、集成协同、精密数智治理体系要求，抓深做实网格优化设置，推动全省网格数调整优化为8.5万个、划分微网格45万多个；聚合"三位一体"网格力量，打造"1+3+N"治理团队，全省已配备网格员84.5万人；着眼网格作用发挥，科学界定网格功能职责，理顺优化管理体制机制，着力打造灵敏高效有力的最小党建单元、执行单元、智慧单元、承接单元、作战单元。

关键词 网格智治 颗粒度 优化调整 平战一体

一、背景情况

网格作为治理源头末端,在浙江改革发展稳定中具有重要作用。随着形势任务变化,一方面,治理重心加快向基层下移,网格最小治理单元的地位作用更加凸显;另一方面,疫情防控大战大考对基层治理提出一系列新课题,特别是防控中暴露出的一些短板问题,比如,有的融合型大社区大单元,人口规模达到上万人甚至几万人,其中大量是流动人口,治理力量、治理模式与管理宽度不相适应,亟须通过深化网格建设来破难补强。省委立足省域治理现代化全局和打好疫情防控主动仗大局,制定出台《关于党建统领网格智治　推进基层治理体系和治理能力现代化的指导意见》,赋予"141"框架下网格新定义新内涵,聚焦突出短板,牵引推进网格组织重塑、功能重塑、机制重塑,全面构建党建统领网格智治体系,夯实建强基层治理大底座。

二、主要做法

(一)一网覆盖:科学合理设置网格,全面构建"村(社区)—网格—微网格(楼道、楼栋)"治理体系

划好网格是整个网格建设的前提,直接关系到网格力量配备和运行效能。按照规模适度、覆盖有效的要求,科学规范优化网

格设置，大力推进基层治理"一张网"建设，实行市县乡"三级过筛"，深化网格整合，推进多网合一，着力打通基层治理末端。

第一，突出荷载相适，优化网格布局。针对有的地方网格层级较多、大小不一等问题，对网格进行科学合理划分，综合考虑管理宽度、复杂程度、社会形态等因素，在行政村以自然村、村民小组为单元划分网格，在社区以小区为单元划分网格，每个网格覆盖300户至500户。在此基础上，通过设立微网格或者细分到楼道、楼栋延伸治理触角，形成"村（社区）—网格—微网格（楼道、楼栋）"的三级治理架构。目前，全省网格数调整优化为8.5万个，划分微网格45万多个。特别是对情况复杂的527个融合型大社区大单元，按200户至300户的标准划细划小网格并实行提级管理。宁波市北仑区新碶街道向阳社区是典型的融合型大社区大单元，社区党总支副书记反映，社区从9个网格变为15个，原来1个网格有500多户，全部跑下来要2个星期，现在只管200户，情况更容易掌握、底数也更加清楚了。

第二，严密组织体系，牵引网格治理。针对有的地方网格体系与组织体系融合不够紧密、组织体系没有延伸覆盖到网格治理末端等问题，坚持将党组织建在网格上，按照应建尽建、同步组建原则，每个网格设立1个党支部或党小组，党组织书记一般由党员网格长或村社党组织成员等党员骨干担任。注重加强小区党建，建立完善小区（网格）党组织、物业、业委会三方协同共治机制，不断强化党组织对基层治理的有效引领。湖州市积极推进网格党组织建设，建立小区党组织1500多个、楼栋党小组2800多个、在职党员"家园支部"610多个，形成村社党组织领导、以网格支部为节点、以楼栋党小组为触角的治理格局。省内一些地方还推行网格党支部"有场地、有队伍、有制度、有活动、有经费"规范化建设，着力把网格党建做实做优。

第三，深化多网合一，实现一网统管。针对原先条线部门、街道社区等多种网格并存、概念不一等情况，大力推进基层治理"一张网"建设，市县乡三级联动强化把关，推动市场监管、消防、综治等各类基层网格整合融合。坚持条抓块统，理顺优化网格管理体制机制，明确网格在村社党组织领导下和相关职能部门指导下开展工作，承接镇街相关任务，专职网格员由村社党组织统筹安排工作。杭州市下发"规范指引20条"，多次召开专题调度会，对13个区（县、市）逐个会审把关。许多村社书记说，村社、网格和部门关系优化理顺，上下协同更顺畅了，工作效率也更高了。

（二）一网聚合：配齐建强网格力量，全面打造"1+3+N"治理团队

配好配强网格力量是做好网格建设的基础性工作，关系网格作用有效发挥。围绕选好人赋好能，按照"专职要加强、兼职要规范、包联要到位"原则，一体抓好网格员队伍建设，为网格治理提供充足的力量支撑。

第一，加强"专兼联"网格员配备。疫情防控中暴露出的一些问题短板，很重要的原因就是基层人手力量不足。着眼建强专

职网格员、兼职网格员、包联人员"三位一体"网格治理团队，按照"1＋3＋N"模式配备力量。"1"就是1名网格长；"3"就是1名专职网格员、1名兼职网格员、1名包联干部担任的网格指导员；"N"就是网格内的其他力量。按"每万城镇常住人口不少于18名"标准配备专职社工，根据需要使其担任专职网格员，建立健全"双纳入"机制，将专职网格员统一纳入社区工作者队伍管理，社区工作者纳入网格工作，在工作安排、日常管理、考核评价等方面一体统筹。目前，全省已配备"1＋3＋N"网格力量84.5万人，已增员专职社工1万多人。不少基层干部反映，这次招人力度前所未有，以前网格靠一个专职网格员单打独斗，现在是团队作战，明显更有力量了。

第二，推动包联人员进网入格。着眼聚合网格力量，在建强网格员队伍基础上，整合用好各类下沉人员。全面实行"分类定级、组团包联"，根据党组织组织力和疫情防控风险程度，对全省2.4万多个村社实行红黄绿"三色"管理，推动全省2900多名县级领导、7800多个县级部门、2.5万名镇街干部全覆盖包村社联网格，会同基层党组织定期开展防控培训演练、走访服务群众等工作，密切日常联系、解决群众急难愁盼问题。丽水市推行"党群连心、网格走亲"活动，推动2.4万名网格员对社区活动阵地、公共区域、环境卫生、安全隐患"四必看"，流动人口、空巢老人、特殊人群"三必访"，人员情况、需求问题"两必清"。

第三，强化网格员队伍全链条管理。随着一大批人员加入网格，团队力量足了，管好抓好就成了关键。聚焦关键环节，统筹抓好专职网格员和专职社工两支队伍建设，确保安心安身安业。坚持培育赋能，将网格员培训纳入基层干部培训年度计划，做到每年集中培训全覆盖。特别是新招聘人员，针对基层情况不熟、群众工作能力不足等问题短板，强化履职培训，推动他们走街串巷、进楼入户，面对面和居民群众谈心交流，尽快成长为做群众工作的行家里手。突出严管厚爱，探索推行专兼联人员全员捆绑考评、不合格网格员退出机制等制度，落实政治上激励、工作上支持、待遇上保障、心理上关怀的各项措施，确保优秀人才愿意来、留得下、干得好、有奔头。一些地方着眼破解网格员管理考核指标宽泛、主体单一等难题，探索推行专职网格员星级管理制度，有效激发了网格员队伍活力。

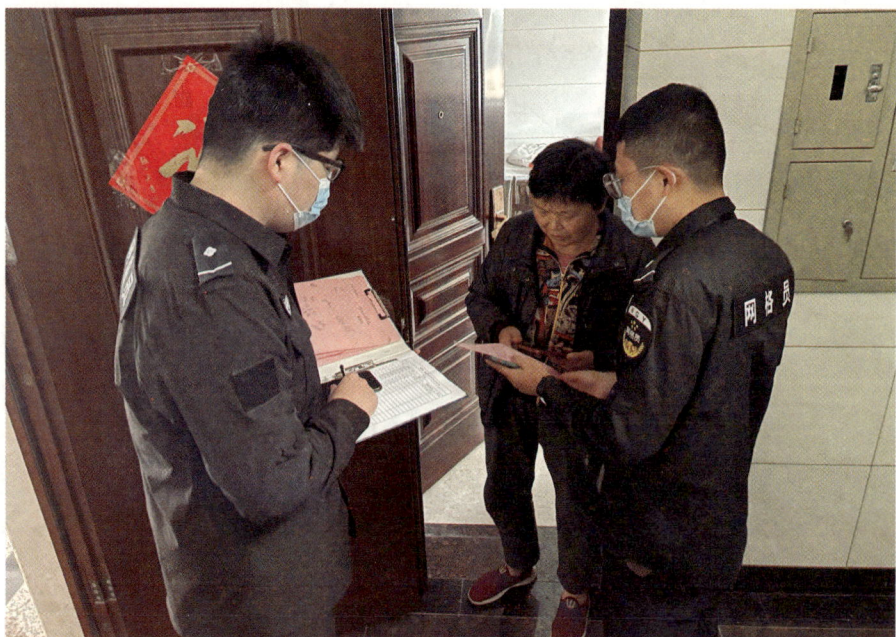

桐乡市高桥街道专职网格员进网入户收集民情民意。

（三）一网集成：优化完善网格功能，全面建强平战一体治理机制

网格从单一的综治跑道切换为党建统领、经济生态、平安法治等多条跑道，职责更加综合，功能更加集成。着眼高效运行、迅速平战转换，优化完善源头信息采集、矛盾前端化解、服务凝聚群众等网格8方面功能职责，健全网格运行机制，不断提升网格运转效率、治理效能。

第一，健全平时服务、战时集结机制。在疫情防控实践中，有效的网格治理必须是平时管用、战时顶用。积极探索下沉党员干部参与网格治理的机制路径，健全村（社区）、网格与包联部门常态联系机制，推动全省122万名在职党员常态化进社区报到。注重发挥网格前哨探头作用，通过包网入户、包楼联户、包组到户等形式，由网格团队成员全覆盖结对联系管理服务对象，经常性开展"组团服务"，应急时"组团作战"，下沉网格合力做好风险人员管控、信息排查、核酸检测等工作。建立完善战时响应机制，突出扁平指挥、高效动员、精密管控，推动网格全面嵌入应急体系，切实提高网格组团作战能力。比如，义乌市在"8·2"疫情中，快速启动全市1885个网格战时运作，累计帮助解决就医送药等群众急难问题3.1万余个。

第二，健全多跨协同、闭环处置机制。网格作为最小治理单元，事关除险保安大局，承载源头守护重任。立足灵敏高效运行要求，建立健全平时"吹哨"机制，着力构建从信息收集、问题

发现、任务分办、协同处置到结果反馈的工作闭环。对网格上报的事件，按照等级分级分类办理，一般性事项由镇街和村社解决，需要县级相关职能部门承接办理的，由镇街"吹哨"派单。针对多跨事件处置难题，发挥好县级社会治理中心枢纽作用，加强对职能部门的统筹协调，形成协同攻坚的工作合力。2022年以来，网格上报各类事项751.3万起，办结率96.5%，群众满意度获得感不断增强。

第三，健全"双网融合"、数字通达机制。推进智慧治理是实现基层治理现代化的关键抓手，也是网格智治的重要目标。我们紧抓数字化改革契机，大力推动基层治理网与数字网融合耦合。依托红色根脉强基工程应用，强化对网格信息的全量归集，打造党建统领网格智治场景，开发建设"吹哨"响应、"平战一体"等功能，推动治理事项线上办理，一键调度各方资源力量下沉网格开展治理服务，大幅提高网格事件处置效率，做到"小事不出格、大事不出村、矛盾不上交"。目前，嘉兴、衢州、金华市武义县等试点地区共31.1万名党员干部上线使用，累计解决基层诉求23.1万个，归集人房户等基础信息1210.2万条。

三、经验启示

（一）推进网格智治必须突出党建统领的根本原则，大力推动党的领导一贯到底

着眼强化党建引领基层治理，坚持把支部建在网格上，明确在村社党组织领导下开展工作，推动基层党组织设置与社会治理单元的高度契合，以组织体系建设牵引织密纵向到底、横向到边的基层治理体系，充分整合凝聚多方资源力量进网入格参与治理服务，有效解决了基层治理碎片化、资源单一化等问题。这启示我们，党的领导在推动基层整体智治、集成治理上具有独特优势，无论是社会治理现代化的顶层设计还是基层网格智治的具体实践，都必须牢牢抓住党建统领这个根本，发挥党的政治优势、组织优势和密切联系群众优势，协调各方、凝聚合力，从而推动形成基层治理"一盘棋"。

（二）推进网格智治必须把握变革重塑的内在要求，整体提升社会治理效能

在"141"框架下重新定义网格，从科学优化网格设置、选优配强"1＋3＋N"治理团队，到明确网格职责、优化运行机制，再到数字赋能、推进数字网与治理网"双网融合"，网格治理实现理念、机制、要素和流程的全面再造。重塑后的网格职责更加综

合、功能更加集成、运行更加高效，在联系服务群众、感知防范风险、处置矛盾纠纷等方面的作用也越来越明显。这启示我们，变革重塑是推进治理体系和治理能力现代化的有力支撑，必须着眼治理需求，深层次推进流程再造、机制重塑、制度变革，特别是要以数字化改革为牵引，着力实现信息技术与社会治理的深度融合，不断延伸治理触角、丰富治理手段、精细治理颗粒度，持续推动治理效能迭代跃升。

（三）推进网格智治必须聚焦平战一体的实践指向，全面筑牢基层稳固屏障

总结疫情防控实践经验，构建起平战一体网格运转体系，平时，网格力量经常入户走访，摸清信息底数，精准开展治理服务；"战时"，全面激活快响机制，各方力量在网格迅速集结，服从镇街、村社统一调度，高效开展核酸检测、物资配送、小区值守等工作，落实应急处置任务，真正做到了平时靠得住、战时打得赢。这启示我们，面对基层治理的重大风险挑战，特别是各种"黑天鹅""灰犀牛"事件，加快构建"平战结合"的基层社会治理体系是必然要求，必须立足战时需要强化平时准备，抓实应急处置能力培训、应急预案制定、实战演练等工作，切实把防线筑牢、底线守牢。

思考题

1. 随着网格力量不断充实壮大，如何加强这支队伍特别是专职网格员的教育培养、管理监督和激励关爱，从而推动他们在社区治理和服务居民中更好发挥作用？

2. 如何依托网格发挥前哨探头作用，协同有关部门发现并解决问题？面对突发性事件，如何快速集结各方力量下沉到网格并使其高效运转？

省委组织部　推荐

回应"急难愁盼" 分流社情舆情

——浙江融媒体"战疫求助平台"架起民情通达桥梁

摘要 2021年底以来,浙江多地发生新冠肺炎疫情。涉疫属地群众存在大量信息和生活需求,但"12345""110"等各路热线电话繁忙,加上基层村社力量紧缺,上述需求不能及时得到满足。省委宣传部依托省、市、县三级联动的疫情防控指挥体系,运用近年来浙江省媒体深度融合发展的成果,协调涉疫县级宣传部门,指导当地融媒体中心,在各自新闻客户端首页首屏开设"战疫求助平台",按"收集民意诉求—汇总梳理分类—线上回应或线下交办—职能部门解决反馈"流程,及时回应处置民意诉求,全力保障群众涉疫诉求渠道畅通,有效防范化解重大舆情风险隐患。在不断总结提炼各地做法经验的基础上,省委宣传部将"战疫求助平台"相关工作机制固化纳为省委、省政府疫情防控七大机制之一——"三情"联动机制的工作措施,实现疫情、舆情、社情"三情"联动处置,在多次打赢疫情防控战中发挥有力作用,得到中央领导同志批示肯定,以及中央主要媒体的广泛报道。

关键词 疫情防控 "战疫求助平台" 媒体融合 "三情"联动机制

一、背景情况

开化管控区的40名血透患者乘坐挂着"绿色通行证"的大巴车，前往医院接受医治；平湖肝癌患者急缺的药品被卡在配送站，10多名快递员2个多小时翻遍10万件包裹，终于找到救命药……暖心的一幕幕在浙江不断上演。这些疫情封控下群众的"急难愁盼"问题能得到及时解决，得益于当地搭建的"战疫求助平台"。

2021年底以来，全省疫情防控形势复杂严峻。疫情暴发后，群众关于疫情的信息需求和生活需求迅速出现，当地各路热线电话爆棚，村社干部有的被纳入管控区，其余则疲于应付差异化的群众需求。怎样在这种情况下践行人民至上、生命至上的价值理念？怎样及时聆听群众呼声并迅速回应解决问题，为疫情防控大局贡献宣传战线的力量？省委宣传部指挥协调各级宣传部门，在当地新媒体开设"战疫求助平台"，通过多部门快速联合响应，24小时在线接受咨询求助，帮助涉疫地区群众解决燃眉之急，让疫情防控更有序、保民生促发展更有力。

二、主要做法

（一）诉求要求反映不畅，媒体开通求助平台

你有需求，我就响应。时间回到2021年12月，绍兴市上虞区发生疫情，当地全域封控，80多万名群众居家隔离。很快，封控区产生了庞大的涉疫需求。健康码瞬间变黄怎么办？想出去看病该找谁？孩子的奶粉断货了该向谁求助？面对群众有急难问题但求助无门的情况，省委宣传部果断指导绍兴、上虞两级宣传部门，在市、区两级"越牛""百观"新闻客户端开设"战疫求助平台"，方便群众随时发布求助信息。平台一上线，各类求助信息接踵而来。半个月时间，绍兴和上虞两级"战疫求助平台"共收集有效诉求1000多条，均予以妥善解决。

绍兴经验很快在宁波得到再次运用。2022年元旦，宁波市北仑区暴发疫情，北仑区全区封控。省委宣传部指导宁波、北仑两级宣传部门，在当地"甬派""宁聚""仑传"等新闻客户端开设"战疫求助平台"。平台上迅速汇集大量求助类信息7000余条，内容涉及政策咨询和困难求助等。北仑区创新启动"一中心两通道"模式：分拣审核中心第一时间对群众反映的困难和需求进行分类；两条流转通道里，宣传部门调度50名专业志愿者对接简单咨询和个性化配送服务，区政府职能部门通道则负责流转、受理民生问题。

绍兴、宁波疫情后，省委宣传部及时总结推广经验，要求疫情发生后，各地新媒体第一时间在首页首屏开设"战疫求助平台"，让更多群众看到、用好、满意。这一机制很快被固化下来，作为疫情、舆情、社情"三情"联动机制五项工作措施之一——信息交办，形成《省级"三情"联动工作机制》，被纳入省委、省政府疫情防控七大机制，在全省推广普及。

（二）创新打法优化机制，构建收集交办反馈闭环

2022年1月以来，省内多地发生疫情，"战疫求助平台"在各地抗疫实践中不断完善，及时发挥作用，为群众纾困解忧。

群众诉求多，各地融媒体中心该如何应对？有的地方充分发挥部门合力。比如，杭州市、温州市积极联动信访部门，整合"12345"等求助热线资源，通过合力线上解答、后台对接、平台交办、问题督办等环节，处置了1.8万多条涉疫群众诉求。金华市构建"战疫求助平台"、"12345"（"8890"）咨询热线等一体化"战疫求助平台"矩阵，收集处置涉疫信息1.9万余条。有的自我加压，不断提高工作实效。比如，嘉兴市、衢州市抽调防控、宣传、信访、政务数据等部门人员，实行专班化运作，按轻重缓急分类处置群众诉求，确保4小时内办结。

诉求转办后，怎样督促部门及时办结？2022年3月以来，省内多地同时暴发疫情，防疫压力剧增，群众留言日益增多，各地积极应对。比如，湖州市、县两级"战疫求助平台"日均收到近1000条诉求，湖州市新闻传媒中心的"南太湖"客户端开设"战

疫工具箱"专区，内含防疫求助、战疫地图等实用服务，还单列
"部门答复率"一栏，将湖州各地各部门交办量和答复率进行公
示，倒逼闭环机制提升实效。

还有的地方瞄准县级融媒体中心"综合服务平台"的目标定
位，切实为民解忧。比如，针对群众买药难题，桐庐县融媒体中
心联合《都市快报》，开通送药爱心接力"绿色通道"，让市民及
时拿到救命药。

在各地因地制宜的实践中，信息交办的工作流程日臻完善。
省、市宣传部门协同防控、卫健、公安、本级媒体等，构建了
"收集民意诉求—汇总梳理分类—线上回应或线下交办—职能部门
解决反馈"的闭环流程，为群众反映问题、党委和政府解决问题
搭建桥梁。实践发现，除了同级之间交办大量需解决的问题外，

平湖"战疫求助平台"专班工作场景。

还有少数需上级部门协调解决的问题，如跨地区就医、考试、健康码赋码转码等。因此，对于需上级协调解决或带有普遍性的问题，各市和省级媒体及时向省委宣传部报送。省委宣传部汇总后，再交省防控办协调解决或供决策参考。

在建立完善省级工作机制的基础上，省委宣传部又制定下发了《市县疫情防控"三情"联动工作机制》，明确哪里发生疫情，哪里的融媒体中心就开设"战疫求助平台"，并通过视频连线、组织培训、实战演练等方式，指导各地各媒体提高认识、建章立制、实操应对。

（三）涉疫舆情有效缓解，媒体影响力与日俱增

截至2022年5月，全省各涉疫市县媒体"战疫求助平台"累计收到留言10.1万余条，其中，线上回复政策咨询8万余条，交办属地部门2.1万余条，处置完成10万余条。

"战疫求助平台"相关工作得到了各级领导的充分肯定。中共中央政治局委员、中宣部部长批示："充分发挥融媒体中心服务群众、引导舆论的作用。"中宣部《新闻工作专报》《新闻阅评》单篇发文介绍浙江做法，认为这项工作"切实提高新闻为民的速度、效率，生动诠释了以人民为中心的理念"。此做法被推广后，吉林、河南、上海等兄弟省市纷纷借鉴。中央新闻媒体频频点赞，《新华每日电讯》、中央广播电视总台、《光明日报》和《中国青年报》推出《战疫，这间"解忧杂货店"24小时不打烊》《浙江"战疫求助平台"帮助解决群众难题》《"三情"联动：有速度更

有温度》等报道，新华社点赞"这个桥搭得好"，《光明日报》评论"有速度更有温度"。

"战疫求助平台"也有效提升了各级融媒体的活跃度和影响力，起到了引关、圈粉、增流的作用。疫情期间，绍兴"越牛"新闻客户端日活增长约53.8％，日均阅读量增长约10倍；宁波"仑传"新闻客户端每天新增用户超2000名，平均日活用户数2.8万，是平时的4倍。2022年疫情以来，"掌上永康""滨江发布""爱尚富阳"等客户端各新增用户3万多名。

为使"战疫求助平台"发挥更大作用，省委宣传部还指导各级媒体充分整合平台资源，对一些群众反映的普遍性问题，及时通过媒体报道，扩大传播面，积极引导社会主流舆论。比如，围绕群众关心的防控措施、核酸检测等热点问题，指导省市媒体推出《健康码突然变红了，我该怎么办》《国际邮件快件如何安全接收？这些步骤不能少》等新媒体科普产品；聚焦"战疫求助平台"解决的问题，推出《杭州战疫求助平台启动以来，已完成帮扶上千例》《19小时接力送"救命药"》等系列暖心故事，持续营造积极正向的舆论氛围。

三、经验启示

（一）指挥体系扁平高效，是上情下达渠道畅通的根本

根据省委、省政府部署安排，疫情发生后，省委宣传部第一

时间进行"平急"转换，坚持疫情、舆情、社情"三情"联动，稳妥有序开展疫情防控宣传引导工作。信息交办工作措施激活后，市县宣传部根据省部指令，统一开设"战疫求助平台"并每日上报信息，"舆论引导在线"应用进行实时监测。正是依托省、市、县三级联动扁平化指挥体系，才得以构建上情下达的信息流通渠道，确保"三情"联动工作机制运转顺畅。

（二）协同机制凝聚合力，是联动应急处突的基础

在疫情防控舆论引导和舆情应对机制中，省委宣传部会同防控、网信、卫健、公安等省级部门及浙报集团、浙江广电集团等省级主要媒体组建疫情防控宣传舆论工作协同平台，及时通报疫情动态，收集梳理社情舆情，综合会商研判部署。正是有了这样的机制支撑，才得以整合多方涉疫信息，确保社情民意得到全面真实反映和及时有效处置。

（三）"耳目喉舌"定位精准，是媒体发挥独特作用的前提

从中国共产党创建开始，宣传工作就担负起"耳目喉舌"的神圣使命。但在实际新闻宣传工作中，新闻媒体更多地发挥了"喉舌"的作用，"耳目"功能仍须加强。开设"战疫求助平台"，为百姓纾困、为政府助力，充分发挥了融媒体平台"新闻＋服务"的功能优势，也充分体现了新闻舆论工作和基层治理工作的速度和温度。这既是媒体发挥"耳目喉舌"功能的内在要求，也是新闻宣传工作的题中应有之义。

思考题

1. "战疫求助平台"在你所在的地区，可以怎样更好地发挥作用，搭建党委、政府和群众之间的沟通桥梁？

2. "战疫求助平台"工作有哪些经验可以常态化运用，以便及时回应解决群众日常诉求，从而助推统筹疫情防控和经济社会发展？

省委宣传部　推荐

全覆盖全链条全天候　筑牢疫情防控铜墙铁壁

——省直机关强化党建统领做实疫情防控工作

摘要　面对突如其来的新冠肺炎疫情，省直机关工委深入学习贯彻习近平总书记重要指示精神，坚决贯彻落实中央、省委及省疫情防控工作领导小组决策部署，认真履行省委、省政府赋予的加强省直机关（含中央在浙机关、省部属事业单位）指导协调、联防联控职责，成立疫情防控工作专班，充分发挥机关党组织战斗堡垒作用和机关党员干部先锋模范作用。着眼在大战大考中激发"党建统领、平战结合、高效协同"的强大优势，探索建立了全覆盖应急响应、全链条常态监督、全天候服务保障"三位一体"工作体系，有力保证省直机关安全运行。

关键词　疫情防控　机关党建　"平战结合"　党建统领

一、背景情况

新冠肺炎疫情是新中国成立以来我国发生的传播速度最快、

感染范围最广、防控难度最大的一次重大突发公共卫生事件。2020年1月23日省委、省政府启动突发公共卫生事件一级响应后，省直机关工委闻令而动，当天下午即发出《关于发挥机关党组织和党员干部作用做好新型冠状病毒感染的肺炎疫情防控工作的通知》，两年多来认真履行省委、省政府赋予的加强省直机关（含中央在浙机关、省部属事业单位）指导协调、联防联控职责，有力保证省直机关安全运行。两年来，省直机关累计开展"三服务"13600余次、收集解决各类难题4.6万余个；8.5万名党员干部下沉到17.6万家企业提供"全日制"服务，积极帮助企业纾困解难、复工复产、化危为机。目前，全球疫情仍处于高位，病毒还在不断变异，国内疫情防控工作处于"逆水行舟、不进则退"的关键时期和吃劲阶段，最大限度保护人民生命安全和身体健康，最大限度减少疫情对经济社会发展的影响，是"国之大者""省之大计"，是对机关治理能力和党组织领导力战斗力组织力的集中考验。如何着眼高效统筹推进疫情防控和经济社会发展"两手硬、两战赢"，放大"党建统领、平战结合、高效协同"的政治优势？省直机关工委总结形成了"三位一体"的防控体系。

二、主要做法

（一）以快制快、科学调度，建立全覆盖应急响应机制

以站岗放哨、守土尽责的使命担当，构建起横向领导覆盖省

直机关全体党员干部职工、纵向指导市县各级机关事业单位的疫情防控工作体系。

第一，快响落实上级部署"运转有序"。疫情发生后，主动担当，构建全面发动、快速反应、高效动员的组织链条。成立由工委常务副书记任组长的疫情防控工作领导小组，下设面上防控、内部筛查、保障联络、监督检查等专班；组建运转省直机关和市县疫情防控钉钉群，每日更新疫情动态，实时提供政策咨询解答；定期召开防控专班会议，分析形势任务，研究应对措施。

第二，组织攻坚重大任务"行动有力"。疫情初发时期，严格实行身体健康状况日报告制度，动态掌握省、市、县三级机关事业单位工作人员确诊病例、疑似病例、集中医学观察和返岗上班情况，编印《全省机关事业单位每日疫情》专报省防控工作领导小组办公室；集中摸排省属单位近6万人春节期间外出情况，研究落实机关事业单位境外返回人员、滞留湖北人员、国内疫情中高风险地区返回人员等返岗管理措施；督促推动省直单位9万余人接种疫苗、1万余人接种加强针；组织指导全省党政机关、事业单位开展两轮全员核酸检测1701362人次，集中力量打好疫情"阻击战""歼灭战"。

第三，下沉支援基层战疫"动员有效"。统筹人员力量向抗疫主战场聚焦、向基层一线倾斜，火线成立临时党支部4097个，组织省直各单位11176名党员下沉街道社区、公路卡口和隔离点等重点区域逆行奋战，开展"党员进社村、共建好家园"工作，加强与属地党组织、街道社区的协同配合，积极开展小区值守、卫生防疫、心理服务、救助救护等志愿服务。2022年杭州"1·26"疫情发生后，迅速动员政苑等省直机关干部集中居住区18支先锋志愿队就近支援基层，顶风冒雨运送物资、测温守门，协助开展核酸检测，齐心协力筑牢疫情防护网。许多社区寄来感谢信，点赞机关党员"舍小家顾大家，逆行负重，发挥先锋模范带动作用"，做到"党旗飘在一线、堡垒筑在一线、党员冲在一线"。

（二）从严从紧、压实责任，建立全链条常态监督机制

面对疫情防控复杂多变的形势，坚决贯彻"外防输入、内防反弹"总策略和"动态清零"总方针，慎终如始地抓实抓细常态化防控工作。

第一，建构无死角责任体系。按照省"两办"工作要求，指导督促省直机关党组织认真履行主体责任，把疫情防控工作任务分解到岗、落实到人、层层压实。充分发挥党组织"前哨""探头"的作用，推进常态化核酸检测工作，建立风险预警处置工作闭环，跟踪排查有国内中高风险地区旅居史或与阳性病例行动轨迹有交集者，督促引导其主动向单位和所在社区报告，配合落实常态化防控措施，坚决杜绝瞒报、漏报、虚报现象。

第二，强化无盲区要害管控。突出重点区域，认真做好省和中央在浙机关事业单位行政中心及周边单位防控工作，积极与省府大楼保卫处协调对接，加强门禁系统控制，确保重点区域绝对安全。坚持"人物同防"，协调省通信管理局规范快件接收流程，指导有关厅局对涉疫快件挂账销号处理，严格落实"外防输入"

各项措施。加强活动管理，按照省防控办"非必要不举办、能线上不线下"要求，从严管控50人以上活动，指导备案省直单位会议培训活动疫情防控预案上百个，及时有效处置涉疫突发情况。

第三，深化无遗漏监督检查。就加强机关事业单位疫情防控工作提出"十个一律""五个必须"纪律要求，建立可追溯、可倒查的追责机制，明确对涉疫敏感人员失管、脱管、漏管等问题实行"一案三查"。联合省纪委、纪检监察工委，把握重要时间节点，采取"四不两直"方式，对省直单位贯彻落实疫情防控"七大机制"情况进行集中实地督查18次，严肃通报防控措施不彻底不到位等问题，督促抓好整改。

（三）落细落实、有效支持，建立全天候服务保障机制

坚持严管厚爱结合、赋能激励并重，及时把党组织的温暖送到疫情防控、复工复产的最前线，千方百计为企业、群众和基层解难题、添能量，奋力夺取"两手硬、两战赢"更大成效。

第一，唱响舆论宣传"主旋律"。及时总结省直机关各级党组织疫情防控的好做法、好经验，大力宣传机关党员干部逆行战疫、敢打必胜的精神风貌和先进事迹，先后在省级主流媒体刊发《党旗高高飘扬　我省各地机关党员干部积极投身疫情一线防控战》《省直机关党员干部全力投身疫情防控大战大考》等专稿，认真组织"'两战'排头兵，一天一先进"系列报道，编发《机关党建信息——机关党组织防控疫情专刊》，讲好身边故事，奋力汇聚抗疫正能量。

第二，送好激励慰问"及时雨"。指导各单位做好疫情防控一线发展党员工作，将一贯表现好、符合党员条件，特别是在一线表现特别突出的同志，及时发展入党或吸收为入党积极分子；积极向中组部、省委组织部推荐优秀共产党员、担当作为好干部人选。先后划拨安排600余万元防疫专项党费、工会专项资金，慰问援鄂医疗队员、公安干警、防控工作人员1.5万人次。做细做实思想政治工作、"一人一帮扶"、走访慰问、心理疏导等，将党组织的温暖及时充分地传递给基层。

第三，下准纾困解难"先手棋"。提出"深化'三服务'，全力促发展"13项措施，常态化开展"三为"专题实践活动，推广"领办专员＋工作专班＋服务专家"等做法，推动政策、技术、资金等资源精准直达基层。

省直机关党员干部在一线卡口奋战掠影。

三、经验启示

（一）党的领导是"定海神针"，必须彰显政治机关鲜明属性

办好中国的事情，关键在党。党的集中统一领导，是打赢新冠肺炎疫情防控战最宝贵的经验。党政机关首先是政治机关，旗帜鲜明讲政治是第一要求，在大战大考面前，要带头学习贯彻习近平总书记重要指示精神，坚决落实中央和省委各项决策部署，充分发挥党建统领的优势和作用，将机关党员干部的思想行动高度统一起来，攻坚克难、冲锋在前，展现"两个维护"第一方阵的应有担当。

（二）组织体系是"基础工程"，必须发挥严密健全组织优势

党的基层组织是党的全部工作和战斗力的基础。在疫情防控关键时刻，机关党组织强大的组织力、快速的动员力、及时的反应力，在于上下贯通、执行有力的组织体系，在于党的组织和工作的有效覆盖。抓在平时方能用在战时，只有平时坚持大抓基层打基础，着力锻造坚强有力的战斗堡垒，战时才能有备无患，迅速构筑起横向到边、纵向到底的"钢铁长城"，迅速处置解决重大风险。

（三）党员队伍是"鲜红旗帜"，必须激发先锋模范表率作用

越是艰险越向前，是共产党人始终如一的政治本色。大事难事看担当，危急时刻显本色，在这场没有硝烟的战争中，通过"党员突击队""党员先锋岗""党员志愿者"，开展"我是党员我带头""党员干部亮身份"等活动，有力激发机关党员不畏艰险、迎难而上、冲锋在前的党员意识和先锋作用，做到"招之即来、来之能战、战之必胜"，让鲜红党旗始终在抗疫第一线高高飘扬！

（四）群众工作是"看家本领"，必须弘扬联系群众优良作风

密切联系群众是我们党最大的优势。抗疫斗争启示我们，只有党员干部沉下去，基层才能有依靠，群众才会有信心。要秉持全心全意为人民服务的初心使命，把人民群众的生命安全和身体健康放在第一位，带头贯彻新时代党的群众路线，在抗疫一线当好守护群众的先行者、凝聚群众的主心骨、服务群众的贴心人，用机关干部队伍辛苦指数提升基层群众信心指数、攻坚"急难愁盼"问题实效指数，方能齐心协力打赢疫情防控的人民战争。

思考题

1.如何把握用好以"七张问题清单"为牵引的党建统领工作机制，有效实现机关党建与业务工作深度融合、互促共进？

2.如何构建"平战转换"工作机制，切实在大战大考中将机关党组织强大的政治优势、组织优势充分转化为应对风险挑战、支持基层战疫的强大动能？

省直机关工委 推荐

在疫情防控常态化下持续发挥党校"主渠道""主阵地"作用

——省委党校贯彻落实习近平总书记关于"三个要"重要指示的探索与实践

摘要 深入学习贯彻习近平总书记关于"疫情要防住、经济要稳住、发展要安全"重要指示，关键在于建设一支忠诚干净担当的高素质专业化干部队伍。当前，部分领导干部在疫情防控领导力、统筹发展和安全、公共卫生事件应急处置等方面存在"本领恐慌""能力短板"。如何在疫情防控常态化下，持续发挥党校作为干部培训"主阵地""主渠道"作用，坚决扛起培养提高干部专业化能力重任，成为时代交给党校的必答题。2020年3月，省委党校在省委组织部指导下，科学评估疫情形势，率先在全国党校系统开展"线上＋线下"教学模式，数字赋能学员准封闭全周期管理。三年来，共举办各类主体班次120余个、培训学员1.2万余名，为推动领导干部树牢政治意识、全局观念、辩证思维，提高统筹发展与安全能力水平作出贡献。省委党校统筹疫情防控和办学培训的经验做法获得省委领导高度肯定，为全省各级党校特殊时期办学治校做好示范，为省级兄弟党校恢复办学培训提供有益借鉴。

关键词 干部队伍建设 统筹发展与安全 干部培训 决策咨询 数字化改革

一、背景情况

近年来，国际国内疫情形势复杂，新老问题交替出现，对领导干部适应时代发展的执政本领、专业能力提出了更高要求。习近平总书记明确提出"疫情要防住、经济要稳住、发展要安全"。2022年5月，省委对贯彻落实"三个要"重要指示作出了系列决策部署。面对常态化疫情防控，各地党校在统筹疫情防控和办学培训方面存在难以开展常规性集中培训、缺乏线上培训经验等诸多制约因素。省委党校按照中央和省委决策部署，始终将"三个要"重要指示贯穿疫情防控和办学治校全过程，在办学培训上抓重点解难点疏堵点，着力破解疫情防控"难"与干部本领"缺"的矛盾困局，不断总结疫情防控、干部紧缺能力提升的经验做法，率先在全国党校系统恢复培训，在高质量办好中青年干部集中轮训、数字赋能校园疫情防控、精准提供决策咨询等方面，为服务全国、全省发展稳定大局提供党校智慧和方案。

二、主要做法

（一）聚焦党校主责主业，破解疫情防控下开展干部集中培训的工作难点

2020年初，面对新冠肺炎疫情带来的影响，根据省委有关领导"关于在疫情防控期间，统筹兼顾日常工作和干部教育培训，积极改进创新干部教育培训工作方式要求"的指示精神，省委党校联合省委组织部综合评估线下集中培训带来的后果和影响，认为当前要把疫情防控作为第一政治任务，干部教育培训的工作任务"不能放""不能丢"，要以工作的确定性应对疫情的不确定性。3月9日，省委党校在全国党校系统率先开展"线上＋线下"教学模式，"线上培训"主要学习习近平新时代中国特色社会主义思想等重大理论问题。5月，在全国党校系统率先实现线下全面复学。党校与高校相比，学员对象更为复杂，不仅有学制2个月以上的调训学员、学制1周左右的委托班次学员，还有学制3年的全日制硕士研究生。省委党校以数字化改革为契机，数字赋能校园学员管理，做到"守好门""管好人"。针对两个校区人员进出多、管理难度大的实际情况，省委党校加强开学前、中、后等重点环节防控，从严从紧做好全程闭环管理，实现全校近万名学员、教职工"零感染"，确保了办学平稳有序安全。

（二）聚焦中心服务大局，突出提升领导干部"三个要"能力的教学重点

优化教学布局，在进修班、中青班等常规培训班次设置政治建设、高质量发展、防范风险、疫情防控等教学模块，开设"加强战略思维，提高政治判断力和政治领悟力""健全公共卫生应急管理体系，提高应急处置能力"等课程。大力发挥党校师资优势，集中力量开发"三个要"教学案例，将案例教学与疫情防控应急处置推演相结合，引导领导干部活学活用地方攻坚克难案例，推动领导干部提升政治能力、基层治理能力、除险保安能力、应急处置能力。按照习近平总书记关于"三个要"重要指示精神，围绕疫情防控、公共卫生事件应急处置主题主线，举办健全重大疫情防控机制和公共卫生应急管理体系、市县领导"提升疫情防控能力"、"应急管理和突发事件处置"等专题研讨班。围绕统筹发展与安全，聚焦当前浙江经济社会发展重点难点问题，举办高质量发展建设共同富裕示范区专题研讨班、乡村振兴与共同富裕专题研修班、山区26县乡村振兴与共同富裕培训班等"共同富裕"专题班，开展稳经济专题培训，举办"浙里共富善治"讲坛。三年来，省委党校聚焦"疫情要防住、经济要稳住、发展要安全"要求，举办各类专题研讨班30余期，多位省委领导进党校、上讲堂。受训学员普遍反映："培训节点正当其时，培训内容正合口味，回去后立即用得上、用得到。"

（三）聚焦发展和安全实践，打造服务省委、省政府科学决策的科研亮点

疫情发生以来，省委党校在干部培训工作上做"探路者"，在理论研究上同样紧跟时代变化和实践发展。省委党校较早开展疫情防控咨政研究，先后推出"发挥'一码当先'新优势，打造应急管理的浙江样板"等一批针对性较强的咨政成果。2020年以来，围绕疫情防控、复工复产等开展咨政研究，报送有关疫情防控的咨政报告40余篇，获省部级以上领导批示30余人次。其中，《常态化防疫下保市场主体的调查与建议》等多篇咨政报告获省委主要领导的批示肯定。2021年，根据省委重要指示要求，开展"八八战略"年度综合评估，全面构建评估参照体系，高质量推出《2020年度"八八战略"实施综合评估报告》，得到省委主要领导高度肯定。省委常委会专题听取评估组工作汇报，省委专门召开新闻发布会介绍评估成果。2022年，省委党校独立承担2021年"八八战略"年度综合评估工作任务，并成立省"八八战略"评估研究中心，建立常态化评估机制。在疫情形势下，省委党校始终围绕当前浙江经济社会发展理论和实践问题，立足浙江、研究浙江、服务浙江，为省委、省政府决策提供高价值对策建议。党校智库列入全省5家高端智库建设试点单位，入选南京大学、中国社科院、上海社科院三大智库评价机构，地方党政智库影响力排名居全国省级党校前列。

　　2020年，省委党校较早开展疫情防控、复工复产咨政研究，组织编写的《大考——从浙江战"疫"看省域治理现代化》入围"长安街读书会"。

三、经验启示

（一）坚持党校姓党根本原则，全力抓好党校主责主业

　　党校姓党是党校最鲜明的特征、最根本的原则、最独特的优势。党校的主责主业是干部培训、思想引领、理论建设、决策咨询。在当前疫情形势下，党校更加应当顺应时代发展，回应现实需求，呼应干部能力紧迫需要，抓住事业发展机遇期大力推动主责主业，通过变革教育培训形式、做好理论思想研究、服务省委科学决策、及时在舆论发声亮剑等途径手段，确保干部培训、

理论研究等"不停步、走在前",持续固好"主阵地"、架好"主渠道"。

(二)立足党校中心工作,聚力提升干部能力素养

《中国共产党党校(行政学院)工作条例》指出,"教学是党校(行政学院)的中心工作",党校教学要"着眼于提高党的领导干部的政治觉悟、政治能力和执政本领","以强化全局观念和应对复杂局面为重点培养学员的战略思维"。面对疫情形势,提高领导干部执政本领和应对复杂局面的能力显得尤为重要、非常紧迫,因此党校应大有作为,要下大功夫充实和创新适应形势和任务要求的教学内容、方式、方法,尤其是强化辩证思维、底线思维等,提升疫情防控能力、统筹发展和安全能力等方面的教学布局、课程建设,让领导干部进了党校学到"真本领",回到岗位用上"好技能"。

(三)放大党校智库优势,着力发挥科研基础作用

《中国共产党党校(行政学院)工作条例》指出,"科研工作是党校(行政学院)发展的基础支撑","科研工作应当密切关注国内外形势的发展变化","为党委和政府决策服务"。越是在形势复杂变化时,党校的理论研究、决策咨询越要跟得紧、用得上,要始终围绕习近平总书记"三个要"重要指示提出领导干部统筹发展和安全举措路径,要始终聚焦党委和政府重大决策部署开展研究,在科学疫情防控、高质量发展等方面产出"硬核成果"。

思考题

1.围绕习近平总书记"三个要"重要指示，如何提高党校教学布局科学性、针对性，推动提高领导干部统筹发展和安全能力？

2.党校科研工作如何发挥资源优势、学科优势，更加精准服务省委、省政府中心工作？

省委党校（浙江行政学院） 推荐

数智赋能精准执行　助企纾困保障民生

——浙江法院开展"助企纾困保民生"专项集中执行行动

摘要　浙江法院贯彻落实习近平总书记"疫情要防住、经济要稳住、发展要安全"重要指示，坚持以人民为中心，始终把人民利益作为执行工作的出发点和落脚点，聚焦近两年来中小微企业受新冠肺炎疫情影响，涉诉涉执高发、受偿比例较低等突出问题，开展形势分析、任务研判，启动"助企纾困保民生"专项集中执行行动，优化工作思路、改进工作方法，因案施策，依法妥善保护中小微企业合法权利；精准施策，提升涉民工工资案件执行质效；综合施策，用改革创新的办法升级解决方案。对受疫情严重冲击的中小微企业债权和民工工资债权加大实现力度，以实际执行行动为他们纾困解难；对生产经营存在严重困难的，依法提供司法救助，做到"助企纾困保民生"。

关键词　集中执行　数智赋能　助企纾困　服务保障

一、背景情况

2020年以来，中小微企业发展受新冠肺炎疫情影响较大，部分中小微企业因经营陷入困难而涉诉、涉执，部分中小微企业因债务人不及时履行债务导致资金链紧张，并致使工人就业压力加大、工人工资发放保障不足等。反映到法院工作中，呈现为执行案件数量激增、到位情况不佳等特点，对保"源头活水"、促稳定就业、改善民生等造成不利影响。经统计，2021年，全省法院新收以中小微企业为当事人的执行案件7.8万件，占执行总收案量的17.7％，执行标的到位率仅20.7％；受理涉民工工资等民生案件3.8万件，执行标的金额5.16亿元，执行标的到位率为41.86％。为贯彻落实习近平总书记关于"疫情要防住、经济要稳住、发展要安全"的重要指示，浙江法院充分发挥执行工作在维护市场和社会稳定方面的职能作用，围绕企业复工复产、经济社会平稳健康发展这件大事，常态化开展"六稳""六保"集中执行行动，创新探索信用修复、自动履行正向激励等机制，精准施策，助企纾困，取得良好成效。2022年1月至6月，全省法院共执行到位金额514.8亿元，2061家中小微企业因灵活执行帮扶得以重生，执行到位薪资款5.96亿元，司法救助被欠薪者1463人，救助金额共3198.96万元，为保民生、保企业、护航经济发展贡献了司法力量。

二、主要做法

（一）因案施策，依法妥善保护中小微企业合法权益

中小微企业为申请执行人的，突出"强制"。加大强制执行工作力度，依法保障中小微企业胜诉权益兑现。对于有履行能力却拒不履行的被执行人，穷尽查控措施防止隐匿财产，依法加大打击力度，采取罚款、拘留、纳入失信、移送追究拒执刑事责任等措施，违法制裁率同比上升4.66个百分点，强力保障中小微企业胜诉权益。比如，被执行人陈某拖欠货款拒不履行，隐匿行踪躲避执行，被余姚法院依法拘留15日并处罚款3000元。再如，被执行人张某转移资产拒不执行，给儿子买房、买车、举办盛大婚礼，海宁法院以拒不执行判决、裁定罪，判处其有期徒刑一年三个月。

中小微企业为被执行人的，突出"善意"。对诚信度高、经营暂时困难、具有挽救价值的中小微企业，落实落细纾困政策。对其厂房、机器设备等生产性资料，采取"活封"措施，在能够保障债权人利益的情况下，允许其继续使用或者利用该财产进行融资，最大限度降低保全、执行措施产生的不利影响，为企业喘息"回血"留出时间。比如，海盐某科技公司因疫情连续两年亏损、无力支付员工工资，2022年4月被员工起诉至法院。海盐法院善意助企"活封"设备，引入案外人租用厂房和设备开展生产，工厂开工、设备重新运转，57名员工顺利拿到了工资，企业也得以喘息。

　　司法信用分级管理，突出"精细"。严格区分失信惩戒与限制消费措施的适用条件。比如，嘉善法院打造的"执行和解监管平台"，通过大数据精准鉴别履行能力，唤醒被执行企业"造血"功能，成为全国法院助力中小微企业发展三大创新机制之一。对于一时困难但仍诚信履行的中小微企业，一般不将其纳入失信被执行人名单，及时采取信用修复、正向激励措施，综合运用"预"措施、暂缓破产等法治方式，帮助企业打通梗阻、释放产能。又如，宁波禾采医疗器械有限公司因担保被纳入失信被执行人名单而出现融资困难，宁海法院依法予以紧急信用修复，使其获得3000万元银行贷款，快速投入生产。不到两个月，公司收到国内外订单2亿多元，出口价值6000多万元的医疗床、抢救床5万张，为全球抗疫作出了贡献。

（二）精准施策，提升涉民工工资案件执行质效

　　突出"优先"，提高执行效率。对于拖欠民工工资执行案件，法院开绿色通道，优先立案、优先执行、优先分配、优先发放执行款。同时，充分发挥执行指挥中心协调、管理、指挥职能，运用"共享法庭""网格员"查人找物的优势，线上和线下结合，穷尽一切执行措施，解决查人找物难题，提高执行效率。比如，在衢州某贸易公司申请执行广西某公司买卖合同纠纷一案中，贸易公司100多名工人工资亟待发放，柯城法院为该案开辟"执行绿色通道"，仅用10天就执行到位824万元。截至8月底，已执结涉民工工资案件6798件，执行到位标的金额1.29亿元。

突出"审慎",依法保障民工权益。依法保障建设工程领域民工合法权益,依法审慎保全、执行商品房预售资金监管账户、民工工资专用账户和工资保证金账户内资金,确保民工工资支付到位。

突出"威慑",惩戒拖欠工人工资行为。运用限制消费、纳入失信名单、限制出境、拘留、罚款等强制措施依法惩戒拖欠工人工资行为。对涉嫌拒不支付劳动报酬罪等犯罪的被执行人,依法及时移送公安机关,适时做到"自诉与公诉并行"。行动开展以来,已有7人涉嫌拒不支付劳动报酬罪被提起公诉。比如,饶某经营服装厂不善,拖欠30余名工人工资29万余元,且拒接电话"玩失踪",因涉嫌拒不支付劳动报酬罪被公安机关逮捕,虽然其亲属代为支付工人工资,但他仍被追究刑事责任,被判处有期徒刑八个月并处罚金1万元。

(三)综合施策,用改革创新的办法攻坚克难

关联案件检索推动"一揽子"解决。执行立案时,立案人员对被执行人为同一中小微企业的案件进行关联检索,发现地市内、省内有关联案件的,通过申请提级执行、指定执行等方式集中办理,最大限度提高财产发现和财产处置效率,确保公平受偿。同时,积极促成当事人达成履行债务的"一揽子"协议,依法为企业缓解债务压力、恢复生产经营创造条件。活动启动以来,全省已指定集中执行371件。

协调外部力量开展"一盘棋"纾困。依法加大因欠薪案件导

致生存、生活困难的民工司法救助力度，同时加强与民政部门的沟通协调，引入慈善救助资金，及时将符合条件的被欠薪者纳入社会救助范围，加大社会救助力度，帮助被欠薪者解决临时生活困难，全省法院自开展专项行动以来共救助被欠薪者1463人，救助金额达到3198.96万元。

搭乘数字化快车，共享"执行一件事"改革成果。依托数字赋能，切实把"执行一件事"的改革成果充分运用到精准高效查人找物、穷尽执行措施、快速发放案款、打击拒执行为、提高执行效率、加强监督管理等全流程各环节，努力提高涉中小微企业、民工工资执行案件的实际到位率。比如，根据被执行人资金流水分析子场景，瓯海法院试点应用分析被执行人695人，发现可能存在拒执行为的案件450件，移送公安侦查47件57人，促成执

江山法院开展集中执行行动。

行和解金额900万元。开展集中行动以来，平均执行结案用时同比减少7.26天，执行案款发放平均天数同比提速24.3％。

三、经验启示

（一）坚持党委领导，凝聚多方参与的司法能动合力

党的全面领导，是事业发展的关键。浙江法院坚持党的领导和党建引领，进一步巩固完善府院联动机制，坚持引入多元社会力量，聚力开展专项集中执行行动，在维护社会经济发展、保护民生方面打出组合拳、连环拳，帮助企业、民工渡过难关。

（二）坚持问题导向，将原则性和灵活性有机结合

法院执行要以保护市场中小微企业和劳动者权益这一现实问题为导向，以法治原则为基础，规范执行程序，采取多种灵活有效的执行措施，如"给予履行宽限期""活封""换贷执行""诚信正向激励措施""自诉与公诉并行"等，及时化解矛盾纠纷，帮助企业渡过难关，帮助劳动者及时获取薪资，助力优化法治化营商环境。

（三）坚持数智赋能，创新手段推动工作取得实效

数字化改革是系统性、深层次、全方位的变革，是解决问题行之有效的方法。浙江法院在"助企纾困保民生"的专项行动中使用数字化改革成果应用，就是最强劲的"助推器""加速器"。

通过数字化改革应用全方位提升执行效率和效果，既提升了人民群众满意度，又推动了工作取得扎实成效。

思考题

1.数字化改革为切实解决执行难、保障胜诉权益提供了新思路新方法。数字赋能执行如何更精准、有效、便捷、规范？

2.疫情防控背景下，市场主体生存环境发生变化，综合治理从源头切实解决执行难是否应有相应变化？如何在解决执行难中体现社会治理能力现代化？

省高级人民法院　推荐

强化监测调度　打好经济稳进提质攻坚战

——省发展改革委迭代建设"经济调节e本账"应用

摘要　在需求收缩、供给冲击、预期转弱"三重压力"叠加疫情反复和俄乌冲突"两大变量"影响下，当前经济运行出现超预期变化，下行压力持续增大。在非常时期、特殊阶段，省发展改革委作为经济综合部门，积极提升"经济调节e本账"数字化应用实战实效，丰富高频预测和经济运行"日跟踪、周监测、月晾晒"手段，增强研判分析、预测预警和调度的准确性和即时性，为省委、省政府统筹领导经济工作和打好稳进提质攻坚战提供了重要支撑。

关键词　经济形势　数字化改革　预测预警　稳进提质

一、背景情况

为贯彻习近平总书记"要充分利用大数据平台，综合分析风险因素，提高对风险因素的感知、预测、防范能力"重要指示，落实国家发改委关于健全经济发展调控体系、提升发展治理能力的要求，省发展改革委根据省委、省政府统一部署，积极推进经济运行监测分析数字化平台建设并持续迭代。2021年以来，按照数字化改革"1612"总体架构和新要求，省发展改革委以建设"经济调节e本账"应用为核心，深化推进经济高质量发展监测预警调度机制改革，通过拓展数据基座、创新数据产品、强化部门协同、提供优质服务等重点举措，加快构建定量闭环的治理体系，推动跨部门业务协同、数据共享，构建政府、企业、行业的大协同机制，形成共建共享共治的新能力，支撑实现"整体智治"。

2022年第一季度浙江生产总值增长5.1%，高于全国0.3个百分点，实现了"开门稳、开门好"。但从4月开始，经济运行出现超预期变化，特别是上海疫情对长三角地区产业链供应链稳定造成严重冲击，4月主要经济指标明显下滑，出现断崖式下跌。规模以上工业增加值（－1.9%）、工业用电量（－3.5%）、投资（6.3%）、社会消费品零售总额（－11.8%）、出口（9.5%）、货运量（－9.9%）增速和PMI（43.0%）较3月分别下降10.4、10.7、6.2、13.5、21.8、15.0和6.2个百分点，形势十分严峻。在此情况下，省委、省政府果断决策，迅速采取措施，打出了一系列稳进提质"组合拳"，每月召开全省经济稳进提质攻坚行动工作推进会；省政府常务会议每周听取经济运行情况汇报，调度部署经济工作。传统统计调查体系具有滞后性，已经难以满足"月画像、周调度、日跟踪"的高要求、新要求。得益于"经济调节e本账"等数字化应用的前期积累和进一步迭代创新，依托数字化手段，省发展改革委有效开展高频分析、做到闭环管理，显著增强了经济运行分析调度的准确性和即时性，为打好稳进提质攻坚战提供了重要支撑。

二、主要做法

围绕打好稳进提质攻坚战，牢牢把握数字化改革的主题主线，坚持需求引领，聚焦上级部署、发展所需、群众所盼，梳理重大需求清单，引入前沿技术，以经济感知、预测预警等为实践场景，构建定量闭环的经济治理体系，努力实现"用数据说话、用数据管理、用数据决策"，实现经济监测和调节"三个转变"。

（一）从"单一链条"向"闭环管控"转变

构建定量闭环的经济治理体系，推动从原先单一的"经济监测"，升级延展形成"经济感知—预测预警—战略管理—成果运用—评价反馈"的全场景链条，将经济调节的触角由宏观延伸至中观、微观，将提升战略目标的确定和选择能力作为经济稳进提质的重要方面，将执行反馈作为推动经济调节工作落实的具体支撑，实现经济调节的全闭环管理、系统性重塑。上线"经济感知"应用场景，针对复杂多变的经济形势，延伸"感知触角"，创新"感知产品"，构建"高中低多频次、省市县多层次、生产消费流通分配多环节"的多维感知体系，初步实现对经济运行态势的灵敏捕捉、精细刻画、即时感知。迭代升级"预测预警"应用场景，围绕"周监测"，上线高频指标预警模块。在常态化疫情防控下，围绕苗头性、倾向性、趋势性"三性"分析主题，开发推出"苗头捕捉""倾向识别""趋势研判"三个子场景，从微观、中观、宏观三个层面进行预测预警，进一步增强宏观经济调控的前瞻性、预见性。

（二）从"条抓"向共建共治共享转变

遵循"一个应用、一个库、一朵云"的原则，基本实现了"横向全协同、上下全打通、数据全共享"，使协同管理更加高效。横向上，推动经济相关部门及企业纳入应用，截至目前，经信、商务、统计、财政、建设、税务、金融、科技、文旅、人社、市监、农业12个厅局已在应用上开通专项分析，并依托应用在线汇报经济形势。实现与国家电网、浙江银联、机场集团、海港集团、传化公路港等多个企业的协同联动。纵向上，省、市、县三级协同更加顺畅，逐步实现从线下业务协同，向"线上＋线下"业务协同转变。应用已实现11个设区市、90个县（市、区）应用全贯通，各地结合地区实际，基于全省统一应用作了增量开发。

（三）从单一数源向多源大数据转变

打造多源、融合、统一的数据基座，开放应用、深度挖掘，实现数据价值最大化。以"抽丝剥茧"的方法，将经济运行监测分析业务梳理成GDP、三次产业、三大需求、三大收入等15个模块，每个模块下设子模块，最多扩展至7个子模块，最细颗粒度为542项指标，各部门、各市县在此基础上结合实际补充特色指标，形成"15＋X"指标体系，在15个模块的基础上，逐步拓展信息量更大、颗粒度更细、时效性更高的大数据指标体系。聚焦生产、分配、流通、消费这国民经济循环4个环节，与国家电网、浙江银联、机场集团、海港集团、传化公路港、蚂蚁金服、三一重工等近20个部门、企业协同联动，汇集更为丰富的统计数据、互联网数据和政务数据，沉淀夯实数据基座。得益于强大的数据基座，经济运行分析做到了"日跟踪、周监测"。举例来说，运用高频电力数据，精准分析企业生产情况；运用银联消费数据，能够按日分析全省消费情况；通过宁波舟山港货运吞吐量变化，可以按日分析产业链供应链畅通情况；运用三一重工挖掘机指数，可以即时分析全省工程项目建设情况。

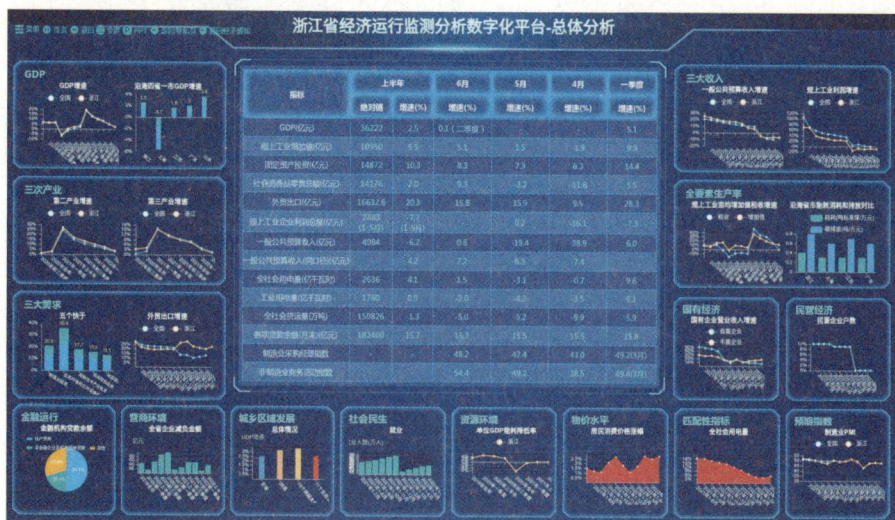

"浙江省经济运行监测分析数字化平台—总体分析"十五大模块。

三、经验启示

浙江的"经济调节 e 本账"工作走在全国前列，重大应用建设为全国首创，相关经验被上海、吉林、湖北等多个省市学习借鉴，2021 年获国家发展改革委《发展改革情况通报——地方"好经验、好做法、好建议"》专刊刊登，向全国推广；获《浙里改（领跑者）》（2021 年第 6 期）专刊刊登。近年来，依托应用形成各类分析报告 150 篇，相关成果获省部级以上领导批示 30 余次。建设应用"经济调节 e 本账"，最大经验收获主要有三个方面：一是坚持数字变革，要用数据说话，用数据服务宏观决策，才能做到精准科学；二是坚持创新赋能，唯有创新才能跳出传统思维方式，推动工作方式实现变革；三是坚持共享协同，经济工作是一项巨系统工程，离不开部门的数据共享、协同发力。

2022 年以来，通过进一步迭代创新，"经济调节 e 本账"应用对促进经济加快恢复、稳进提质发挥重要作用。

（一）"精准调度"推动经济加快恢复、稳进提质

4 月经济断崖式下跌后，5 月、6 月全省经济加快回升。上半年工业增长 5.5%，投资增长 10.3%，出口增长 20.3%，社会消费品零售总额增长 2%。

（二）"三端联动"支撑三级政府决策、助企纾困

充分发挥线上分析"信息量大、灵活度高、展现方式灵活"的优势，在全国率先将传统经济形势分析从线下转向线上，实现大屏端、PC端、移动端"三端联动"。大屏端展示情况主要服务于省政府常务会议的需求，通过"一屏"把脉经济。PC端主要服务于政府部门分析需求，目前PC端累计访问量已经达到20万余次。移动端可一键查询省、市、县（市、区）三级相关经济数据，包括"经济形势掌上看"和"政企形势通"。

（三）"三全贯通"强化全省协同、助力赋能基层

"三全贯通"即实现"部门全协同、上下全打通、数据全共享"。截至目前，应用已连续12次亮相省政府常务会议，在线汇报经济形势，11个设区市全面运用应用开展地方经济形势分析，90个县（市、区）应用工作正在全面推进。归集电力数据、新设企业数、大宗商品价格指数等86项高频指标，截至目前，数据量已达1亿项。围绕"15＋X"指标体系，目前已整合省、市、县三级指标5600项，治理端现有用户1.9万，其中PC端用户17403个、移动端用户1658个，总访问量共319万人次。

做好经济运行监测和调度，需要在实践中进一步检验。下一步，将按照全省数字化改革的总体要求和部署，吸收借鉴各方面经验，进一步健全平台建设和应用推广工作机制，加强部门协同、地方联动和社会参与，推动平台功能持续迭代，着力打造多

源、融合、统一的数据基座，推进制度重塑和业务流程再造，构建完善集微观苗头捕捉、中观倾向识别、宏观趋势研判于一体的即时、综合、智能分析场景，并有序推进经济调节全场景链条建设，为加强宏观经济管理和决策提供强有力的支撑。

思考题

1.如何在社会治理等其他领域借鉴"经济调节 e 本账"的经验？

2."经济调节 e 本账"在运行中碰到哪些堵点、难点？这些堵点、难点该如何解决？

省发展改革委　推荐

聚焦群众"急难愁盼"
打好校外培训智治"组合拳"

——省教育厅迭代建设"浙江校外培训"应用
赋能"双减"集成改革

摘要 习近平总书记指出：对校外培训机构要依法管起来，让校外教育培训回归育人正常轨道。中共中央办公厅、国务院办公厅印发的《关于进一步减轻义务教育阶段学生作业负担和校外培训负担的意见》要求：深化校外培训机构治理。省委书记袁家军提出"做出特色、做出亮点、做出成效"。"双减"之初，浙江省共有各类校外培训机构近4.1万家，是现有学校数的2倍，呈现"三多三难"的特点，即数量多、种类多、问题多，监管难、执法难、处置难。治理工作存在培训机构"乱"、资金监管"难"、监管力量"弱"和部门协同"散"等问题。省教育厅聚焦中央要求、省委部署和群众需求，以数字化改革为抓手，按照"一地创新、全省共享"的思路，打造集"培训服务一站提供""机构服务一网通办""基础信息一屏统览""预收学费一户专管""日常监管一体联动""数据分析一窗呈现"六大应用场景为一体的"浙江校外培训"监管服务平台，形成省级集成、市县运用、多方联通的校外培训数字化管理服务体系，实现校外培训机构全生命周期管理。

一年来，全省义务教育阶段的学科类校外培训机构从9351家减少到233家，压减率达到97.5%；非学科类培训机构分类规范监管逐步强化，校外培训乱象得到有效遏制，有效维护了人民群众的切身利益，缓解了教育焦虑，得到了教育部和省委、省政府的充分肯定。

关键词　校外培训　数字化改革　管理服务　智治"组合拳"

一、背景情况

浙江启动"双减"工作之初，横在面前的是一块坚冰。全省共有各类校外培训机构近4.1万家，是现有学校数的2倍，呈现"三多三难"的特点，即数量多、种类多、问题多，监管难、执法难、处置难。治理工作存在培训机构"乱"、资金监管"难"、监管力量"弱"和部门协同"散"等问题。

"破冰"须重拳！2021年8月，省委常委会专题研究部署"双减"工作，成立由省委副书记任组长的"双减"工作领导小组，省级33个部门为成员单位，成立工作专班，下设"一办六组"，实行一日一碰头、一周一通报、半月一会商、一月一调度"四个一"的专班协调机制。"双减"工作纳入省委"七张问题清单"重点关注问题、省政府重点督查内容，政府履行教育职责督导评价。"双减"工作就此成为浙江教育系统的"一号工程"。

"市委书记上任不久，就前后两次听取了教育局有关'双减'工作的专项汇报。书记问得很细，要我们拿数据说话，对下一步的工作也提出了明确要求。"金华市教育局主要负责人回忆说。全省一盘棋，织密"双减"网。浙江在全国率先出台"双减"工作实施方案、学科非学科鉴别指引、培训机构资金管理办法、非学科类"3＋1"准入和审批指引等，研制出台30多个配套文件，构建起"1＋N"政策体系。

在"双减"工作中，浙江以数字化改革为抓手，按照"一地创新、全省共享"的思路，在宁波"甬信培"试点探索的基础上，积极打造"浙江校外培训"监管服务平台，搭建"1舱1库1图N表"整体架构，以"培训服务一站提供""机构服务一网通办""基础信息一屏统览""预收学费一户专管""日常监管一体联动""数据分析一窗呈现"六大应用场景，实现校外培训机构全生命周期管理，构建集审批许可、信息公开、报名选课、缴费退费、资金监管、风险防控、日常监管等功能于一体的校外培训一站式管理服务平台，有效解决了培训机构"乱"、资金监管"难"、监管力量"弱"和部门协同"散"的问题。

二、主要做法

（一）培训服务一站提供为学生家长"增值"

家住宁波市海曙区的徐女士明显感到了"双减"带来的变

化，尤其是可以通过扫码进入"甬信培"家长端界面购买课程。"这些机构和课程都是经过严格审核与筛选的，可以放心地让孩子去选择合适的课程。"徐女士说。宁波市教育局抓住浙江省数字化改革契机，研发了宁波市校外培训机构一站式服务平台"甬信培"，形成了集审批许可、信息公开、报名选课、缴费支付、资金监管、风险预警、合同生成、履约保险、信用管理、投诉处理等于一体的闭环管理体系。平台实现了从合同自动生成到合同签订、从制定课程订单到确认付款的全流程数据上链，实时监测各家培训机构的生源规模、购课交易信息、资金流向等关键信息，帮助管理部门提高了动态监管的能力。

在家长看来，寻找正规、合适的校外培训机构难，对机构的师资和课程质量不放心，担心培训机构卷款跑路、担心退费难等；在学生看来，希望能找到自己感兴趣的校外课程，能选择更多免费课程资源；在培训机构看来，希望政务服务少跑路，能及时咨询了解相关政策。在"甬信培"基础上迭代的"浙江校外培训"应用，为学生和家长找机构、找课程、找老师、找政策以及咨询投诉等提供了便利；为学生家长提供了免费公益课程和资源，组织名师团队网上答疑；为培训机构提供了线上审批、运营、年检、变更、注销全生命周期服务。此外，在"浙里办"服务端，还提供线上作业微课资源，为全省学习有困难和学有余力的学生提供免费线上服务，平台总访问量达到800多万人次。

（二）预收学费一户专管为培训收费"立规"

对校外培训机构的资金监管涉及群众切身利益，是有效防范培训机构退费难、卷钱跑路的重要举措。浙江省坚决贯彻中央"双减"工作决策部署，认真落实培训机构资金监管政策文件，结合数字化改革，利用区块链技术，围绕资金安全织密网、建机制、兜底线，筑牢校外培训机构资金监管的"防火墙"，有力保障学生家长合法权益。2021年8月，宁波市教育局联合人民银行中心支行、地方金融监管局和银保监局出台校外培训机构预收学费监管办法，明确采取银行托管方式，构建"成本预拨—计次销课—隔天划算"的闭环监管体系，通过"甬信培"平台，切实管牢校外培训机构的"钱袋子"。

2021年12月，浙江出台校外培训机构预收费管理暂行办法，

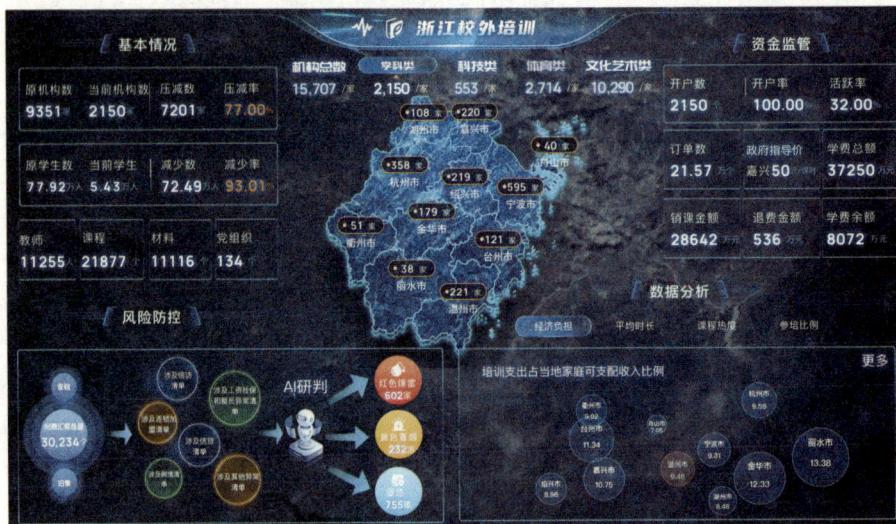

"浙江校外培训"应用驾驶舱。

就校外培训机构退费难、卷钱跑路等问题的预防及处理作出明确规定。借鉴宁波"甬信培"平台校外培训资金监管经验,浙江省教育厅全力打造"浙江校外培训""预收学费一户专管"场景,培训机构设立预收费专用监管账户,会同人行杭州中心支行实行"一课一销、隔日支付"机制,从根本上杜绝机构退费难、卷款跑路等问题的发生。自应用上线以来,学科类机构监管户开设率100%,对接资金监管银行27家,累计监管预收学费3.72亿元。

(三)"红黄蓝"三色预警让风险"防得住"

"这笔剩余学费这么快就退回来了,真没想到。"嘉兴市民胡先生收到嘉兴某教育机构退还的学费后,如此感叹道。此前,嘉兴在排摸中发现该教育机构存在异地转移资金的风险隐患,将其标记为红色风险等级,随即开展固化资金、组织退费等工作,该教育机构名下373名学生的900余万元学费全部退还到位。"把风险隐患化解在萌芽状态。"嘉兴市教育局主要负责人说。2021年10月,嘉兴建立校外培训机构风险"红黄蓝"三色预警机制,形成"事前防范、事中规范、事后改进"风险闭环处置机制,提升校外培训机构风险防范和化解水平。

摸清校外培训机构家底,才能认清风险。嘉兴市教育局负责人向记者展示了信贷机构清单、社保异常机构清单、连锁加盟机构清单、信访涉及机构清单、舆情涉及机构清单、其他异常机构清单6张"校外培训机构风险清单"。"如果预收学费、银行贷款、房租、人员社保等关键领域出现异常,表格上会一清二楚。"该负责人说，通过基层排摸、信访投诉、舆情监测、市县检查等途径，清单还将实时动态更新。

看不见的风险，变成了看得见的预警信号。在6张清单上，校外培训机构被标注了红色、黄色和蓝色3个等级。这代表机构的风险等级，如果出现贷款金额大于机构自有资产或者社保连续2次出现异常等5种异常情况，就会被划入红色风险等级。针对红色、黄色风险等级校外培训机构，专班工作组将预警通报，并每月开展会商研判。

嘉兴"红黄蓝"三色预警闭环管理机制在浙江全省实施，并被教育部发文推广。"浙江校外培训"应用通过多跨协同，归集网信、信访、金融、市监、公安等多部门问题线索，对照6张问题清单进行AI智能研判，构建"红黄蓝"三色预警模型，及时预防处置"爆雷""冒烟"机构线索831条。浙江在"双减"工作中始终坚持"安全第一、质量第一、满意第一"，不坐等出事，把工作做细做实，建立健全"双减"维稳工作日常监测、应急处突等制度机制。

三、经验启示

"浙江校外培训"应用是回应群众热切期盼的务实举措，是推进浙江校外培训机构治理体系和治理能力现代化的重要抓手，必须整合各方资源，借势借智借力，着力破解难点和堵点，不断迭代完善升级，以更优异的功能和体验满足监管和服务的需求。

（一）进一步突显改革味

按照实战实用实效要求，围绕"校内＋校外""多跨＋协同""场景＋应用""平台＋大脑"，突出全景式呈现，持续提升监管和服务能力，加快推动公共服务优质共享。

（二）打通多跨堵点

加强与网信、市监、民政、银行、住建、信访、公安等部门的沟通对接，打破跨部门应用数据孤岛，共享业务数据信息，实现多跨互通，切实形成数字化治理闭环。

（三）提升用户体验

对标省委提出的打造数字化改革最佳应用的目标，进一步在页面展示、功能迭代、视觉效果、数据贯通等方面优化迭代，丰富完善服务端和治理端功能，增强用户黏性和体验感，提升校外培训治理实效。

思考题

1."双减"是一场牵一发动全身的综合变革，它涉及整个教育体系的重构、整个教育生态的重塑和整个育人格局的转变。对标"两个先行"，请结合实际，浙江如何在"双减"背景下进一步深化教育综合改革？

2.中央"双减"意见指出，要深化校外培训机构治理，坚决防止侵害群众利益行为，构建教育良好生态，有效缓解家长焦虑情绪，促进学生全面发展、健康成长。当前，国家有关部门正在拟制《校外培训监督管理条例》，请从法治政府建设的角度，思考如何依法依规推进校外培训机构治理，使其成为学校教育的有益补充。

省教育厅　推荐

稳住经济大盘的财政密码

——省财政厅落实积极的财政政策推动经济稳进提质

摘要 2022年4月29日召开的中共中央政治局会议强调：疫情要防住、经济要稳住、发展要安全。这是党中央的明确要求。为深入学习贯彻习近平总书记"疫情要防住、经济要稳住、发展要安全"要求，省财政厅将稳市场主体稳经济作为安排预算的第一原则，成立"5＋4"政策专班，研究出台"一揽子"稳进提质财税政策，并建立健全抓落实的工作机制，推动财税政策落地生效，以政策的确定性应对经济形势的不确定性，以财政之稳为经济之稳打下基础。重点通过留抵退税"早退快退"、涉企资金"早兑快兑"、政府采购"拓新拓宽"，持续加大对市场主体尤其是广大中小企业的支持力度，以更加积极有为的工作对冲经济下行压力、激发市场主体活力，助力稳住经济基本盘。

关键词 "5＋4"财政政策 留抵退税 政府采购 涉企专项资金兑付 稳经济

一、背景情况

2022年4月，国内新冠肺炎疫情这场突如其来的"倒春寒"，让浙江经济遭遇了意想不到的冲击。二季度是抢抓机遇、落实政策、助企纾困的窗口期，更是完成全年目标任务的关键期，面对超预期因素增多、经济不确定性加大等情况，浙江财政把稳主体稳增长作为安排预算的第一原则，第一时间研究出台37条财税政策，涉及减税退税、支出政策、政府采购、专项债券、民生社保等，成为"5＋4"稳进提质政策体系的重要组成部分，并建立健全抓落实的工作机制，以政策的确定性帮助企业应对经济形势的不确定性，以财政之稳为经济之稳打下基础，向全社会释放出政企同心、共克时艰的鲜明态度和强烈信号。

二、主要做法

（一）留抵退税"早退快退"

现金流是企业的生命线。帮助企业盘活现金流，浙江财政的关键一招就是规模大、分量重、市场主体受益多的留抵退税政策。

"11.09亿元的留抵退税款及时到账，直接为我们注入了现金流。"杭绍台铁路有限公司总经济师表示，受疫情影响，2022年初开通的杭绍台铁路因运行车次大幅减少导致现金流不足，多亏留抵退税政策才解了燃眉之急。

杭绍台铁路项目。

经测算，该政策预计可惠及浙江22.22万个市场主体，全年退税规模将达1600亿元以上。除了"第一时间＋顶格优惠"的执行方针外，2022年的留抵退税政策围绕"早退快退"，以三个"突出"开启工作新局面。

突出简化程序。由省政府建立领导小组，财政、税务、人行等部门密切配合，简化退税审核程序，加快留抵退税办理进度，确保微型企业存量留抵税额在4月底前一次性退还、符合条件企业的存量留抵税额全部在上半年集中退还。4月——政策实施首月，全省以"试点、加速、早退快退、大头落地"四阶段压茬推进，纳税人留抵退税金额平均3个工作日内退款到位，当月实现退税634亿元，惠及15.24万户小微企业，占所有享受企业的95.8%。

突出直达快拨。扎实做好留抵退税资金保障工作，积极争取中央留抵退税专项资金477亿元，并第一时间对全省库款保障情况进行全面测算分析，提前筹集库款，足额保障各市、县（市、区）退税资金需求。同时，建立留抵退税资金单独调拨机制，将留抵退税等专项转移支付补助资金列入直达资金管理，确保退税资金快速直达各市、县（市、区）基层。

突出应享尽享。通过召开新闻发布会、在《浙江日报》等主流媒体发表文章、编印《2022年组合式税费支持政策汇编》等方式开展留抵退税政策的宣传解读，并利用税务征纳沟通平台分10批次向23.69万户纳税人精准推送政策。同时，密切跟踪政策落实情况，每月定期评估分析退税进度，及时收集掌握纳税人关于留抵退税等方面的诉求，回应解决实际问题，确保纳税人应享尽享。

"我们5月23日提交申请，5月25日就收到1500多万元退税款。公司能快速享受留抵退税政策，日常经营资金就有着落了，真是雪中送炭。"衢州天裕置业有限公司财务负责人对留抵退税政策兑现速度赞不绝口。

现金流早一日落到市场主体账上，经营复苏的引擎就能早一日挂上启动挡。一系列超常规的减税退税举措，正以超常规的加速度激发市场主体发展动能。比如，制造业企业经营活力得到大大加强，4月浙江省全行业开票销售额同比下降3.6%，降幅小于全国（7.4%）；制造业开票销售额逆势增长3.1%。

截至8月底，全省完成退税1789.97亿元，进度为100%，退税规模和进度均居全国前列，以真金白银为企业送去"及时雨"

"雪中炭"。

（二）涉企资金"早兑快兑"

越是关键时刻，越要抓重点、解难点、疏堵点。据调查，资金直接兑付的少，考核兑付、按年兑付甚至跨年度兑付的情况较为普遍，影响了政策效应的及时有效发挥和企业的获得感。二季度浙江财政要解决的重大问题是打通堵点、痛点，落实好早兑快兑政策，确保政策、资金跑在风险前面。

"政"欲善其事，必先优机制。

第一，"优"在于优化政策兑现机制。在深入调研的基础上，区别不同类型的政策，如数据核校类、资格定补类、考核评比类、投资补助类等政策，找准堵点、痛点，通过精简程序、预拨、刚性兑付等方式，推动各项财政惠企资金直达快享、及早发力。鼓励各地依托政策兑付平台和大数据共享，推动资金申报、兑现便利化，增加企业的获得感。

第二，"优"在于建立惠企政策跟踪调度机制。印发《关于建立惠企政策跟踪调度机制的通知》，对全省（不含宁波）各市惠企财政政策落实情况按月跟踪统计，同时，从全省各市不同行业、不同规模、不同类别中选择100家代表性企业，建立百家企业惠企政策享受情况月调度机制，解剖麻雀、点面结合，加强对全省惠企政策落实情况的统计分析与跟踪督导，推进政策早落实、资金早兑现、企业早受惠。

第三，"优"在于建立厅领导对口联系制度。由每位厅领导对口联系1—2个市，常态化开展督查督导，做到"三必到三必听"，即企业必到、重大工程必到、基层必到，企业意见必听、当地政府部门意见必听、"两代表一委员"意见必听，督促指导各地尽快将已出台的各项政策落实到位、兑现到位。

（三）政府采购"拓新拓宽"

多年来，浙江财政对中小企业的重视一以贯之，始终坚持用好政府采购政策，帮助企业减负纾困、爬坡过坎，为浙江经济高质量发展积蓄动力。

历来敢闯敢试敢先行的浙江省财政厅，2022年甫一开年，就重磅推出《关于进一步发挥政府采购政策功能全力推动经济稳进提质的通知》，满满十条"干货"，为广大中小企业主打了一剂"强心针"。

"采购限额标准以上，200万元以下的货物和服务采购项目、400万元以下的工程采购项目，适宜由中小企业提供的，采购单位应当专门面向中小企业采购。"曾参与政府采购的杭州云颂科技有限公司负责人逐字逐句念着《通知》。他说："以往的政府采购中，中小企业往往因为企业规模小，机会也少，这下我们将会有更多机会。"

"聚焦支持市场主体尤其是中小企业发展，是此次出台《通知》的出发点和落脚点。受经济下行影响，中小企业普遍面临原材料价格上涨、缺柜缺箱缺工等难题，新政旨在通过加大政府采购力度帮助企业渡过难关。"省财政厅相关负责人解释。为此，浙江财政将适宜面向中小企业采购的相关项目预留采购比例由预算总额的30%提高到40%以上，其中货物和服务采购项目预留给小微企业的比例由不低于60%调整为不低于70%，预计全年政府采购合同金额的80%以上授予中小企业，资金规模超1300亿元，同比增长8%以上。

不仅如此。稳经济"一揽子"政策措施出台后，政府采购政策再度进行了升级。进一步提高政府采购价格扣除评审优惠幅度，对符合规定的小微企业报价按最高优惠幅度给予扣除；进一步降低政府采购交易成本，鼓励采购单位免收履约保证金，确需收取的，最高收取比例由原先不超过合同金额的2.5%下调为不超过合同金额的1%；鼓励大企业与中小企业组成联合体参与政府采购投标，或者向中小企业分包，将适宜由中小企业承接的部分，采用更为灵活的方式预留给中小企业，降低中小企业参与政府采购门槛。2022年以来，全省政府采购授予中小微企业合同金额已超814亿元……浙江财政助企纾困稳经济的决心，可谓既看得到也摸得着。

在出台新政策的基础上，如何以"互联网＋政府采购"拓宽融资服务渠道，加快畅通市场资金循环，也是浙江财政探索的重点。为此，大力推广"政采贷"普惠金融产品，依托政采云平台实现"政采贷"线上转型升级。"政采贷"利率低于一般水平，挂钩供应商平台交易信用，且无须抵押担保，有效缓解中小微企业融资难、贵、慢等问题。目前已服务供应商超2万家，累计放款8万余笔，授信金额80亿元，放款金额53亿元。此外，"履约保函""预付款保函"等政府采购相关业务,也成为拓宽企业融资渠道的有力帮手。

三、经验启示

财政是重要的经济部门,也是稳定经济增长的重要力量。政策越靠前,工作越主动,通过适时适度预调微调,帮助市场主体有效降低经济周期波动带来的影响;通过精准实施减税降费,大幅减轻企业负担,持续激发市场活力;通过加大助企纾困政策力度,帮助企业渡过难关;通过创新建立并常态化实施财政资金直达机制,推动财力下沉,支持经济社会发展行稳致远。总结下来,就是要聚焦"多、快、准、好"四个字。

(一)"多"是更多争取中央政策

密切关注中央政策动向,积极争取更大力度的政策和资金支持。同时,及早做好准备,确保中央政策一出台,浙江第一时间反应、第一时间落实、第一时间释放政策红利。

(二)"快"是更快出台浙江政策

按照"积极的财政政策要提升效能,更加注重精准、可持续"的要求,在前期工作的基础上继续研究完善财政政策包,丰富政策工具箱,把握政策时效度,及时有效发挥积极财政政策的作用。

（三）"准"是更准直达落实政策

聚焦扩大有效投资、减负强企、科技创新、稳外贸稳外资促消费、民生保障等领域，统筹财政资源，优化政策设计，科学编制预算，精准有效施策。完善直达资金管理机制，畅通政策落实链条，确保财政政策精准滴灌、快速落地。

（四）"好"是更好稳定财政运行

将稳收支作为稳经济的重要内容，加强组织收入管理，合理把握收入力度和节奏，坚决落实"铁心过紧日子"的要求，确保财政收支在合理区间平稳健康运行。

思考题

1.面对经济下行压力，如何充分发挥积极财政政策作用，突出对市场主体的精准帮扶，以政策的确定性应对形势的不确定性，助力稳住经济大盘？

2.政策早一天落地，企业早一天受益。在政策出台后，如何加快政策兑现速度，及早惠及广大市场主体和群众？

省财政厅　推荐

变"被动保障"为"主动服务"

——省自然资源厅积极开展"百大项目用地报批"集中攻坚行动助力经济稳进提质

摘要 自然资源是经济社会发展的物质基础和空间载体，稳增长离不开自然资源要素保障。2022年以来，浙江省自然资源厅围绕助力全省经济稳进提质，深入开展"强保障、优配置、优服务"专项行动和"百大项目用地报批"集中攻坚，出台"一揽子"政策，采取超常规举措，着力解决重大项目落地过程中空间矛盾多、要素保障难、审批周期长等痛点难点堵点问题，实现用地审批从"被动保障"向"主动服务"转变，有效提升全省重大项目用地审批和要素保障效率，助力全省经济稳进提质。截至2022年8月底，已完成重大项目用地预审和用地审批99件，批准用地11.58万亩，涉及投资额2477亿元。

关键词 稳进提质 用地审批 要素保障

一、背景情况

自然资源要素保障是浙江省委、省政府"5＋4"稳进提质政策体系"四张要素清单"之一。2022年以来，省自然资源厅以稳经济稳增长为主线，以"强保障、优配置、优服务"为导向，以推进重大项目加快落地为目标，以数字赋能、重塑流程为抓手，靠前谋划、主动服务，顶格出台、三轮迭代自然资源要素保障政策，深入开展"百大项目用地报批"集中攻坚行动。6月28日，浙江首次实现省以上重大项目用地报省和报部审批"双清零"，在自然资源要素保障赛道上奋力跑出"浙江加速度"。

二、主要做法

（一）聚焦"顶格保"，强化要素保障政策集成

2022年以来，全面兑现2021年12月31日省自然资源厅出台的"强保障、优配置、优服务"20条用地用海用矿保障政策措施，助力扩大有效投资。5月，按照中央和省委、省政府稳经济"一揽子"政策要求，秉承"全面顶格、能出尽出、精准高效"的原则，迭代升级加强自然资源要素保障助力稳经济政策措施，明确了优先保障建设项目规划空间、全额保障建设用地指标等15条"干货""硬货"。8月，根据自然资源部等国家部门有关用地用海

要素保障的最新政策，省自然资源厅全力承接、"量身定制"具体贯彻落实举措，以最快速度出台贯彻落实实施意见，全力推进各项政策举措快享直达、落地见效。截至2022年8月底，累计批准建设用地18.78万亩。

（二）聚焦"精准配"，优化管用结合机制集成

围绕推动形成更多投资实物量，紧紧抓住重大基础设施项目这个"牛鼻子"，建立健全"百大项目用地报批"集中攻坚工作机制，推进供需精准匹配、管用有机结合。一是形成重大项目清单管理机制。会同省发展改革委等有关部门全面梳理省"4＋1"重大建设项目计划843个项目（2022年），确定需加快用地审批的交通、能源、水利等重大基础设施项目，形成攻坚清单，实行动态管理，推动靶向发力，目前已有162个重大项目纳入百大攻坚服务保障清单。二是建立厅领导联系项目机制。切实发挥党建统领、领导挂帅作用，梳理一批投资规模大、涉及跨区域、协调难度大的自然资源要素保障重大项目作为厅领导联系项目，结合"三服务"活动，"点对点"地到项目一线协调推进项目用地报批工作。三是实行用地报批"赛马机制"。省、市、县（市、区）三级高效联动，及时研判卡点堵点问题，精准指导用地报批工作。截至8月底，已向各级政府及有关部门发送提示函44份，实行"挂图作战""一表晾晒""三色预警"，为重大项目落地和抢抓国家政策性金融工具支持争取宝贵时间。比如，兰溪港铁公水多式联运枢纽铁路专用线、杭州未来城市实践区生态海塘工程（一期）、G527石

浦至长街段（岳井洋大桥及接线）象山段等项目，在周末的48小时内就完成了组件报批、部门会商、补齐补正等工作。

曹娥江大桥边跨现浇段第一次浇筑顺利完成。

（三）聚焦"高效批"，深化审批制度改革集成

基于省域空间治理数字化平台，开发上线"浙地智管"场景应用，重塑建设用地审批流程，优化"项目跟着规划走、要素跟着项目走"保障机制，实现全省要素保障"一本账"、空间适配"一张图"、用地审批"一盘棋"。一是建设"要素账簿"子场景，全盘调度资源家底。建立省、市、县（市、区）三级各类土地指标空间账簿，动态跟踪土地指标组成及投放情况，及时调度土地要素流向，做到要素投放"能早则早""应保尽保"。二是建设"空间适配"子场景，提前协调空间矛盾。完善项目"空间准入"

机制、"多评合一"机制，将空间布局矛盾协调、部门管控要求协同提前至项目立项阶段，做到先适配再立项，大幅提高后续审批效率。截至8月底，已在线完成68个重大基础设施项目适配评估，节约用地约4646亩；组织开展"多评合一"论证项目约57个，平均用时较改革前节约10天左右。三是建设"用地审批"子场景，优化项目审批流程。连通"投资项目在线3.0"等7个相关应用，协同11个省级部门101个事项，推进用地预审、可行性研究、初步设计、林地审批、土地报批等全周期节点化管理，做到进度一屏掌控、问题一览无余、工作一抓到底。比如，西险大塘达标加固工程用地预审从组件申报到自然资源部批准仅用9天，创造了浙江报部用地预审时效的新纪录。

三、经验启示

（一）强化资源精准化配置是助力经济稳进提质的必然要求

浙江素有"七山一水两分田"之说，土地要素"供"与"需"的矛盾日趋紧张，在破解"资源小省"与"经济大省"的供需矛盾中，必须坚持"项目跟着规划走、要素跟着项目走"原则，将"好钢用在刀刃上"，实行要素精准配置和科学管控。在坚守耕地保护红线和生态保护红线的前提下，以土地供给侧结构性改革助力经济稳进提质，撬动经济质量变革、效率变革和动力变革，服务和保障浙江经济社会高质量发展。

（二）加强部门协同是推进重大项目顺利实施的有效途径

聚焦重大项目用地审批提速增效，坚持上下贯通、横向畅通、高效沟通。省、市、县（市、区）自然资源主管部门三级联动，落实责任机制，协同省发展改革委等省级有关部门打破壁垒、提前介入、靠前服务，采用并联审查方式，主动向业主单位和地方政府反馈用地审批堵点难点，解决项目推进中信息不对称、深度不统一、进度不合拍、层级不一致等问题，确保重大项目顺利实施。

（三）推进数字化改革是引领空间治理系统性变革的根本动力

坚持以数字化改革撬动省域空间治理系统性变革，开发上线"浙地智管"多跨场景，实现"跨部门、跨区域、跨层级"的大协同，深化"多审合一、多评合一、多证合一、多验合一、多测合一"大改革，实现建设项目线上全周期、全要素精密智控。同时，形成"工作实践—系统迭代—制度完善—工作实践"的更新闭环机制，实现从审批系统转向场景应用，从数字辅助手段转向数字智能手段，从传统的人工判断为主转向数字化的智能判断、智能识别和智能预警，构建智能审批新格局。

思考题

1.如何深化重大项目规划空间、用地计划、耕地占补等自然资源要素高效精准配置，有效保障重大项目加快落地？

?.如何在坚持依法依规、切实保护耕地、节约集约用地的前提下，运用数字化改革成果进一步提高审批效能和服务质量？

省自然资源厅　推荐

以数字化改革推进危货运输领域全链条精准治理闭环管控

——省交通运输厅打造"浙运安"危货运输智控应用

摘要 习近平总书记高度重视安全生产工作，强调要"坚持人民利益至上，认真进行安全隐患排查，全面加强危险品管理，切实搞好安全生产，确保人民生命财产安全"。2020年"6·13"温岭槽罐车爆炸事故造成20人死亡、重大财产损失的惨痛后果，李克强总理批示要"强化危化品运输车辆管理，坚决遏制重特大事故发生，保障人民群众生命安全"。浙江省委要求"加快构建'大数据、网格化、全链条'闭环管控机制"。浙江省交通运输厅深入贯彻中央和省委决策部署，针对驾驶员超速等易发频发、车辆动态监管不精准、装运卸全链条协同监管不闭环等危货运输"顽疾"，以数字化改革破解行业监管难题，创新"一码三闭环"管理举措，精心打造"浙运安"危货道路运输智控平台。2021年1月1日正式启用"浙运安"平台以来，全年驾驶员超速下降94%，行业安全实现"一升两降"。该改革项目被交通运输部高度肯定，增补入交通强国建设试点任务。

关键词 危货运输 安全 数字化改革 "一码三闭环"

一、背景情况

浙江是石化产业大省，2020年底，规模以上石化企业总产值超过1万亿元。同时，浙江也是危货运输大省，每天在省域内作业的省内外危货车辆约1.6万辆，犹如1.6万个行走的"不定时炸弹"，一旦发生事故，极易造成重大环境污染、重大财产损失和重大人员伤亡。危货运输安全风险大，监管压力重，一直是全国性的管理难题。同时，行业管理还存在五大痛点堵点：一是驾驶员超速难以遏制。由于车辆动态监控不精准，驾驶员超速、疲劳驾驶、不规范操作等行为难以遏制。二是"两外"车辆存在监管盲区。以省内车辆为主要监管对象，对注册地在省外但长期在浙江驻地经营的车辆和注册地在浙江但长期在省外驻地经营的车辆缺乏有效监管手段。三是存在挂靠经营历史顽疾。挂靠经营普遍存在，企业对挂靠的车辆、人员及业务等管理流于形式，安全风险大。四是全链条管理不闭环。运输仅是危货全生命周期的一个环节，装卸货等环节没有纳入全链条闭环管理。五是部门协同监管乏力。危货运输涉及部门多，当前业务协同仅限于阶段性的联合执法，尚未形成常态化监管合力。"6·13"槽罐车爆炸事故给危货运输行业和管理部门都敲响了警钟，必须迎难而上、主动出击，彻底解决这些痛点堵点。

二、主要做法

浙江省交通运输厅迅速行动，坚持问题导向，以上述痛点堵点为切入点，利用数字化改革手段打造以"一码三闭环"为核心的"浙运安"危货运输智控平台，建立健全危货运输安全的长效治理机制。

（一）首创"安全码"管住驾驶员

驾驶员是危货运输安全的关键因素，以往交通部门对驾驶员的管理主要是把好从业资格"准入关"，对其日常驾驶行为监管手段不足。驾驶员长期在外跑业务，生活压力大，容易产生超速、疲劳驾驶等行为，所在企业也缺乏有效抓手。为此，浙江交通部门在全国首创驾驶员"安全码"，设计21条监测规则，每天记录驾驶员的轨迹、行为。一旦驾驶员出现超速、疲劳驾驶等行为，平台自动扣分，并给驾驶员赋"红、黄、蓝"三色码。要求驾驶员在装卸货时，出具"三色码"，实行"亮码上岗、扫码作业"，按不同颜色"安全码"分类管理。60分以下赋红码，要求驾驶员脱岗培训3天；60—79分赋黄码，限制高风险运输，如不得运输天然气等易燃易爆危化品；80—100分赋蓝码，允许正常作业。"安全码"从刚推出时被抵触，慢慢开始被适应，到现在完全被依赖。

（二）构建"人、车、企"全要素监管闭环

人、车、企，是运输的核心要素，也是管理的重点对象。"浙运安"依托"安全码"实现人员（驾驶员）精准、闭环管理（省外驾驶员在浙江作业的也需申领"安全码"），实现了车、企全面纳管。车辆方面，每天约有5000多辆省外危货车辆在浙江开展业务，占到浙江作业车辆总数的近1/3，但省外车辆信息掌握难、管理手段有限，处于监管盲区。为此，推出省外车辆"进浙填报"制度，车辆入浙前需提前申报电子运单，包含人、车、企、货等信息，源头企业对电子运单进行校验，不符合要求的无法在省内进行装卸作业。同时，与交通部的车辆卫星定位系统实时对接，获取车辆实时位置信息，统一纳入"电子围栏"动态监管。企业方面，也实施"安全码"制度。根据企业安全基础、安全运行动态、驾驶员安全码等情况，对企业安全等级动态作出评价，每季度分别赋"蓝、黄、橙"三色"安全码"。企业蓝码正常运营；企业连续黄码或橙码，将被增加监督检查频次，并被限制新增运力、扩大经营范围。

（三）构建"装、运、卸"全流程监管闭环

危货安全贯穿装货、运输、卸货等各环节，若衔接不到位、监管未闭环，极易造成安全隐患。同时，部分源头企业落实人、车、企查验制度不到位，导致违规运输等行为时有发生。为此，交通部门建立上下游充分衔接、全流程闭环监管机制。数据方

面，要求运输企业填报电子运单，上下游企业通过装卸货软件对电子运单和驾驶员"安全码"进行"扫码确认"。平台交叉比对数据，如发现违规运输、装卸等问题线索，及时预警并推送属地交通部门介入处置。节点方面，要求驾驶员在发车、装货、卸货、回场四节点及时打卡，记录作业流程，确保运输过程透明、闭环。规则方面，制定车辆无运输资质、超范围经营等30条校验规则，根据异常线索不同风险等级分别以提醒单、整改单、执法工单三种形式对企业进行分类处置，确保异常线索"发现—处置—销号"闭环管理。

（四）构建多部门全方位监管闭环

危货运输涉及部门多，要加强部门间数据共享和业务协同，消除监管盲区，形成合力。源头管控方面，交通与应急管理、生态环境部门协同，推动近1000家危化品重点生产企业和近2000家重点产废企业数据互联，实现运输全流程数据上线纳管。同时，建立线上线下联合执法机制，增强违法打击力度，提高源头监管质效。过程监管方面，与公安部门开展车辆动态协同监管，将车辆卫星定位数据作为交通安全违章处罚的依据，对车辆超速、疲劳驾驶等行为实施协同处罚；联合查验外省入浙经营和过境车辆，督促落实进浙填报"电子运单"、申请"安全码"，推动合规经营。与市场监管部门开展危货罐式运输车辆合规性协同监管，共享罐体检测数据，精准打击使用不合规罐体或充装与罐体适装介质不符的运输行为。自2021年以来，累计处置187辆车、581单

驾驶员"亮码上岗"。

涉嫌违规充装业务，填补了罐体合规充装监管的空白。事故救援方面，与消防救援部门开展危险货物运输事故协同救援，一旦发生事故，驾驶员第一时间通过"安全码"一键报警，将准确位置、危货信息及应急处置措施等迅速发送至消防救援部门，便于精准施救。

三、主要成效

"浙运安"应用一年多来，取得了良好的成效。

（一）管理方式上逐步实现"三大转变"

在管理方式上，实现了从"事后管理"为主向"事前、事中、事后全过程管理"、从"粗放式"管理向"精准化"管理、从"分散式"管理向"联动闭环"管理转变。

(二) 行业安全更有保障，实现了"一升两降"

从企业和驾驶员看，经过一年多的应用，"安全码"带来的管理成本降低、安全生产效能提升等正向作用逐步凸显，驾驶员的安全意识不断提升、驾驶行为不断规范，超速行为较之前下降了94%，"安全码千万不能变黄，绝对不能变红"成为驾驶员的共识，企业也普遍反映"安全码确实好用，驾驶员好管多了"。从管理部门看，2022年1—8月与2020年同期比，危货运输案件查处量上升223%、全省道路危货运输亡人事故数下降80%、亡人数下降95.8%。平台推送的异常线索数从2021年1月的2446条下降到2022年8月的226条，下降了90.8%。

(三) 各级领导充分肯定大力推广

"浙运安"得到省委书记袁家军先后三次高度肯定批示："用'一码三闭环'，把危险品运输大场景全部整合、全部实现管控，这个项目是开创性、突破性的集成创新，都是全国性的难题，思路也非常的好。"同时，"浙运安"被评为全省数字化改革第一批"最佳应用"，获得省改革突破奖银奖，先后两年被评为省政府改革创新项目。另外，"浙运安"解决的不仅仅是浙江的问题，也是全国的共性问题，因此得到交通运输部充分肯定，部领导明确要求向全国推广，并被增补为交通强国建设试点。

四、经验启示

（一）建立完善的配套制度推动改革成果落地

在"浙运安"应用上线初期，以省政府办公厅名义出台《浙江省人民政府办公厅关于印发浙江省危险货物道路运输安全管理办法（试行）的通知》、以省安委办名义印发《浙江省安全生产委员会办公室关于做好外省籍危险货物道路运输车辆进浙信息登记管理工作的通知》等9项管理制度，确保基于驾驶员"安全码"的分级分类管控、外省车辆入浙登记等举措顺利落地。2022年7月29日，省人大常委会第三十七次会议表决通过《关于修改〈浙江省道路运输条例〉的决定》，明确对"两客一危"经营者和驾驶员实行安全动态评价，分级分类动态监管，将改革成果以立法的形式固化。这些都为"浙运安"的全面推广奠定了坚实基础。

（二）打造面向政府、企业、驾驶员一体化工作平台

为确保平台真用、好用、管用，真正发挥价值，从建设伊始就实施政府监管平台、企业管理平台、驾驶员操作平台一体谋划、一体建设、一体应用。政府监管平台，设置了省、市、县（市、区）三级管理层级，为各级管理部门的科学决策、日常监管提供一窗式支撑；企业管理平台，为企业的业务管理、信息查询、异常反馈以及与管理部门互动提供一站式窗口；驾驶员操作

平台，为驾驶员的安全码申领、使用、申诉及运输业务操作等提供一条龙服务。

（三）建立常态化长效运行机制

为深度融合数字化应用与日常管理工作，创新建立了集工作体系、技术体系、服务体系于一体的实体化运行机制，确保持续发挥"应用服务管理"效能。一是管理工作体系。明确省、市、县（市、区）三级管理职责，确保各司其职，上下贯通。二是技术保障体系。通过政府主导开发模式，引入第三方技术团队开发"浙运安"平台，并推动平台不断迭代升级，同时做好平台日常维护，及时消除故障，确保长时间高效运行。三是服务保障体系。通过政府购买服务方式，依托第三方服务团队，不断提升用户体验，帮助各地推广应用，扩大"浙运安"应用的受益面。

思考题

1.结合工作岗位或部门职责，思考哪些难点痛点问题可以借助数字化改革破解？

2.请你结合工作实际，谈谈怎样提升基层对数字化场景的应用和参与度？

省交通运输厅　推荐

数字赋能高效生态农业集成改革

——省农业农村厅创新打造"浙农优品"擦亮"三农""金名片"

摘要 2003年，时任浙江省委书记习近平作出了"大力发展高效生态农业"的决策部署。近20年来，浙江深入践行，开拓创新、持续赋能，从生态循环农业，到农业绿色发展，再到"肥药两制"改革，持续提升高效生态农业"金名片"成色。在数字化改革、全面深化改革、共同富裕示范区重大改革一体融合的大背景下，省农业农村厅围绕农产品从田间地头到市民餐桌全流程，聚焦农民与市民、市场与政府12项重大需求，重塑12项业务流程，创新5项体制机制，构建7个场景模块，于2021年12月在数字经济系统跑道上线"浙农优品"数字化应用。该应用横向协同发改、生态等7部门，纵向贯通11市、87县，2.63万家生产主体、6800多家农资店、3000多名工作人员注册应用，日均访问量达29.4万余次，在推进农产品生产标准化、产品优质化、产销一体化、环境生态化中发挥实战实效，正成为浙江高效生态农业集成改革的主引擎。

关键词 "浙农优品" 高效生态 优质优价

一、背景情况

浙江作为全国首个农业绿色发展先行省，在推进农业现代化的新进程中，率先遇到"成长的烦恼"。比如，末端处置为主的传统治污路径边际效益正在递减，如何从农业面源污染源头减量双向发力；又比如，面对居民消费者日益升级的饮食结构，如何更好地守护"舌尖上的安全"；再比如，如何破解农业增产不增收的困局，让农民获得更多的生态价值红利；还比如，在新冠肺炎疫情影响下，如何抓好重要农产品稳产保供和产销对接。这些问题之间既有关联，又相互叠加，是对农业现代化治理体系和治理能力的重大考验，需要充分把握数字化改革重大契机，通过数字赋能高效生态农业集成改革，实现系统重塑、体系变革、流程再造，推动"三农"高质量发展。

二、主要做法

"浙农优品"由"1舱2端7模块"组成。"1舱"即驾驶舱，主要为领导管理层提供综合分析和决策参谋。"2端"即治理端和服务端。治理端主要为农业农村系统工作人员、网格员提供监管巡查和业务指导等功能；服务端主要为农业规模生产主体、农资经营店、农产品采购商、各类农业生产服务组织等11类主体提供各类业务办理和服务。"7模块"分别是指肥药购买、定额施用、质量安全、一标一品、产销对接、农废回收和双碳账户。

（一）打造"肥药购买"模块，买肥买药，一刷就行

通过对原有的农资监管系统进行整合升级，打造了"肥药购买"模块，农户在购买肥药时，通过该模块落实实名购买制度，实现对化肥农药的"来源可溯、去向可追"。目前，全省6600多家农资店全部接入，其中，1000余家示范性农资店还配备了摄像头、读卡器、扫码枪等硬件设备，可通过刷脸、扫码自动生成购销台账。对农资店实行"三色"管理，对销售假劣肥药等的红码农资店一追到底、闭环处置。基于实时归集实名购销数据，"肥药购买"模块解决了45万吨配方肥推广任务缺少台账支撑的难题，得到生态环境部华东督察局肯定，相关做法选入中央环保督察整改正面典型案例宣传片。

胡先生是浙江黄岩的种粮大户，种植水稻1000余亩。2022年上半年，他通过"浙农优品"应用，多次接收到关于稻飞虱的病虫害测报预警后，根据技术指导来到黄岩八达农资店购买相应的农药。在那里无须携带身份证，只刷了一下脸，就完成了身份信息核实。在店员的帮助下，他马上买到了所需的药品，数据还直接同步到"浙农优品"主体端的农资信息仓库中。农资店人员表示，现在农户对实名购买的接受程度明显提高了，农资购销台账不用再像原来那样手工记录，只需输入一下商品的店内码就行，

减少了许多劳动量。

（二）打造"定额施用"模块，农事服务，专家支招

"定额施用"模块由"土肥专家"和"植物医生"两个子模块组成。"土肥专家"通过汇总分析全省取土测土、耕地质量状况等数据，根据其田地土质和种植品种为每户农业规模生产主体自动推荐施肥配方。"植物医生"依托农作物病虫害测报网，为生产主体提供病虫害精准防治、农药减量增效等指导咨询服务，比如在病虫害防治的关键节点，向生产主体精准推送病虫情报与绿色防控技术，指导生产主体处理好少用化学农药和有效防控病虫害的关系。截至2022年6月，已为1.6万余户生产主体推荐配方，提供施肥咨询服务5.5万余次。在"肥药两制"改革试点区，粮油类试点主体的用氮量可以下降10%左右，经济作物类试点主体的用氮量可以下降20%左右。

浦江县十里阳光农业发展有限公司种植葡萄180亩。2021年，该公司生产的阳光玫瑰葡萄产品已通过了国家绿色食品认证，在全国优质阳光玫瑰葡萄果品品质中荣获"金奖"。公司相关负责人表示，以前种葡萄，地里用多少化肥，主要是凭经验，现在"浙农优品"应用会推送每块耕地的地力情况和对应作物的施肥方案，肥料施多少、怎么施，农民心里更有数了。比如像磷素，土壤中原本就不缺，可以少用点，节省了不少成本支出。"浙农优品"在打药方面对农户的帮助也很大。每到发生病虫害时，它都会向农户推送预测预报，指导精准用药，还会向农户推荐周

边的统防统治社会化服务组织。

（三）打造"质量安全"模块，舌尖安全，全"新"守护

基于原有的农产品质量安全监管系统，升级打造农产品生产全链追溯"质量安全"模块，构建起"一码一证一品一图"管理体系。"一码"即从产品抽检、产地环境、生产方式、主体信用等维度，按照农业生产主体绿色发展评价指标体系，通过"浙农（主体）码"对生产主体实行"三色"管理。"一证"即食用农产品合格证，变合格证由承诺制为检测制，产品抽检不合格的不予开具合格证，通过关联下游流通环节，将所有农产品生产信息共享给"浙食链"，破解了质量追溯"失链""断链"难题。在批发市场、大型商场中试点推行入市索证制度，有效提升合格证的证明效力和权威性。一旦某环节出险，可及时向上追查、向下预警，截至2022年6月，已开具农产品合格证32万多批次。"一品"即风险品种。对牛蛙等高风险品种进行重点预警，对抽检不合格的批次进行闭环处置，有针对性地开展专项整治，确保农产品质量安全零死角。"一图"即产品抽检合格率五色图，对各县（市、区）农产品质量安全情况进行综合评估和差别化监管。目前，全省主要农产品省级监测合格率稳定在98%以上。

湖州国亮家庭农场从事黑斑蛙养殖多年。农场负责人表示，以前养蛙密度很高，为了抑制细菌，抗生素用得比较多，曾经发生过有个别养殖户的牛蛙，在抽检中发现抗生素超标的情况。现在农产品质量安全已经成为全社会共识，抽检不合格就不能开具

合格证，没有合格证就无法上市，养蛙户的质量安全意识也逐渐提高。现在很多农场都在水稻田里试验推广"稻蛙共生"技术模式。一方面，蛙为水稻除草、除虫、翻松泥土，蛙的粪便还能作为肥料；另一方面，水稻为蛙提供了良好的食物来源和庇护场所。整个生长环节基本不施化肥、不用农药，既减少了农业面源污染，又提升了农产品质量。

（四）打造"产销对接"模块，产销一体，助农纾困

"产销对接"是打通农产品产销通道，让好主体找到好市场、好产品卖出好价格的子模块。"浙农优品"应用动态汇集全省30类蔬菜等农产品的在田面积、产量以及地头价、批发价、零售价等数据，绘制各县（市、区）产业画像和各类农产品画像，为销售商对接优势产区、优势产品提供信息支撑，指导应急生产安排并疏通供应链，解决了原来生产主体与销售商之间渠道不通畅、信息不对称、信任程度低、对接成本高、生产主体的农产品绿色生态价值难以体现到价格上等问题。2022年3月以来，在部分蔬菜供应基地、农贸市场受上海新冠疫情防控影响，出现供需对接不畅、蔬菜滞销的情况下，应用为全省973家30亩以上的蔬菜基地搭建大型商超对接渠道。截至2022年5月，嘉兴试点地区已为4000多吨蔬菜找到了销路。仅明康汇一家供应链企业就为上海应急保供蔬菜393万份，发挥了实效。

海亮集团旗下的生鲜农产品品牌明康汇，是首批入驻"浙农优品"的农产品供应链企业，目前已通过"浙农优品"与省内24家

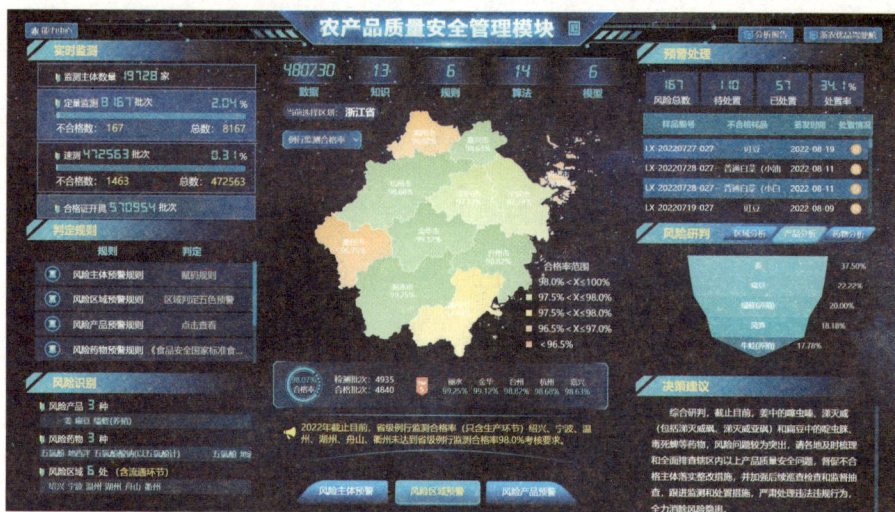

　　为提高农产品质量安全，实行"一码"识别、"一证"通行、"一品"风控、"一图"监管，确保农产品质量安全无死角。

优品生产主体进行产供销合作，既丰富了供应链企业产品货源，又推动了合作社、家庭农场等主体融入现代农业。平湖的绿迹农业科技有限公司，就是其中一家合作主体。该公司负责人表示，消费者很愿意为优质、绿色、环保的农产品买单，只是苦于没有可靠的渠道，现在通过与大型商超、生鲜电商、酒店食堂合作，产品可以顺畅地送到消费者手中，不仅不愁卖，还能卖出好价格。

三、经验启示

（一）数字化改革需要统筹应用建设与重大制度配套

　　数字化改革不是简单的政务信息化，数字应用的背后，是一整套系统性的制度重塑。比如"浙农优品"应用对应的高效生态农业集成改革，其中就有农产品质量追溯体系、产销对接机制、肥药"进销用回"全程闭环等多项改革作为制度配套。

（二）数字化改革需要处理好全省统建与地方试点的关系

一方面，整体性和统一性是数字化改革的基本要求。"浙农优品"在推进各地自建系统功能同步、数据互通上做了大量工作，目的就是要实现核心业务跨层级一穿到底。另一方面，为了更好地推动应用迭代升级，满足地方个性需求，也需要通过市县揭榜挂帅、先行先试的方式来开展试点。2022年，"浙农优品"即安排了10个试点县，重点推进合格证预发制等工作。

（三）数字化改革需要有完善的工作推进机制

数字化改革有了一本账、"V"形图等顶层设计后，就需要着力解决应用"谁来建、怎么建"的问题。为此，省农业农村厅组织开展"浙农优品"集中攻坚行动，建立了"全上跑道""四张清单""三级培训"等机制，即分管厅领导牵头、"业务处室＋数字专班＋技术公司"责任分工、攻坚小组"日复盘、周通报、专人联"；推广"主体清单、事项清单、协同清单、政策清单"制度；开展系统会议、高素质农民、农技推广体系"1＋1＋1"全员大培训，创新推出"厅长讲应用、处长授网课、局长讲推广"系列课程，这些做法有力保障了"浙农优品"的落地落实。

思考题

1.目前，"浙江乡村大脑"已形成涵盖"浙农优品""浙农牧""浙农渔"等16个数字化应用在内的"浙农系列"，如何推动不同应用实现功能互联、数据互通，避免农业主体多头开号、重复操作？

2.在数字化改革过程中，如何处理好顶层设计与地方试点之间的关系？

省农业农村厅　推荐

以变应变　以快制快　合力攻坚

——省商务厅以外贸集卡车"白名单管理"高效统筹疫情防控和外贸发展

　　摘要　2022年元旦期间，宁波市北仑区突发疫情，根据当时疫情防控相关工作要求，对有宁波市北仑区旅居史的一般赋予"红码"或"黄码"，并采取相应隔离措施；全省各县（市、区）对前往过北仑区的外贸集装箱卡车（以下简称集卡车）司机实行严格管控，使得集卡车司机出行严重受阻，进出宁波舟山港意愿明显下降，港区集卡车进出量快速下滑，这对浙江外贸出口增长产生较大影响。省商务厅闻讯而动，联合省海港集团、宁波市商务局等相关单位，深入开展调研，建立会商机制，每日上报动态，协调并推动省疫情防控办出台2022年1号文，要求全省各地不得遣返往来宁波北仑的集卡车，不得实施劝返或禁入等限制性措施，化解疫情防控下集卡车司机健康码赋码问题。为助力港口集运精准防疫，采取"建立独立单元管控运行体系""集卡车司机白名单管理""加强集卡车司机服务保障和监督管理"等系列实举措、硬举措，确保外贸供应链畅通稳定。从北仑疫情发生开始，经过五天的合力攻坚、持续奋战，有效缓解了北仑疫情对浙江外贸发展的不利影响，稳定了全省40%左右的出口。同时，配合商务部梳理了第一批177家外贸企业纳入交通运输部重点外贸企业货运保障名单。

关键词　疫情防控　物流畅通　稳外贸

一、背景情况

宁波舟山港属于中国第二大、全球第三大集装箱港口，是国际物流供应链体系的重要枢纽，也是畅通外贸货物进出、保障浙江省经济高质量发展的重要支撑。从2021年下半年出口数据来看，浙江月均出口2700多亿元，日均出口90亿元，其中通过宁波港出口的约占全省出口总额的40%左右。

此次案例发生地在浙江省宁波市北仑区，是宁波舟山港核心港区的所在地。2022年1月1日，宁波市北仑区突发疫情，根据疫情防控相关工作要求，对有宁波市北仑区旅居史的人员赋予"红码"或"黄码"，并采取"14＋7"或"3＋11"隔离管控举措。全省各县（市、区）对前往过北仑区的外贸集卡车司机实行严格管控，外贸企业"发货难"，集卡车司机"出行难"问题逐步显现，司机出车意愿断崖式下跌，港区集卡车进出量快速下滑。据省海港集团数据，1月3日，宁波舟山港进港集装箱卡车数量3132辆，较1月2日（5170辆）下降39.42%，较1月1日（10469辆）下降

70.08％，连续两日下跌。当日进闸重箱 9447 个，较 1 月 2 日（11831 个）下降 20.15％，较 1 月 1 日（26371 个）下降 64.18％，连续两日均呈快速下滑趋势，对浙江外贸出口稳增长带来较大影响。

二、主要做法

北仑区疫情发生时正值元旦假期，省商务厅主要负责同志和对外贸易发展处负责人正在值班，接到宁波市商务局汇报电话后，第一时间跟进了解北仑区疫情影响情况，分析当前形势和存在问题，并商讨应对举措。

从 1 月 1 日接到电话开始，省商务厅聚焦集卡车司机"出行难"、外贸企业"发货难"等问题，积极协调联系省海港集团、宁波市商务局等相关单位，全面了解疫情对外贸的影响情况。一方面，建立三方每日会商机制，定期向省政府值班室报送疫情对外贸影响简报，全面梳理外贸企业遇到的困难，全力开展情况排摸和问题协调解决，确保"事事有人抓，件件有人管"。另一方面，积极推动省疫情防控办于 1 月 4 日发布《关于统筹疫情防控和保障宁波舟山港物流链正常运转的紧急通知》，提出对往来宁波北仑的集卡车司机实行健康码"白名单"管理，要求全省各地不得遣返往来宁波北仑的集卡车，不得实施劝返或禁入等限制性措施，有效化解集卡司机健康码赋码问题，助力港口集运实施精准防疫，保障外贸供应链畅通稳定。

为有效降低北仑区管控举措对宁波舟山港正常运转的不利影

响，统筹疫情防控和经济社会发展，省商务厅会同省疫情防控办、省海港集团、宁波市政府、宁波市商务局等有关部门主要采取以下四项有力举措。

（一）对宁波港域各集装箱码头建立独立单元管控运行体系

由宁波市政府会同省海港集团建立"高速公路指定进出口＋直达港区专用通道"闭环管理体系，采取"道路硬隔离＋交警执勤＋司机不下车"等系列措施，确保进出各港区的集装箱卡车在与北仑有关管控区域有效分离的前提下进出畅通。结合港内空箱堆存条件，建立港区至港外堆场的专用通道，组织相对固定的驳运车队和司机，将港外堆场空箱驳运至港内，再由集卡车经港区专用通道进港提取空箱，确保港区内外空箱调运体系有效分离、人员不接触，由省海港集团及时补充港区作业人员，对港区作业人员采取只进不出、2天1次核酸检测、网格化管理等措施，严格实施港内封闭管理，确保疫情防控安全有效和港内生产正常稳定。

（二）对往来宁波北仑的集卡车司机实行健康码"白名单"管理

对进出宁波舟山港北仑港区的集卡车司机进行严格筛查，对近3天内2次核酸检测阴性、14天内未到过中高风险地区且健康码为绿码的集卡车司机（处于宁波市北仑区疫情封控区、管控区的司机除外），按有关程序筛查报批后，纳入健康码白名单管理，由省海港集团负责监督，对列入健康码"白名单"的司机落实隔天进行1次核酸检测的要求。鉴于宁波市已对集卡车司机进行严格筛查和管理，为保障宁波舟山港物流链正常运转，全省各地对往来宁波北仑的集卡车不得实施劝返或禁入等限制性措施，切实保障全省外贸进出口物流体系正常运转。

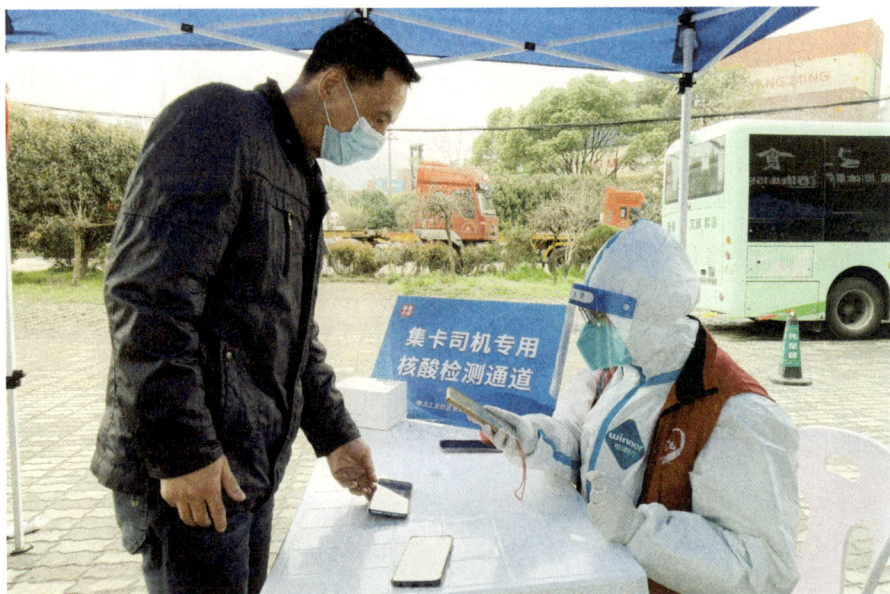

宁波市北仑区霞浦街道开通集卡司机专用核酸检测通道。

（三）对集卡车司机加强服务保障和监督管理

加强对集卡车司机核酸检测的服务保障，设置专门区域、安排专门人员、开辟绿色通道，方便集卡车司机就近就便进行核酸检测，落实企业主体责任，建立相应工作机制，执行集卡车司机日常健康监测日报告、零报告制度，加强集卡车司机个人防护教育和日常管理。省海港集团主要依托"易港通"智能化管控平台，加强进出港区集卡车司机的监督管理，确保集卡车司机从高速公路出口至港区全程受控闭环管理。

（四）对沿海往来宁波北仑的内支线船舶实行"船员健康申报＋人员不接触"靠泊管理

省内其他沿海港口对往来宁波北仑的内支线船舶，应要求船舶抵港接靠前，主动申报所有在船船员健康码、体温监测等情况。港口企业应加强疫情风险研判，严格码头作业人员个体防护，采取船岸人员不接触、船员非必要不下船等方式，严格船岸界面和港口作业管控，对船员健康码、船员健康等出现异常的，应及时了解有关情况，报属地联防联控机制进行处置后，对船舶采取"一船一案"方式进行装卸作业。各地不得拒绝往来宁波北仑的内支线船舶靠泊。

三、经验启示

面对本土疫情多点散发、局部暴发的情况，要坚决贯彻落实党中央、国务院关于稳定外贸基本盘的相关工作部署，聚焦疫情导致的外贸产业链供应链不畅问题，强化预警监测、做好动态响应、构建工作闭环，切实做到"以变应变""以快制变"，全力推动外贸保稳提质。主要有三点启示。

（一）注重信息联通，全方位监测外贸物流情况

第一，以宁波舟山港为重点。浙江通过宁波舟山港出口的规

模占全省出口的40%左右，进口占全省的25%左右，港口运转与全省外贸运行密切相关。要用好数字化改革优势，在北仑疫情期间，省商务厅与省海港集团保持密切联系，强化数据联通，接入宁波舟山港港口作业相关数据，重点监测出口重箱进港区量，有效掌握作业箱量。

第二，以各市商务局为主体。面对疫情导致外贸供应链不畅等情况，要强化省、市、县（市、区）三级工作协同，充分发挥市、县（市、区）商务局的主体作用。比如，宁波市商务局、北仑区商务局在北仑疫情期间发挥重要作用，第一时间与省商务厅联系，共同研究疫情对外贸供应链造成的影响和解决路径。

第三，以企业、协会为补充。注重通过重点外贸企业、货代协会等途径，多渠道全面了解外贸供应链运行情况，疫情期间，省商务厅通过浙江省国际货代物流协会、重点货代公司了解全省外贸集卡车运转通行情况，为决策制定提供有效支撑。

（二）注重快速联动，立体化构建问题响应机制

第一，横向协同。依托省稳外贸工作协调机制，健全完善工作协同机制，注重联合省级相关部门力量，积极协调解决外贸企业系列问题。聚焦疫情带来的系列影响，与省级疫情防控部门保持密切沟通。

第二，纵向贯通。建立健全省、市、县（市、区）三级专班工作机制，构建"收集问题—分头交办—情况反馈"的工作闭环，完善三方每日会商机制，及时推进集卡车司机问题解决。

第三，要情直报。省委、省政府高度重视外贸供应链畅通工作，要求将工作中存在的困难问题及时通过专报形式报送省政府办公厅。北仑疫情导致外贸供应链不畅的问题，连续5天向省政府报送相关情况，推动出台专门政策进行解决，先后聚焦疫情影响分析及应对建议报送相关材料18篇。

（三）注重探索创新，多角度探索兼顾发展安全

一方面，创新实行集卡车闭环管理。建立"高速公路指定进出口＋直达港区专用通道"闭环管理体系，采取"道路硬隔离＋交警执勤＋司机不下车"等系列措施确保外贸集卡车在与管控区域有效分离的前提下进出畅通。另一方面，创新实行集卡车司机"白名单"管理制度。率先提出对近3天内2次核酸检测阴性、14天内未到过中高风险地区且健康码为绿码的集卡车司机，按有关程序筛查报批后，纳入健康码"白名单"管理的政策。

思考题

1.后疫情时代，除了陆上运输，港航货运如何实现精密智控、高效防控，如何更好地统筹疫情防控与经济发展？

2.后疫情时代，如何更好地发挥数字化改革作用，以数据赋能方式，打通部门间数据壁垒，建立健全外贸运行监测网？

省商务厅　推荐

坚持监管规范与促进发展并重

——省市场监管局依法规范和引导资本健康发展

摘要 以习近平同志为核心的党中央多次强调要强化反垄断深入推进公平竞争政策实施、依法规范和引导资本健康发展。浙江省是平台经济大省，民营经济发达、民间资本活跃。探索如何在社会主义市场经济条件下发挥资本的积极作用，同时有效控制资本的消极作用，这是一个重大的政治和经济问题。省市场监管局坚持以习近平新时代中国特色社会主义思想为指导，深入贯彻落实党中央、国务院和省委、省政府重大决策部署，强化系统治理、综合施策、突破争先，在完善政策法规体系、强化平台经济治理、破除地方保护主义、重拳打击垄断行为等方面展开了一系列新探索新实践，为全国依法规范和引导资本健康发展提供了浙江经验、浙江方案。

关键词 公平竞争 监管规范 促进发展

一""低于成本价销售""违法实施经营者集中"等涉嫌垄断、不正当竞争行为实施在线监测和靶向监管，构建全链条闭环监管机制，加快形成即时感知、高效运行、智能监测的新型治理形态。截至2022年6月，系统已覆盖全国重点网络平台457家、店铺1854万家，累计发现风险线索3.9万条，立案查处6369件，督促下架商品3.8万件，规范整改店铺1773家，平台涉嫌违法风险明显减少。

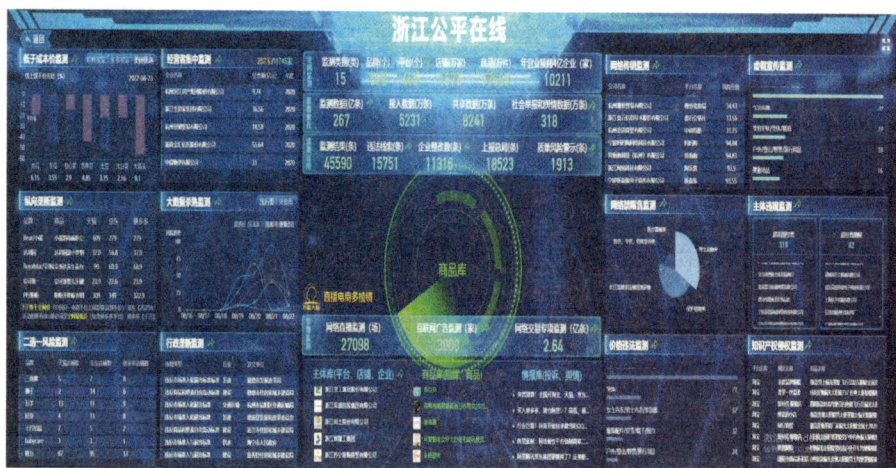

省市场监管局创新打造全国首个平台经济数字化监管系统——浙江公平在线。

（三）强化改革争先，在竞争政策先行先试上迈出新步伐

根据市场监管总局授权并审定，制定出台《浙江省省域公平竞争政策先行先试改革实施方案》，在全国率先实施省域公平竞争政策先行先试改革，探索建立推进公平竞争政策实施的统筹协调和智力支撑机制、以公平竞争政策为基础的政策协调机制和市场

竞争规则、以数字化改革为突破口的反垄断监管效能提升机制、以提升审查质量为核心的公平竞争审查刚性约束机制、以防范垄断风险为重点的企业竞争合规机制。平台企业竞争合规管理标准化、重点企业反垄断合规辅导、破除地方保护和市场分割反垄断执法推进、公平竞争指数、重大政策措施公平竞争审查会审等一批试点改革项目正在深入实施，持续加强监管理论和制度创新，切实提升资本治理本领。

（四）强化刚性约束，在破除地方保护和市场分割上取得新成效

坚持"两个毫不动摇"，深入贯彻落实《中共中央、国务院关于加快建设全国统一大市场的意见》，率先开展破除地方保护和市场分割专项行动，聚焦社会反映强烈的指定交易、地方保护、排斥限制外地经营者等问题加大执法力度，消除市场壁垒，畅通国内大循环，进一步激发市场主体活力。全面落实公平竞争审查制度，2018年以来，全省共审查增量政策文件30069件，经审查修改或不予出台909件；分四轮清理存量政策文件105685件，经清理修订或废止2930件，助力建设统一大市场，为各类资本健康发展营造公平竞争的发展环境。

（五）强化自律规范，在加强竞争合规管理上落实新要求

针对平台企业合规意识不强、合规体制不健全等问题，制定出台全国首个互联网平台企业竞争合规省级地方标准《互联网平

台企业竞争合规管理规范》。以互联网平台企业"自我优待"、"大数据杀熟"、算法滥用、强制"二选一"、资本无序扩张等破坏公平竞争的行为为研究对象，以发挥互联网平台企业竞争合规主体责任为出发点，从反垄断、反不正当竞争两个角度，全面梳理互联网平台企业竞争合规相关风险，明确互联网平台企业竞争合规管理举措，为平台资本在公平竞争领域设置"红绿灯"，划出底线，在明确合规预期的前提下，充分发挥其在优化资源配置、推动产业升级、拓展消费市场、增加就业等方面的潜能和作用。

（六）强化风险预防，在推进企业垄断预警上完善新机制

探索建立预防式、预警式竞争监管机制，完善梯次性处置工具，率先实施"经营者集中"在线监测预警机制，贯通税务、市场监管等系统数据，对省内企业进行股权穿透，在企业注册登记环节对企业收购股权和设立合营企业实行动态预警，提示违法实施经营者集中风险，防止"扼杀性并购""掐尖式并购"行为发生，实现经营者集中审查从事后监管向事前防范转变。截至2022年6月，年营业额4亿元以上的11745家省内企业已纳入监测，累计预警存在风险的经营者集中177次、企业316家。实施重点企业反垄断合规辅导机制，2019年以来共对全省2540余家次的重点企业开展反垄断合规辅导，规范和引导资本有序扩张。

（七）强化监管执法，在重拳出击垄断行为上打开新局面

强化长三角地区反垄断执法协作，加强重点领域反垄断执

法，突出数字经济、科技创新、民生保障等重点领域，统筹把握监管执法的"时度效"，强化反垄断反不正当竞争执法，依法严肃查处"二选一"、强制搭售、"大数据杀熟"、屏蔽封锁、刷单炒信等垄断和不正当竞争行为，严厉查处牟取暴利、哄抬价格、欺诈炒作等不正当价格行为。近年来，浙江依法查处一批具有广泛社会影响的垄断和不正当竞争案件，督促纠正各地政府及其部门滥用行政权力排除、限制竞争案件300余件，充分发挥市场在资源配置中的决定性作用，更好地发挥政府作用，实现政府有为、市场有效，促进各类资本在公平竞争中规范健康发展。

（八）强化协同治理，在健全多元监管机制上取得新进展

组建由分管副省长任召集人、14个省级部门组成的平台经济工作专班，围绕反垄断与反不正当竞争、防止资本无序扩张、网络交易监管、消费者权益保护、网络与数据安全等平台经济重点领域，加强改革统筹、强化改革攻坚。发挥金融委办公室地方协调机制作用，聚焦从事金融活动平台企业的风险隐患，加强对重点领域、重点行业涉嫌资本无序扩张的监测分析。筹建省公平竞争审查和反垄断委员会，强化竞争监管和行业监管、金融监管、外资监管、安全监管等协调联动，推动监管链条向事前事中延伸，形成监管合力，加强资本监管的统筹协调。

三、经验启示

（一）要深刻认识依法规范和引导资本健康发展的政治性和战略性

习近平总书记深刻阐述了在社会主义市场经济条件下规范和引导资本健康发展的重要意义。要充分认识到资本具有"两面性"，资本是促进社会生产力发展的重要力量，但如果不加以规范和约束，也会冲击正常的经济、社会甚至政治秩序，影响执政根基和国家安全。这就要求不断提高政治站位和政治自觉，始终坚持正确政治方向，加强资本治理，使资本服从和服务于人民和国家的根本利益。

（二）要深刻认识中国特色社会主义制度塑造资本的根本性和优越性

资本如"水"，如果让其在逐利驱动下放任自流，就会变成水害、水灾；及时"修堤筑坝"，有序疏堵、合理引导，就能变"水害"为"水利"。资本主义以资本为中心，遵循资本主导逻辑。社会主义具有规范和引导资本的根本制度优势，必须坚持党的全面领导，坚持社会主义方向，坚持以人民为中心的发展立场，坚持趋利避害、扬善抑恶，充分发挥资本积极作用，有效控制其消极作用，推动高质量发展、促进共同富裕。

（三）要深刻认识依法规范和引导资本健康发展的全局性和系统性

资本在逐利驱动下不仅会进入经济领域，而且会向社会甚至政治领域扩张。当前，我国资本的规模、力量、所有制结构、诉求和竞合关系等正在发生深刻变化，促进各类资本规范健康发展成为国家治理中的重要课题，需要进一步强化全局观念和系统思维，以系统化举措有效应对资本无序扩张带来的风险和挑战，更好地发挥资本促进社会生产力发展的积极作用。

（四）要深刻认识强化资本监管的规律性和方向性

市场经济和资本越发展，越需要强有力的法律和监管。同时，技术革命和商业创新的"活跃期"，往往既是资本快速发展的"繁荣期"，也是无序扩张的"高危期"。因此，要遵循"创新—监管—再创新—再监管"的螺旋式循环演进规律，妥善把握支持创新和防范风险的平衡，依法规范和引导资本健康发展。

思考题

1.近年来，浙江坚持数字化改革引领，在运用数字化技术引导和规范平台资本有序发展方面取得了积极成效。下一步，浙江应如何进一步发挥梯次性处置工具作用，坚持监管规范与促进发展并重，依法规范和引导资本健康发展？

2.浙江是平台经济大省，企业数量、经济规模、创新能力均走在全国前列。浙江在规范和引导平台资本健康发展方面，应如何处理好监管规范与促进发展两者之间的关系？

省市场监管局　推荐

坚持"双碳"引领
助力山区26县迈入共富快车道

——杭钢集团多维度全县域赋能山区振兴

摘要 在高质量发展中促进共同富裕,是以习近平同志为核心的党中央立足新发展阶段、着眼我国社会主要矛盾变化作出的重大决策。在浙江高质量发展建设共同富裕示范区的实践中,山区县如何立足新发展阶段,发挥生态资源等比较优势,有效解决产业基础薄弱、公共服务供给不足等突出矛盾,成为推动共同富裕的重要课题。杭钢集团围绕"山区有什么""山区需要什么""杭钢能做什么"三方面,按照"一县一策""一项目一专班""一月一督办"等工作方式推进夯实山区产业基础,聚焦项目落地,助力解决长期性、系统性共富难题。多年来,杭钢集团立足自身产业发展实际和优势条件,依托山区26县生态资源禀赋,发挥产业多元协同优势,重点在庆元和青田等地探索出了一种以"双碳"为引领、助力山区生态产品价值实现的全县域合作模式。

关键词 扩大有效投资 绿色能源开发 数字化改革 "双碳"战略

一、背景情况

在浙江高质量发展建设共同富裕示范区的实践中，山区26县是难点也是关键。山区26县占浙江省面积的44.5%，地区生产总值却不到全省的10%，人均可支配收入低于全省平均水平，且存在产业基础薄弱、公共服务建设滞后、对外开放合作不足以及如何推动绿色低碳转型等难题。杭钢集团立足"承担好责任、发挥好功能、发展好企业"的国企定位，第一时间组织学习党中央国务院、省委省政府和省国资委关于高质量发展建设共同富裕示范区的部署要求，第一时间成立助力高质量发展建设共同富裕示范区工作领导小组，第一时间制定出台杭钢集团《助力高质量发展建设共同富裕示范区行动方案（2021—2025年）》，面对疫情大考，坚决做到战略坚定和策略灵活，统筹疫情防控和经营发展，聚焦山区26县跨越式高质量发展，在共富共建中展现杭钢担当。杭钢集团的案例——《"双碳"引领国企与山区共建生态产品价值实现共富快车道》，入选全省高质量发展建设共同富裕示范区最佳实践。

二、主要做法

杭钢集团围绕"山区有什么""山区需要什么""杭钢能做什么"三个问题，依托山区生态资源禀赋，发挥节能环保、数字科技、现代流通、钢铁智造等产业多元协同优势，克服新冠肺炎疫情带来的不利影响，加强与各地尤其是浙西南革命老区的全方位对接合作，按照"一县一策""一项目一专班""一月一督办"等方式，努力打造服务共同富裕的杭钢方案，探索出一种以"双碳"为引领，助力山区生态产品价值实现的全县域合作模式。截至 2022 年 6 月底，杭钢集团在山区 26 县累计已投资建设项目 39 个，项目总投资额 213.07 亿元；正在重点推进项目 44 个，项目总投资额 287.7 亿元。项目涵盖一大批城乡污水处理设施、饮水工程等民生项目，也包括一批绿色能源、先进新材料和现代服务业等产业项目。杭钢集团在山区已投资项目建成后年产值超过 100 亿元，为 2000 余人提供了就业岗位。

（一）致力于一体化开发全县域绿色能源，以"双碳"战略牵引山区绿色低碳转型

结合庆元、青田等山区县产业发展规划和绿色能源开发条件，因地制宜制定县域绿色能源一体化开发方案。重点以抽水蓄能电站为核心，联动推进光伏、风电、小水电资源集中整合开发，建设"风光水储一体化"示范性项目。庆元抽水蓄能电站总投资 76.7 亿元，青田抽水蓄能电站总投资 82.97 亿元，这两个抽水蓄能电站总体进度处于全省"十四五"规划抽水蓄能电站前列。庆元和青田抽水蓄能电站建设期每年可为当地增加税收约 1 亿元，建成后每年可为当地增加税收约 3 亿元，并为当地增加就业岗位，同时优化当地基础设施并带动旅游业发展。项目还将服务浙江电

力系统调峰调频，促进电力调度系统健康发展。

（二）致力于综合治理全县域生态环境，以"生态美"推动山区"共同富"

充分发挥杭钢集团旗下的省环保集团在生态环境治理领域全产业链优势，聚焦庆元、青田等山区县农村污水综合治理、城市污水厂提升改造、填埋场修复开发、生态环境监测等生态环境治理领域重大疑难问题，切实做好生态环境治理补短板、强弱项工作，打造生态环境治理标杆示范型项目，为美丽城乡建设作出积极贡献。一是形成全县域农村污水治理模式。针对农村污水治理点多面广、技术支撑薄弱、难以市场化等痛点难点，杭钢集团主动探索全县域农村污水治理模式，对三门、莲都等山区的1077个行政村中的1654个农村污水处理终端实施全县域农村污水治理，受益农民多达23.3万户。同时，将该模式导入青田、庆元等地，与属地国企合作，推进城乡污水一体化治理。二是建成丽水全市域生态环境监测网络。投资建设的丽水全市域生态环境监测网络项目，已实现庆元和青田全域生态环境数据实时动态监测，助力生态产品价值实现。三是在青田等山区县投资的7座城市污水厂已建成投运，庆元等地生活垃圾填埋场项目已正式启动。

（三）致力于高质量建设现代服务业基地，以总部经济项目助力山区现代服务业发展

结合庆元、青田等山区县现代服务业布局规划，发挥杭钢集

团有色金属、建材原材料等领域产业链优势，推进总部经济建设，高质量打造现代服务业基地，带动地方经济发展。杭钢集团下属冶金物资公司已与庆元城投成立合资公司，经营新型绿色智护装备，为庆元新增约200个就业岗位，每年可为庆元县新增税收1000万元以上，并带动当地国资平台产业发展。结合青田侨乡特点，引进外资设立总部经济项目，开展进出口业务，该项目落地后2022年将实现营收20亿元以上，并为青田县新增税收约1000万元。

（四）致力于高起点打造先进新材料制造基地，以生态工业带动山区制造业转型升级

杭钢集团结合青田、遂昌、云和等山区县制造业发展特点，发挥自身新材料研发、生产和品牌优势，推进先进新材料基地建设，引领县域制造业焕发新气象。在遂昌投资浙江微通催化新材料项目，从事钯、铑等稀贵金属催化材料研发、生产和回收再生利用，建立浙江省贵金属催化材料与技术重点实验室，承担多项省级技术开发项目。该项目投产当年即实现盈利。发挥钢铁产业品牌和技术优势，与云和县华宏钢铁合作开展"古剑牌"钢材生产，促进云和钢铁产业提质增效。

（五）致力于多维度开展数字化改革合作，以数字变革赋能基层治理

发挥杭钢集团数字科技产业优势，深度参与庆元、青田等山区县数字化改革，重点推进数字政务、智慧城市、智慧园区、数字乡村、数字医疗和职业教育等领域合作。杭钢集团投资建设长三角产教融合云平台，正在庆元、青田县应用推广。结合集团下属浙江工贸职业技术学院和浙江工业职业技术学院在职业教育领域的优势，为山区学生和务工人员提供职业技能培训，助力就业能力提升、家庭收入提高。目前，已开展高素质农民培训、特殊技能工种培训等1.7万多人，为浙西南革命老区9个乡镇、30余个村培训电商人才3000余人，带动新增就业1500余人。

杭钢集团位于常山县的天马污水处理厂PPP（政府和社会资本合作）项目。

三、经验启示

高质量发展建设共同富裕示范区需要社会单元的各方携手、

共同奋斗，各尽所能、各尽其责。杭钢集团把推进自身企业转型升级与助力共同富裕示范区建设结合起来，为国资国企助力共同富裕实践提供了有益借鉴。

（一）要坚持久久为功，在深化上下功夫

国有企业助力山区县发展，一方面，要围绕战略目标，实事求是地分析，客观理性地定位，脚踏实地，发扬"钉钉子精神"，力争把每个项目做成精品工程；另一方面，要在现成项目的基础上，注重总结经验，及时深化推广。比如，杭钢集团在做好庆元和青田抽水蓄能项目的基础上，积极参与开发其他山区26县优质抽水蓄能、集中式光伏等绿色能源项目。

（二）要坚持创新合作，在协同上下功夫

国企与山区县协作走好共富路的过程中，必须要立足左右联动、地企互动，不断深化与地方政府的政企合作，以项目落地带动产业发展，尤其是要结合地方国企发展实际，创新合作模式，推进合资合作，以"合作项目化、项目清单化、清单责任化"为原则，共同开展克难攻坚，实现省属企业与地方企业共同做强做大。

（三）要坚持因地制宜，在聚焦上下功夫

国企要实现精准服务地方发展，一方面，要依托企业发展方向和产业优势，瞄准地方发展痛点和难点问题，聚焦自身优势清单对接山区26县短板清单，以自身的优势领域推进合作；另一方

面，要聚焦典型清单，以解决收入差距、区域差距、城乡差距为主攻方向，积极探索集成式创新，努力培育一批"最小单元""最具典范"的共同富裕成功案例。

思考题

1.国有企业如何在公共服务公共产品供给、基础设施建设运营、实体经济产业引领、创新驱动助力三大科创高地建设等方面担当作为，强化国有资本服务共同富裕战略功能？

2.国有企业如何在支持山区26县跨越式高质量发展、助力碳达峰碳中和、扩大社会就业、增强职工获得感、参与公益慈善事业等工作中积极作为，承担好社会责任，促进国企发展成果全民共享？

浙江冶金集团（杭州钢铁集团有限公司）　推荐

精准施策　科学防疫

——湖杭铁路公司牢牢筑起防疫屏障

摘要　湖杭铁路属于国家重点交通项目，是杭州亚运会配套保障工程，线路全长137千米，建设时间紧、任务重。项目自北向南跨湖州、杭州两市7县（区），全线参建单位21个，参建者高峰时期达2万余人。为尽量减少疫情对项目建设的影响，湖杭铁路公司时刻绷紧疫情防控这根弦，联合代建单位和施工单位，落实落细疫情防控要求，牢牢筑起湖杭建设的"防疫墙"，实现工地全线"零感染"，并成为2020年浙江省内首个复工复产的铁路工程建设项目。公司深化工作部署，细化目标任务，责任包保到人，落实每周报告机制，将疫情对工程推进的影响降到最低。针对范围广、协调多等困难，公司成立以主要领导为组长的疫情包保检查组，定期到包保责任点开展工作检查、重点指导，督促各包保标段做实做细各项疫情防控措施。针对人员多、管控难的特点，公司充分发挥纪检监督的力量，将监督触角延伸至项目一线，各标段均设立疫情监督专员，每周两次对标段疫情防控工作进行自查，同步搭建疫情信息沟通平台，完善疫情防控信息统计日报周报机制。

关键词　亚运会配套　疫情防控　项目建设

一、背景情况

湖杭铁路属于国家重点交通项目，是杭州亚运会配套保障工程。2020年4月，项目建设工期由42个月调整为33个月，时间更紧、任务更重。项目自北向南跨湖州3县（区）、杭州4县（区），线路全长137千米，全线参建单位21个，高峰时期参建者多达2万余人。自2019年底开工以来，面对来势汹汹的新冠肺炎疫情，全体参建人员紧紧围绕"亚运会前高质量建成通车"的目标，紧盯关键线路和控制性工程，始终坚持目标不变、力度不减、节奏不缓、标准不降，一手抓建设，一手抓防控，安全、高效、有序推进项目建设。鹿山隧道贯通、富春江特大桥合龙、杭州西站屋面闭水等三大控制性节点工程相继突破，全线如期甚至部分提前完成隧通、路通、桥通、轨通、电通，顺利进入联调联试，并于2022年9月22日建成通车。

二、主要做法

（一）精准施策，织密疫情防控网

打赢疫情防控阻击战，组织力是关键。在边抗疫边建设的过程中，项目组织力经受住了考验和挑战。疫情期间，湖杭铁路公司闻令即动，联合代建单位沪昆公司立即形成工作合力，编写《项目复工疫情防控操作指南》，规范防控要求；强化人员进出"三查一登记"，守好项目"小门"；定期有序组织全员核酸检测，有效健康监控；实时更新《疫情防控应急处置方案》，开展应急演练，提高应急处置能力。建立"网格化"疫情防控机制，确保将疫情防控主体责任压实到各施工单位、各专业分包单位，细化到各班组、个人。切实完善建筑工人实名制考勤管理，确保应考尽考，按照"谁的人谁负责"原则，最大程度管好"人头"，并加强对在外居住工人和流动班组的旅居史排查及询问登记，构筑横向到边、纵向到底的"网格化"疫情防线。各网格设立一名疫情防控专员，搭建疫情信息沟通平台，每日统计上报疫情防控信息，全面掌握各工点的人员情况，从严从实做细做好各项疫情防控工作，使该项目成为2020年浙江省内首个复工复产的铁路工程建设项目。

（二）科技防疫，护航项目顺利推进

打赢疫情防控硬仗，离不开科技的有力支撑。对 2 万余名参建人员的有效管控，考验着项目公司的管理水平，而数字化工具成了实现项目高效快速管理的"利器"。2020 年 4 月，公司在集团公司的统一部署下，率先启用疫情复工管控平台，第一时间把全线参建人员返工及健康信息录入平台，每天进行健康打卡，利用大数据平台精准盯控。开展湖杭铁路"智慧工地"建设，搭建"智慧工地"一体化平台，开发人员管理模块，实时定位施工人员活动范围，实现工程从封闭式管控向精密型智控转变，为项目有序复工以及大规模建设织好防护网。虽然工程建设进度得到了保障，但在严峻的疫情形势下，征地拆迁、管线迁改等需与地方沟通协调的事项成为湖杭铁路推进中新的"拦路虎"。为确保疫情不"隔离"项目推进，公司通过云办公、云对接、云协调等，多措并举，硬核推进，实现了土地征迁和管线迁改的"湖杭速度"，为复工复产扫除障碍，确保项目顺利推进。

（三）有效监督，建立防控包保制度

疫情防控到哪里，监督就跟进到哪里。为进一步压实责任，公司纪委积极发挥监督作用，牵头成立以领导班子成员为组长的六大疫情防控督导检查组，对照疫情督查清单、采取"四不两直"的方式，实行包保式每周两组轮流循环对各参建单位开展疫情防控检查，重点指导、督促各包保标段做好项目施工组织、安全质量管控、综治维稳保障、信息宣传推进等重要工作内容。在各自尽职尽责坚守阵地的基础上，统筹项目各标段纪检监督力量，将监督触角延伸至项目一线。项目各标段设一名疫情监督专员，对标段疫情防控情况进行每周两次的检查。针对督查中发现的亮码测温未严格落细、台账记录欠规范、宣传氛围不浓厚等共性问题，通过及时提醒严明防控纪律；针对个性问题，通过发放工作联系单、约谈标段负责人督促整改，倒逼疫情防控责任落实落细。对存在问题定时开展"回头看"，确保问题真改细改，真正把疫情防控督查工作落实到位。

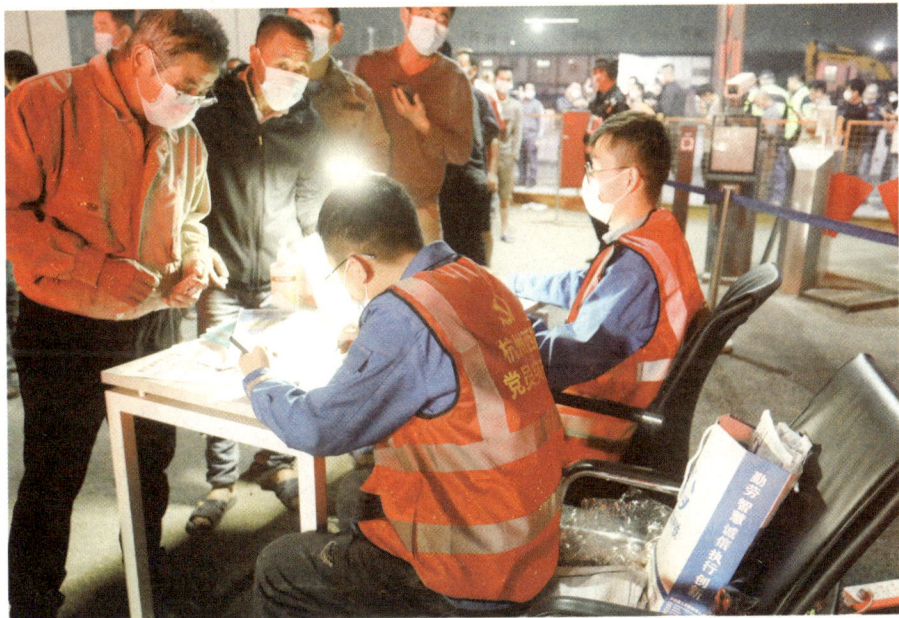

杭州西站项目部核酸检测现场严格落实"健康码＋测温＋实名登记"制度。

（四）加大协调，破解项目推进难题

由于属地针对疫情防控采取的限制措施，外地人员返回项目难、上海援建项目人员返杭难、涉疫人员隔离、原材料运输受阻等问题陆续出现，让原本紧张的保开通任务变得更为艰巨。湖杭铁路公司创新工作思路，坚持问题导向，加大复工要素保障协调力度，强化政府协调，争取地方支持，逐个破解各地交通管制、外地人员进入难、人员隔离等问题。按照"定向、定量、优惠"原则，打通物资供应链，推动项目砂石等建筑原材料生产供应。在保障各项硬件施工的条件下，组织开展"八比八创"劳动立功竞赛，充分激发建设者们奋斗激情的同时，也化解了他们长期坚守岗位带来的思乡之情，涌现出了一大批先进党组织、先进班组和先进个人，助力项目高质、高效、高速推进。

三、经验启示

（一）迅速行动，形成合力，压紧压实疫情防控主体责任

通过把好防疫关口、落实防疫措施，组织各参建单位合理铺排生产计划，推动各标段全力抓抢施工进度，确保在规定时间节点完成各项建设任务，以攻坚克难的奋进状态实现"两手硬、两战赢"。

（二）科技赋能，创新驱动，有序推进重大项目高质量建设

化危为机，加快建筑行业数字化、信息化步伐，湖杭铁路工程在施工中大量运用"四新"技术，同时探索"无人化"、智能化操作，有效降低人工成本，并尽可能减少疫情对施工进度的影响。

（三）稳定就业，关爱员工，有效落实"经济要稳住"重大要求

关心关爱湖杭铁路2万余名参建员工，扎实做好建设中的服务，为社会稳定贡献"湖杭力量"。组织开展劳动立功竞赛，鼓励一线员工与项目建设"同行同成长"，涌现出一大批先进党组织、先进班组和先进个人，助力湖杭铁路持续超额完成投资任务。

思考题

1. 如何进一步提高疫情防控信息平台智能化、科技化水平，帮助生产一线劳务人员更为方便、快捷地使用信息平台，提高数据采集的及时性和准确性？

2. 如何帮助施工单位有效打通物资供应链，建立物资快速流通通道，降低因疫情而增加的运输成本，保障项目快速推进？

省交通投资集团有限公司　推荐

统筹安全与发展 实现疫情下的货运"逆势上扬"

——省机场集团扎实推进航空货运保障和发展

摘要 新冠肺炎疫情发生后，对民航运输冲击巨大，如何统筹抓好疫情防控和经济社会发展，融入国内国际"双循环"，坚持确保产业链供应链稳定是摆在省机场集团面前的第一难题。为此，集团党委积极响应省委、省政府"打造国际航空货运高地"的部署要求，创新开拓"异地包机＋异地货站"相结合的运输模式，有效实现省内机场业务联动，助力全省航空物流板块资源共享、协同高速发展。2021年，全省机场累计完成货邮吞吐量112.60万吨，同比增长10.46%，在全国各省（直辖市）中排名连续五年稳居第四位。全省口岸机场完成国际（含地区）货邮吞吐量22.84万吨，同比增长44.54%，实现了疫情下的"逆势上扬"。口岸机场作为浙江"国门"，是疫情防控工作中最大的风险点，省机场集团始终抓牢入境货机保障疫情防控这一"牛鼻子"，理清"关键风险"、优化保障流程，创新性实施"两集中、四固定、六个定"工作要求，有效防范化解了境外疫情输入的风险，坚决守好全省"空中门户"。

关键词　航空货运　疫情防控　安全生产

一、背景情况

2020年，全球范围内发生新冠肺炎疫情，我国采取了强有力的疫情防控政策和措施，国内防控形势持续向好。同年5月，全国"两会"明确提出要统筹推进疫情防控和经济社会发展，推出了一系列的复工复产措施。我国航空运输市场在全球率先触底反弹，成为全球恢复最快、运行最好的航空市场。

境外疫情形势严峻，海外侨胞防疫物资告急，牵动着家乡人民的心。在此艰难时刻，为更好地帮助海外侨胞渡过难关，义乌市政府和义乌市红十字会急需将一批防疫捐赠物资紧急运往爱尔兰，支援当地侨胞抗疫。义乌机场并没有飞往欧洲的航线，临时审批一条新的国际航线程序多、耗时长，同时受机场飞行区运行等级标准的限制，义乌机场最大仅能够保障B767-300机型的起降，而该机型无法执飞义乌到爱尔兰这样的洲际远程航线，因此防疫捐赠物资无法从义乌直运爱尔兰。这让省机场集团意识到推动全省货运联动发展的必要性和紧迫性，同时针对国际货运航班，如何在确保安全运行的前提下做好疫情防控工作，更是当时面临的严峻挑战。

二、主要做法

（一）创新模式，协调各方，积蓄航空货运发展之动能

"我们需要用最快的速度将物资送到爱尔兰侨胞手中，海外疫情严重，他们等不起，我们也等不起。"负责此次运输任务的货代企业紧急联系了省机场集团，希望集团能在第一时间帮助将物资运输出境。时间紧、任务重，集团迅速联合有关部门制定了运输保障方案，创新运输模式。一方面，积极协调运力，联系相关航司和货代，最终确定了由俄罗斯阿祖尔航空执飞的"杭州—莫斯科—爱尔兰都柏林"的包机航班；另一方面，积极沟通杭州、义乌两地海关，确保物资过关畅通。通过义乌机场异地货站渠道，物资先行在属地完成报关、查验后，直接监管运输至杭州机场后装机出运。最终5000件共计24吨的防疫物资按时、顺利地送到了爱尔兰侨胞手中，解决了其防疫物资紧缺的燃眉之急。义乌物资杭州包机运输的顺利完成，开拓了浙江"异地包机＋异地货站"相结合的创新运输模式。2021年1月，杭州萧山国际机场异地货站网络建设项目入选民航局首批提升航空物流综合保障能力试点。围绕异地（机场）货站和异地（城市）货站的网点拓展及模式创新，以杭州机场为核心的浙江省异地货站网络体系正在逐步完善。2021年，全省机场累计完成货邮吞吐量112.60万吨，同比增长10.46%，全国省（直辖市）排名连续五年稳居第四位。全省

口岸机场完成国际（含地区）货邮吞吐量22.84万吨，同比增长44.54%，实现了疫情下的"逆势上扬"。全省现有11个异地货站，有效整合和调配了省内航空运力资源和市场货源，简化货物运输流程，提升效率，实现省内机场业务联动和全省航空物流板块资源共享，确保供应链保障及市场稳定，带动区域经济协同发展。

（二）聚焦安全，落实责任，筑牢安全生产之防线

"在每1起严重事故背后，必然有29起轻微事故、300起事故先兆和1000起事故隐患。"海恩法则清楚地指出了民航安全的本质，只有进一步做到安全关口的前移，才能将重大事故扼杀在摇篮之中。省机场集团以海恩法则为指导，以诚信考核为手段，于2020年8月建立了全省危险品货物航空运输信用管理体系，通过违规扣分、奖励加分、分级处置的方式，将全省货代公司进行统一信用管理，进一步营造了"一处违法、处处有惩""一处失信、处处受限"的合规守信的运行环境。以杭州天翔东捷运物流有限公司为例，因该单位在2020年8月至9月期间多次被查出夹带危险品等违规行为，导致其2020年度信用考核得分降至0分。集团通报全省机场、货站，对该单位进行为期30天暂停交货惩罚措施。严厉的处置措施，在全省范围内都起到了杀一儆百的作用。2022年第一季度，全省交货单位危险品信用违规扣分情况仅13起，且无夹带危险品情况，较2021年第一季度违规扣分17起（含4起夹带危险品），有明显好转。同时，危险品信用奖励体系也进一步促

进了民航货运市场的增长，2021年10月，出现了第一批共79家信用等级A级的交货单位，通过对高信用等级的交货单位采取优先收货、优先安检等奖励措施，有效提升了货运安检效率，推动了全省航空货运市场发展。以全省危险品货物航空运输信用管理体系为基础，截至2022年6月30日，全集团未出现因货运原因导致的安全生产事故，顺利实现了整合重组后第四个安全年，集团在浙江省安全生产和消防工作目标管理责任制考核结果均在良好等级以上。

杭州机场国际货机保障现场。

（三）闭环管理，科技赋能，防范化解疫情防控之"关键风险"

各口岸机场承担着浙江"国门"的重要功能，守护着浙江防境外疫情输入的最前沿阵地，同时这也是常态化疫情防控工作中的最大的风险点。省机场集团始终抓牢疫情防控中这一"牛鼻子"，不断梳理"关键风险"、优化保障流程，严格"内""外"分离保障。如为进一步强化机场国际货运航班闭环管理，集团以参与国际航班保障的"两集中"人员管理为切入口，自主研发建设以"一图知、一表清、一码通、一屏控"四个场景为核心的"空港疫智控"数字化防疫平台，实现入境航班全流程、全人员、全节点的管理，对工作人员的定期核酸等关键防疫信息进行动态监测和预警。在此基础上，集团始终坚持对国际、国内航班的保障流程梳理优化，进一步规范划分国际航班保障闭环管理区域，强化"环内""环外"防控，创新性实施了"两集中、四固定、六个定"工作要求，对直接从事国际（地区）客货运航班服务和保障的一线工作人员，采取"N（集中管理）＋7（集中健康监测）"模式，实行"两集中、四固定"管理（即集中居住、集中作业，作业人员固定、作业场地固定、生产设备固定、休息区域固定）。同时持续完善"环内"防控措施，在"两集中""四固定"的基础上，进一步形成了"定人员、定岗位、定流程、定接触点、定休息室、定居住点"的"六个定"工作规范。截至2022年6月30日，集团共保障国际地区进港货运航班1693班，处置进口货物

2.53万吨，全部落实闭环管理，没有出现一例货物管控不到位的情况，有效防范化解了境外疫情输入的风险，坚决斩断了疫情潜在的传播链条。

三、经验启示

（一）转换思路，稳住物流通道是保供应稳经济攻坚克难的突破口

省机场集团认真落实党中央、国务院和民航局关于提升航空货运能力、稳定国际物流供应链相关批示指示精神和工作要求，深入推进"最多跑一次"改革，提升浙江航空物流服务能力和服务水平，实现省内机场及区港业务联动，通过创新业务模式，加强与地方政府及海关等单位的协作，在省内主要机场和货源地设置异地货站，将机场货站服务功能前置延伸，并通过空空、陆空/空陆联运的方式将异地货站与机场口岸连接，以方便货主、货代就近交运、提取货物，加快推进多式联运业务发展与效率提升，进而改善当地营商环境。集团结合市场需求，不断调整与完善异地货站网络建设方案、运营机制和操作规范，制定了《异地货站操作流程》《异地货站收费标准》《异地货站项目标准》等形成一套完整的异地货站运营模式、操作规程及配套机制，以及可复制、可推广的异地货站选址规划和项目落地经验，为行业积极探索可借鉴的经验，形成示范效应。

（二）居安思危，做好安全关口前移是安全生产工作的基础

大力发展货物航空运输，对服务国民经济生产、促进人民健康生活和提升航空物流服务质量具有重要意义，但因市场主体地位的差异，货代企业对快递企业的约束力不足，在源头上对民航货运的安全监督管理存在一定的盲区，要进一步强化航空货邮运输安全管理，特别是危险品货物航空运输的安全管理，推动货物、邮件运输安全关口前移势在必行。省机场集团通过将强化规章标准建设、完善企业安全管理、强化安全监督管理和大力推动革新求变相结合，逐步推进全省危险品货物航空运输信用管理体系建设，以诚信考核为手段，通过将安全关口由机场货站前移至货代公司，有效地减少了违法、违规交运货物、邮件行为，为省内机场进一步打造安全便捷和公平、公开、公正的货运环境打下了良好的基础。

（三）闭环思维，做实精密智控是疫情时代攻坚克难的"利器"

疫情要防住的关键是要理清本系统疫情防控的关键风险并对其采取有效的闭环管理措施。省机场集团始终将防境外输入作为疫情防控工作的"关键风险"，对接触"关键风险"的"人、物、环境"采取严格闭环管理措施，划分"环内""环外"，并不断迭代升级对应措施，对"环内""环外"做到空间分区、人员分类、设备分开，所有区域严禁人员跨区工作和活动、设备跨区移动和使用。严格做到保障国际和国内航班、旅客、货物的工作人员活

动区域、工作场地、进出动线、休息区域不交叉、不接触、不混流。同时对"环内"管控形成"两集中、四固定、六个定"工作规范，有效防范化解了境外疫情输入的风险，坚决斩断疫情传播链条。

疫情要防住的关键是要理清本系统疫情防控的关键风险并对其采取有效的闭环管理措施。

思考题

1.在稳进提质中，省机场集团作为"空中门户"守卫者的重要性体现在哪些地方？

2.如何处理好疫情防控阶段的铁腕防控措施与对员工关心关爱之间的关系？

省机场集团有限公司　推荐

守好"四道门"　全力创建无疫校园

——浙江工业大学坚决筑牢疫情防控堡垒

摘要　疫情发生以来，特别是奥密克戎变异株传播速度快、隐匿性强等特点给高校疫情防控工作带来了极大的压力和挑战。浙江工业大学校区分散，人员密集、流动性大，社会交往接触面广，在应对公共卫生安全事件上存在着专业力量不足、资源调配能力弱等难点。为深入学习贯彻落实习近平总书记关于"疫情要防住、经济要稳住、发展要安全"的重要指示，浙江工业大学党委坚持党建统领，通过精密智控、网格布控、温情防控、协同联控等举措，筑牢校园疫情防控坚强防线，坚决守牢"安全大门"、守住"关键小门"、守护"师生心门"、守好"合作之门"，实现了线上线下教学"一键切换"、重大科研项目有力推进，确保"疫情防控目标不变、立德树人标准不降、改革发展任务不减"，用责任担当坚决筑牢疫情防控堡垒。

关键词　高校　立德树人　联防联控　无疫校园

一、背景情况

　　高校疫情防控不同于基层社区、企业，具有流动性、变化性、聚集性强等特点。这给高校疫情防控工作带来了挑战。一是人员数量大，健康监管难。高校人员数量庞大且地域结构复杂，师生员工校外活动范围广，难以监管，特别是在寒暑假等返乡返校期间，人员跨地流动性较大，存在社会面风险隐患。二是人员聚集性强，应急管理难。高校人员分布密集，群体性活动较多，师生集中分布在宿舍、教学楼等半封闭公共区域，若没有及时快速应对，疫情将在校内快速传播。三是管理服务量大面广，综合保障难。高校不同于社区，静态管理期间仍由学校负责全校师生的基础生活服务保障，仅餐饮一项就给学校带来巨大压力。此外，在教学、医疗、物资、人力等综合保障方面能否及时做到"平战转换"，考验着高校的治理能力和水平。四是隶属关系多，协同联动难。高校隶属复杂，有部属、省属、市属，还有跨地市多校区办学的情况，属地不同，在管理上可能存在差异。浙江工业大学现有师生4.5万余人，分布在杭州、绍兴、湖州三地四区（县）。2022年以来先后经历杭州市拱墅区、绍兴市柯桥区等地疫情防控Ⅱ级响应，疫情防控工作面临巨大挑战。为进一步破解疫情下高校人员健康监管难、应急管理难、综合保障难、协同联动难的现实问题，浙江工业大学在数字治理、网格治理、人文治理、协同治理等多个维度务实功、出实招，精准破解高校疫情防控难题，织密织牢疫情防控安全网，全力创建无疫校园。

二、主要做法

（一）精密智控，数字战疫守牢"安全大门"

校门是师生健康的第一道防线。为进一步破解这些难题，浙江工业大学以数字化改革为牵引，坚持多跨协同、数据融合，贯通师生每日健康打卡系统、疫控数据后台管理系统、校园通行码领码系统、省大数据局精密智控平台数据，以及校内网上办事大厅、人行道闸系统、人事学工等业务系统，构建"一平台、多系统"校园疫情精密智控新通路。根据目标导向、需求导向，不断迭代升级"工大战疫"疫情智控平台。2022年6月，正式上线"工大战疫3.0版"，从同步读取健康码到教工、学生身份识别，再到"五码合一"，经过三轮迭代升级，真正满足了师生校园"一码通行"的需求，以"数据流"取代"人工流"，进一步健全疫情防控精准摸排、异常预警、动态掌控的精密智控机制，用"数字工具"全力守好校园"安全大门"。

学校的一位管理者反映："原本进入校园，师生需要出示工大校园卡，在手机上核验健康码和行程卡，后来还要提供核酸检测报告，既要有线上线下材料证明，手机端还要跳转四个平台，进出校园查验非常麻烦。高峰时期，师生还要排队核查，效率比较低。现在'五码合一'之后，只要每天在'工大钉'手机端上完成打卡，就能及时生成进出校园通行码，同步显示其他健康数据，一刷就能进校，非常方便!"

（二）网格布控，先锋战疫守住"关键小门"

学校紧紧围绕党建统领、平战一体、集成协同、精细管理，积极推动校园网格系统性重塑，构建校园疫情防控六级网格化管理体系。目前，学校共有职能部门26个、二级单位30个，三个主校区共有教师4000余人、学生3万余人、寝室1万余间，为便于管理，学校构建"校疫情防控工作领导小组—校疫情防控办—各职能部门—各二级单位—楼宇—楼层"六级管理体系，划分教职员工网格530个、学生网格532个，覆盖全校师生员工，确保防控工作上传下达、一贯到底。

实验室、寝室是高校管理的最小单元，是学校的"关键小门"。为做好聚集性风险防控，细化防疫最小单元，针对基层网格，学校建立实施师生党员网格员制度。教学楼中5级、6级网格员均由教师党支部书记、青年教师党员等担任；寝室楼中实施"工作组组长—楼长—层长—寝室长"四级管理，工作组组长由责任学院班子成员担任，并根据楼内学生数配备2—5名班主任、青年导师教师服务力量；楼长由辅导员担任，负责统筹协调10位左右层长；层长由学生党员骨干担任，负责管理15个左右的寝室，配强公寓网格员队伍，切实将防疫要求压紧压实到各个寝室，织密织牢疫情防控安全网。

（三）温情防控，暖心战疫守护"师生心门"

封闭式管理下，高校面临着师生健康、教学秩序、物资储备、人力保障等多方面的挑战。学校坚持"平战一键切换"，在教学秩序维护方面，根据属地静态管理要求，立刻启动线上教学，共开设网络教学班3206个，确保教学秩序平稳有序。对于量大面广的重点课程考试需求，依托数字化学习平台推出"一人一卷、随机发放"的线上考试新模式，有效解决了数千名学生同时在线考试的规范性问题。为提升线上线下教学质量，学校建设完善了"在线听课"平台，实现了"听课—督课—评课"全流程、跨部门的在线教学督导。2021年初上线以来，该平台累计服务师生近6万人次，线上课程督导约6.3万课时，校、院两级负责人线上督导评课超3.5万课时。在综合保障方面，第一时间成立疫情防控保障工作组，进一步优化校内居家观察点和临时隔离点设置，及时解决隔离生活所需，确保用电用水用网送餐无障碍。建立保供部门实时联动机制，推动物资接收端口前移，加大大宗原材料采购力度，实时做好零星缺货采购，确保餐饮所需，样样不缺货。火速搭建核酸检测采样站，根据属地要求，提供常态化核酸检测服务；率先组建教职工党员"战疫先锋队"，切实加强临时管控和静态管理应急准备，目前已全力服务保障三个主校区140余场核酸检测，累计"出战"1000余人次。在师生关怀服务方面，重点加强对师生员工的人文关怀，第一时间做好心理安抚和情绪疏导。组建24小时值守的应急值班组，全校中层干部在三校区轮流值守；

浙江工业大学教职工党员"战疫先锋队"合影。

全体辅导员入住学生公寓，与学生同吃、同住、同抗疫；研究生导师、班主任定期与学生谈心谈话，了解学生诉求；学校心理健康中心面向全校师生提供心理健康服务，同时畅通线上线下心理疏导渠道。

（四）协同联控，联动战疫守好"合作之门"

坚持属地管理是疫情防控的重中之重。2022年以来，学校已经历多轮属地应急响应。学校坚持将疫情防控工作与上级政策、属地要求有机结合起来，切实加强信息沟通共享，协同开展联防联控，努力实现疫情防控和改革发展"同向发力"，全力推动高校发展与属地需求"同频共振"。一方面，建立完善疫情防控校地联动机制。莫干山校区联合属地德清县卫健局、康乾街道，共同组建专项工作小组，常态化开展疫情防控工作联席会议，共同研究部署校园疫情防控工作。同时，积极争取属地的医疗资源和专家团队，在德清县的大力支持下，由当地的武康健康保健集团承担莫干山校区师生的常态化核酸检测工作。自2022年春季学期开学以来，共调配进校采样医护人员300余人次，完成采样5.3万余人次，真正实现资源共享、优势互补。另一方面，学校充分发挥科技创新优势和多学科交叉优势，积极组织科研力量参与属地疫情防控。聚焦构建"杭州15分钟采样圈"，学校创新研究院团队研发核酸采集数字服务站，累计落地服务900余台，全面支持杭州市常态化核酸检测。围绕疫情防控中出现的基层治理、中小企业发展、大学生就业等新现象、新问题，主动发挥智库作用，积极提供政策建议，全面助力"智慧战疫"。

三、经验启示

（一）坚持党建引领，充分发挥基层战斗堡垒作用和党员先锋模范作用，确保疫情防控和事业发展"两手抓、两战赢"

在疫情防控特殊时期，充分抓好基层"哨点""阵地"，紧盯疫情防控工作落实情况、党员队伍作用发挥情况、事业改革发展情况等重点领域开展考赛督导，引导党员领导干部冲锋在前、拼赛争先，用责任担当坚决筑牢疫情防控红色堡垒。

（二）强化数字赋能，推动信息系统迭代升级，有效破解高校师生日常监管难题

坚持多跨协同、数据融合，充分用好疫情防控智控平台，并结合高校实际需求不断迭代升级，实现对师生每日健康数据、行程轨迹的动态跟踪、实时监控，实现全员、全方位精密智控。

（三）优化网格智治，层层压实工作责任，筑强高校最小治理单元

进一步健全党建统领的网格智治体系，以变革理念推动疫情防控新形势下高校网格系统性重塑，建强灵敏、高效、有力的最小作战单元，切实将疫情防控工作要求压紧压实到各个"关键小门"，筑牢校园疫情防控坚强防线。

思考题

1.在应对公共卫生事件应急响应时，高校如何组织好教学科研、网格管理、后勤保障、宣传动员等重点工作，完善"平战一键转换"机制，实现"一键在手、即时切换、从容应对"？

2.作为属地的重要组成部分，高校如何发挥党员干部在属地疫情防控中的作用，推动党员干部下沉社区、服务属地？

浙江工业大学　推荐

稳企业保就业优服务
擦亮共同富裕的民生底色
——杭州市多措并举确保就业形势稳中向好

摘要　就业是经济"晴雨表"，也是社会"稳定器"，一头牵着亿万民众，一头连着发展大局。近年来，杭州市各级公共就业服务部门全力扛起稳就业、保就业的政治责任，坚决把党中央"稳定和扩大就业"的要求落到实处，高效统筹疫情防控和经济社会发展。特别是2022年以来，杭州市聚焦国家所需、群众所盼、未来所向，坚持稳市场主体和保重点群体"两手抓"，深入推进就业数字化改革，不断提升公共就业服务水平，努力构建共富型高质量就业创业体系，用真金白银为企业打通"生命线"，让群众端稳"铁饭碗"。截至2022年7月底，杭州市城镇新增就业19.88万人，略快于时序进度，就业补助资金、创业担保贷款发放量居全省前列，市场主体稳岗扩岗政策落实有效，重点就业形势总体稳定。杭州市连续两年获评中国年度最佳促进就业城市，为有效"扩中""提低"、推动实现共同富裕提供了有力保障。

关键词　就业创业　公共服务　民生保障

一、背景情况

2022年以来，面对新形势，杭州加快释放减负稳岗政策红利，加大力度促进重点人群就业创业，加密组织线上线下就业服务活动，牢牢稳住就业基本盘，努力推动实现更加充分更高质量就业。截至7月底，杭州市城镇新增就业19.88万人，完成年度目标任务的79.52%，登记失业人员再就业3.79万人，其中，就业困难人员实现再就业1.48万人。在7月29日落下帷幕的第二届公共就业服务专项业务竞赛全国总决赛中，杭州市的"数智就业"获得优秀就业服务项目一等奖，"启杭"空中职业指导站获得优秀就业服务成果二等奖。

二、主要做法

杭州市坚决贯彻党中央和国务院"疫情要防住、经济要稳住、发展要安全"的重要要求，迎难而上，真抓实干，全力稳企业、保就业、优服务，确保全市就业大局稳定，努力迈好共同富裕道路上的每一步。

（一）稳企业，靶向施策助力市场主体稳岗拓岗

"上周公司账上多了4.6万元。没有申请就能直接到账，特别贴心！"杭州华辰国际饭店人力资源部经理说，疫情对酒店餐饮行

业的影响还在持续，虽然这次补助金额不大，但企业感受到了政府扶持困难行业的决心，这笔钱后续将用于员工培训，为员工谋福利。市场主体稳，则岗位稳、就业稳。2022年以来，杭州市打出了一套助企纾困就业政策"组合拳"，为企业稳岗拓岗提供了有力保障。

第一，稳岗政策免申即享。坚持"能早则早，能快则快"，在全省率先启动2022年失业保险稳岗返还工作，对上年度不裁员、少裁员、稳定就业岗位的参保单位给予失业保险费返还，其中，将大型企业返还比例从30％提高到50％，中小微企业返还比例从60％提高到90％。同时，2022年首次实施的一次性留工培训补助，对市区依法参加失业保险并足额缴纳失业保险费的中小微企业、22个困难行业企业、以单位形式参保的个体工商户，按每名参保职工500元的标准发放。截至7月底，杭州市已发放失业保险稳岗返还资金16.97亿元，惠及23.06万家企业；发放一次性留工培训补助16.78亿元，惠及32.03万家企业。

第二，招聘服务力度加码。坚持重点服务与日常服务相结合，持续深化省际劳务协作，全力保障企业用工。2022年以来，开展百日千万网络招聘专项行动、跨区域合作线上招聘大会、就业援助月等活动，举办综合性、行业性、校园专场、企业专场等招聘会，组织20余家用工企业赴云南保山、贵州毕节等劳务输出地举办招聘会，通过线下招聘、直播带岗等形式，有效促进外来务工人员、脱贫劳动力等群体在杭稳定就业。截至6月底，杭州市共举办各类招聘活动585场，共1.8万家次企业提供就业岗位32.9

万个。

第三，创新创业活力迸发。开发建设"浙里好创业"综合应用。打造集创业政策、担保贷款、孵化基地、导师辅导、创业活动于一体的一站式创业资源供给服务。开展创业陪跑空间品牌化建设，常态化面向社会公开征集创业项目，举办第五届"中国创翼"创业创新大赛杭州选拔赛。2022年以来，全市发放创业担保贷款1161笔，共计5.92亿元；贴息767笔，共计1713.24万元；征集创业项目206个，其中119个项目成功入库；举办创业交流活动190期，参加活动的创业者达6097人次。

杭州市人力社保局赴恩施州开展人才交流引进暨"乡村振兴"东西部劳务、协作考察调研。

（二）保就业，精准发力促进各类重点群体就业

"这两年受疫情和多重因素影响，很多毕业生感到找工作压力大、就业难。"2022年毕业的冯同学说，"但就业部门的精准服务让我们倍感温暖，从求职平台到实习机会，从就业补贴到职业指导，都安排得妥妥的！"就业稳，则民心安。促进各类重点群体就业，事关民生底线，是稳就业工作的重要方面。2022年以来，杭州已拨付失业保险待遇、技能提升补贴等9.30亿元，拨付各类促进就业创业补贴6.73亿元。

第一，"扬帆启航"：公共就业服务进校园。促进高校毕业生就业是稳就业工作的重中之重。2022年以来，杭州密集举办多场次"梦起见习　乐业杭州"2022年杭州市大学生就业·见习空中双选会、"青春有约　杭向未来"高校毕业生专场云招聘活动，推出岗位3万余个，参与学生4.9万余人。与长三角46所"杭州市大学生就业创业指导站"建站高校紧密联动，开展各类送政策、送岗位、送服务活动，持续推出"云访名企""导师面对面"等专题活动，为2022届高校毕业生提供多层次、全方位、精准化、不断线的就业服务。积极落实离校未就业高校毕业生服务攻坚行动有关任务，提早做好信息衔接，畅通求助渠道，强化实名服务，确保工作不断档、服务不断线。截至目前，全市参加大学生见习训练人数达3406人，见习学员留杭就业率达62.08％。

第二，"暖心护航"：就业援助服务精发力。"杭州就业援助精准服务计划"是杭州就业工作的一张"金名片"，致力于为重点就

业群体和用人单位提供"一人一策"的优质就业援助服务。2022年的就业援助服务在公益示范、惠企服务、精准帮扶、强基提效四个方面开展。鼓励各地结合实际打造"一地一品"的就业服务，如拱墅区的"全职妈妈"、滨江区的"家燕回巢"、钱塘区的"青苗计划"、建德市的"建德师傅"等，为促进不同群体就业提供了有力保障。目前，全市已认定公益导师140名、公益项目40个、公益示范企业64家。2022年以来，开展私人定制等各类精准帮扶专项活动70余场，服务重点群体2.3万人次，实现就业1.2万余人次。

第三，"全力助航"：公益性岗位保兜底。面对疫情对就业形势带来的新挑战，2022年初，杭州市就业部门主动作为、提前谋划，建立公益性岗位储备制度，优化岗位管理模式，推进公益性岗位市场化、社会化、专业化运作，兜底安置就业困难人员就近就业，确保其基本生活有保障。目前，主城区公益性岗位在岗人数3933人，2022年以来已拨付公益性岗位社保补贴和岗位补贴7271.88万元，全市储备岗位3600个。

（三）优服务，数字赋能提升公共就业服务水平

"原本只是顺路经过拱墅区窗口，想过来问问政策，看看能不能办理，结果通过'数智就业'平台一键确认就把事给办了，连申请材料都不用，太方便了！"成功申请了技能提升补贴的韩先生对就业服务"无感智办"连连点赞。群众的期待，就是推进就业工作的方向。杭州市坚持问题导向、需求导向，直面就业工作的痛

点难点堵点，集中力量、分类推进，全面提升公共就业服务水平。

第一，"五强化五提升"专项行动：人人都是基层联络员、企业服务员。2022年的专项行动以"扩容提质优服务"为主题，主动送政策、送服务下基层，摸清企业用工存在的共性问题，听取企业和基层对就业工作的意见建议。2022年以来，已走访企业30余家，现场答复解决问题50余个。此外，还开设"就业大讲堂"，通过基层"点单"的形式进行下沉培训，有效提升了就业服务保障能力，完善了基层平台建设，助力企业稳岗用工。

第二，"数智就业"服务平台：开启从"人找政策"到"政策找人"的就业服务新模式。通过数字化改革，推动就业领域制度重塑、流程再造、能力提升。杭州创新推出的"数智就业"服务平台拥有自主知识产权，多跨协同公安、民政、教育等10余个部门，打破"信息孤岛"。通过信息比对，平台主动向群众推送可享受的政策，通过数据共享自动生成申请材料，只需一键确认，就可完成"无感智办"。目前，该平台已上线10个事项，成功办理业务2万余件，拨付惠民资金2.6亿元。此外，该平台政策知识库还收录市级就创政策260项、县（市、区）就创政策160项，通过AI智能机器人提供"7×24"小时全天候全咨询服务，便民减负成效显著，有效促进就业政策应知尽知、应享尽享。

第三，"启杭"空中职业指导站：一码预约、一屏指导、一键评价的专属服务。为满足新形势下多元化职业指导服务的需求，杭州市组建了"启杭"职业指导专家团，成员包括高校老师、企业HR、创业企业负责人、人社职业指导师等，专门面向失业人员、高校毕业生、外来务工人员、用人单位等各类服务对象提供常态化线上线下职业指导服务。指导站上线5个多月以来，已有40位指导老师入驻，发布线上活动18期，"一对一"指导服务450余人次，单次指导最长105分钟，五星好评率达95％以上，超过37％的服务对象在线进行了二次或三次预约。

三、经验启示

稳就业事关广大家庭生计，是经济运行在合理区间的关键支撑。面对复杂严峻的外部环境和散发多发的疫情冲击，杭州市坚持以人民为中心的发展思想，努力把"稳就业"这件"好事"做好，推动实现更加充分更高质量就业。

（一）把握总目标，打好"主动仗"，夯实"压舱石"

就业是最大的民生，也是经济发展最基本的支撑。从当前国内情况来看，我国经济从新冠肺炎疫情的冲击中持续恢复，经济运行稳中加固、稳中向好，带动了就业逐步企稳；新一轮科技革命和产业变革深入发展，为新兴就业创业增加了机会；新型城镇化、乡村振兴孕育着巨大的发展潜力，新的就业增长点不断涌现；劳动者受教育程度不断提高，为促进高质量就业夯实了人力资源支撑。要牢牢把握更加充分更高质量就业的总目标，坚决贯彻中央"六稳""六保"决策部署，扛起稳就业保就业重大政治责任，优化完善就业优先政策体系，夯实"稳"的措施基础，促进

"保"的效果提升，全力确保杭州市就业局势总体稳定。

（二）攻坚促改革，牵住"牛鼻子"，带动"全盘活"

结合杭州实际，加速构建共富型高质量就业创业体系，积极稳妥推进就业领域数字化改革，持续完善就业驾驶舱、用工保障监测、"浙里好创业"、重点群体就业帮扶、灵活就业等应用场景建设，补齐基层公共就业服务力量不足的短板，促进城乡区域融合发展，使各项纾困惠民资金"稳、准、快"兑付至企业和群众。

（三）民生无小事，坚持"实打实"，换来"心贴心"

为民办实事，就是要急群众之所急，想群众之所想。保障和改善民生没有终点，只有连续不断的新起点。面对就业重点群体，要从他们的视角出发，采取更加有效的举措，开展更加有力的工作，分类帮扶，因人施策，千方百计地稳定现有就业，积极增加新的就业，让劳动者更体面地工作，把民生底线兜住兜牢。

思考题

1.就业政策涉及资金量大、项目数多、覆盖面广。在目前工作的基础上，如何进一步推动就业政策举措靶向发力，提升政策绩效？

2.如何用好数字化改革成果，推动就业数字化改革在基层扎根，把智慧应用继续向社区下沉，不断提高基层智治水平和效能，让就业服务更智慧、更高效？

杭州市委组织部　推荐

让知识产权变成"真金白银"

——杭州高新区（滨江）以知识产权金融稳企业强主体

摘要 保护市场主体就是保护生产力，稳住企业就是稳住经济大盘。在了解到中小微企业因经济下行压力面临融资难等普遍性问题后，杭州高新区（滨江）坚持需求导向，凝聚政府、金融机构、服务机构及企业的力量，通过"强政策、聚资源、优服务"等举措，全方位推进企业知识产权质押工作，将无形资产转化为现金流，帮助企业解决融资难、融资贵的问题，让更多中小微企业更好地活下来、活下去。在严峻复杂的经济形势下，全区知识产权质押融资实现逆势突围，融资额保持每年增长近100%，2021年达44.50亿元。2022年1—4月，全区知识产权质押已达20.68亿元，蝉联杭州市首位，走在全省前列，并且在全国首推数据知识产权质押工作，落地了全国首单基于区块链技术的数据知识产权质押。2022年3月，杭州高新区（滨江）跻身首批12个国家知识产权服务出口基地，为全省唯一。

关键词 稳住经济　知识产权　数据资源　质押融资　畅通资金链

一、背景情况

知识产权是一种无形资产，是创新驱动发展的引擎。杭州高新区（滨江）存在大批中小微型科创企业，掌握着不少技术和专利，企业发明专利授权量、创造力指数均居全省第一，万人有效发明专利拥有量达479件。尤其是在物联网等数字经济领域，许多高新技术企业拥有宝贵的生产经营数据。但此类中小微型科创企业普遍因为固定资产较少，可抵押的资产不足，在申请经营性贷款方面存在较大劣势。在新冠肺炎疫情全球大流行的背景下，因"需求收缩""供给冲击""预期转弱"三重压力，大批企业资金链承压、经营运转受限，面临生存危机。为此，该区主动作为，积极推动企业知识产权质押融资并首创数据知识产权质押，以知识产权为支点畅通资金链，保障市场主体稳定发展。

二、主要做法

（一）创新政策，缓解企业融资压力

"公司新项目上马在即，资金还存在一定缺口，但融资成本高、周期长，怎么办？"杭州维慕德科技有限公司与许多其他科创企业存在着同样的烦恼。虽然企业主听说过知识产权质押这一途径，但这对企业主来说还是一个新生事物。"如何质押""会不会

影响知识产权权利稳定性""质押手续复不复杂""审批流程长不长"等顾虑成了企业尝试知识产权质押的"拦路石"。

为解决企业的顾虑，杭州高新区（滨江）以建设中国物联网产业知识产权运营平台为契机，通过对全区20余家具有代表性的中小微型科技企业开展区域知识产权发展调查及座谈，在对市场进行充分调研的基础上，开展了全链条知识产权质押贷款保障的探索。

让企业"敢质押"。早在2017年，为有效缓解企业融资难、融资贵的问题，杭州高新区（滨江）对利用知识产权质押获得金融机构贷款的企业，按实际贷款额给予银行基准利率50%的贴息补贴。2022年以来，又发布"上马解困八条"助企举措，进一步降低质押融资门槛，缩短融资链条，助力企业"开门红"。

让企业"懂质押"。针对企业主普遍对知识产权及质押流程缺乏了解的问题，建立杭州高新区知识产权人才培训基地和区专利导航数据库"网上知识产权学院"，进行线上公开培训，讲授知识产权质押、保险、储备运营和企业IPO知识产权等相关知识。

让企业"方便质押"。联合杭州银行科技支行等金融机构，帮助企业快速办理知识产权质押融资业务，拓宽融资"快车道"；协调银行、园区成立"解困专家团"，对一批有专利权、商标权质押融资需求的重点企业提供上门"一对一""手把手"服务，逐家落实质押融资闭环。

"专利可以直接质押，贷款利率还很低，"一对一"服务，高效安全有保障。"当杭州高新区（滨江）把这一政策保障大礼包送到维慕德科技有限公司时，企业不再犹豫，当即怀揣着授权专利奔向银行，质押了"便携式车载台"这项实用新型专利，成功从杭州银行科技支行贷款500万元；浙江绿凯环保科技股份有限公司以"用于改善河道污染水体的高效曝气装置"专利，向银行成功贷款200多万元……一笔笔贷款犹如一场场及时雨，缓解了企业的资金之渴。

此外，除了专利、商标等知识产权，不少企业的运营数据也是一笔"沉睡"的资产。在走访时，该区发现不少创新型企业因刚设立不久，尚无太多专利、商标可以质押，却拥有丰富的数据资源。该区敏锐地洞察到数据产权质押的重要价值，为此，与国家知识产权局、省市场监管局展开了深入探讨，率先试点数据知识产权质押工作，着手将"沉睡"的数据资源转化为"真金白银"。

该区蔚复来（浙江）科技股份有限公司很快尝到了数据资产质押的甜头。在政府的精准指导下，2021年9月9日，该公司将垃圾分类运营活动产生的环保测评数据，经过数据脱敏、安全加密后存至区块链存证平台，并许可用于居民垃圾分类分析项目，杭州银行科技支行通过数据资产质押形式，为其授信500万元，使得蔚复来公司成为全国首批通过区块链存证数据获取知识产权质押融资贷款的企业之一。

如今，杭州高新区（滨江）形成了一套数据存证、评估、质押的"数据变现"新模式，截至目前，已帮助5家企业实现数据知识产权质押，累计融资2000万元。

（二）集聚资源，提高企业质押效率

位于滨江丹枫路399号知识产权大厦的知识产权综合服务中心，是全省首个"全门类、一站式、全链条"的知识产权综合服务中心。在这个面积达1.5万平方米的大楼内，设立了专利、商标、版权综合服务大厅，这里是为知识产权提供全门类服务的"市民之家"，企业能够就近办理专利及商标质押登记。

2022年3月，区内一家小微企业——杭州领芯微电子有限公司申请专利质押，从步入知识产权综合服务中心提交材料，到500万元资金到位，仅用了5个工作日。"滨江速度"让企业负责人惊喜万分："没想到效率这么高。有了这笔贷款，今年公司能够更好地进行研发和市场拓展。"

过去，知识产权的质押办理非常费时，还需跑多地办理手续。比如，10年前，质押要去北京办，一办就是一两个月，不少企业也因漫长的等待周期而难以平稳地渡过资金周转难关。

为切实提高质押办理效率，解决企业急难，杭州高新区（滨江）加快集聚质押登记公共服务机构、评估市场化服务机构和质押服务线上资源，聚力打造知识产权综合服务中心。引入同立钧成、华进等一批知名知识产权中介服务机构，以及中都国脉（北京）资产评估有限公司等一批评估机构，设立银行服务点，帮助企业解决知识产权质押跑多地的问题，实现知识产权分析评议及价值评估"最多跑一地"。

除了知识产权综合服务中心，一座知识产权的"云端大厦"

也拔地而起。通过建立线上知识产权公共服务平台，杭州高新区（滨江）实现了知识产权质押服务线上办结。据悉，公共服务平台整理汇总知识产权质押等相关事项75个，一键链接质押登记服务资源，提供一站式网上服务。

该区市场监管局知识产权科的相关负责人说："现在，企业在家门口就能办手续，平均5个工作日就能拿到质押证。"通过"知识产权一件事"改革，杭州高新区（滨江）成功打造全国知识产权高地，有力地撑起了质量强区建设。

（三）迭代服务，提升知识产权价值

2020年4月21日，浙江高新技术产业高价值知识产权培育线上平台在杭州高新区（滨江）正式发布。该平台通过主动分发情报和推理关系网络，帮助企业在培育创造某项知识产权时，提前洞悉知识产权的市场价值、同类知识产权的竞争者数量等，避免一拥而上，少走冤枉路，提高知识产权供给质量和水平。

安恒信息知识产权负责人表示："通过高价值平台，企业研发者不仅能在研发中及时掌握需要的技术参考资料，而且能在专利挖掘、布局时掌握现有技术状况、产业和商业链条状况等，便于我们决策取舍，让技术冲锋更有方向性。"

此次培育平台的发布只是杭州高新区（滨江）创新知识产权服务的一个缩影。近年来，该区还在更多的维度进行探索，在配套服务上，不断优化知识产权质押的用户体验。

比如，通过"政府投资＋社会募集"的方式，设立了全国首

支2亿元规模的物联网产业知识产权运营基金，用于对在本基金存续期间发生的专利质押贷款损失进行补偿，分担知识产权信贷风险。通过基金项目的投资、运作，帮助中小微科创企业快速发展和转化运用核心专利，提高其自主知识产权的价值，为知识产权质押、转化运用建立了快速通道。截至目前，已有华显光电、普冉半导体等8家企业获益，涉及总额达1.21亿元。

再如，建立产业知识产权投资与运营线上平台，通过完善展示、评估及交易体系，及时响应投资机构、银行、担保等机构调查评价业务需求，拉近投融资双方的距离，使科技投融资项目发现周期平均缩短了50%，同时还有效地提升了高价值产权评价与风险防控水平。

高新区（滨江）知识产权综合服务中心外貌。

三、经验启示

（一）必须扑下身子调研，瞄准需求精准发力

当前经济形势极为严峻复杂，"三重压力"叠加"两大变量"，不稳定、不确定因素明显增多，作为市场经济毛细血管的中小微企业深度承压。特殊时期，政府相关部门更要多走访企业，主动了解需求、发现问题。比如，该区在走访调研中发现，"缺钱"是许多中小科技型企业发展面临的首要问题。针对此问题，要主动作为，实实在在地惠及更多"知识产权富矿型"企业，助力这些企业积极应对疫情的不利影响，切实"以科技创新厚植动能制胜未来"，缓解企业的资金压力，稳住经济大盘。

（二）必须紧盯产业优势，因地制宜释放潜力

科技型和创新型中小企业、高新技术企业的茁壮成长是经济高质量发展的关键所在。杭州高新区（滨江）的实践表明，一方面，地方要结合自身产业优势，聚焦知识产权金融，全面推广知识产权质押，为高新技术企业发展提供强大的金融支持；另一方面，要采取有效措施，让企业及全社会更加注重知识产权创造和保护，形成良性循环。

（三）必须发扬首创精神，畅通路径塑造变革

数据作为数字经济时代最为核心的生产要素，已经成为科技创新的突破口，正在为经济发展源源不断地注入新动能。杭州高新区（滨江）充分发挥主观能动性，探索数据知识产权质押，分析数据知识产权质押的路径阻碍并逐个击破，既让数据产权更加明晰，又让数据资产有效地流通起来，既带来经济效益，又推动数据资源的利用和保护。

思考题

1.知识产权是一种无形资产，其价值会随着市场和科技的发展而变化。信贷风险发生后，金融机构难以再寻找其他出资人进行转让，无法及时、足额地处置知识产权。针对该问题，政府可以通过什么举措确保金融机构"敢放贷"？

2.类似于知识产权质押贷款的金融扶持政策已有不少，但不少企业未能及时了解到这些。政府应该如何结合数字化手段，靶向精准地向企业推送适合企业的"一揽子"政策？

杭州市委组织部　推荐

聚焦助企纾困　做好破难解题

——杭州市萧山区"三真"推动工业经济企稳回升

摘要　2022年4月以来，疫情形势复杂严峻，产业链供应链断链问题严重，企业生产经营受到极大影响，库存高企、需求不足是企业面临的主要问题。杭州市萧山区按照"属地为主"和"分级挑选"相结合、"小年轻"和"老干部"相结合的原则，从区级机关选派200名干部担任助企服务员，并以镇街（场、平台）为单位组建属地工作专班，聚焦助企纾困，通过政策统筹谋划、问题闭环处置、借力转型升级等手段，梳理企业共性、个性问题，做好破难解题，以真招、真劲、真事"三真"全力推动工业经济企稳回升，回到正常轨道。

关键词　助企纾困　闭环处置　经济回升

一、背景情况

2022年以来，面对错综复杂的内外环境和多重风险挑战，杭州市萧山区贯彻落实中央和省、市、区经济稳进提质攻坚行动要求，牵头打好稳企业强主体、畅循环稳工业两大攻坚战，依托

"三服务"小管家系统，以实体经济为核心，全力做好"千名干部进千企"精准服务工作，以政策集成有依据、问题闭环有反馈、转型升级有章法的举措，助推经济企稳回升。6月以来，全区累计走访服务企业4161家次，收集问题1155个，已解决1153个。

二、主要做法

（一）强统筹重协调，在谋划部署上"出真招"

惠企政策集成是助企纾困的关键，2022年萧山区出台八大方面58条"一揽子"政策措施，并将各级政策汇编成册，通过细化到企的助企行动方案，在谋划部署上"出真招"，让企业享受实实在在的惠企政策，加强企业获得感。

第一，细化政策强谋划。2022年，面对错综复杂的内外环境和多重风险挑战，萧山区出台八大方面58条"一揽子"政策措施，共涉及资金近6.4亿元。在全面承接财政支持、金融支持、保产业链供应链稳定等省市政策的基础上，对稳外贸稳外资、保基本民生两大措施进行再深化，并根据实际制定扩投资、优结构、促消费、促制造业高质量发展等措施。此外，以增强企业信心、激发双创活力为方向，出台走访调研方案，由区四套班子领导、行业主管部门、区级部门和镇街平台各司其职、全线出动，与企业面对面地调研走访收集共性和个性问题。

第二，梳理手册强集成。发挥"萧企服"数字化管理平台的作用，紧扣问题清单和实战实效工作导向，在企业侧"萧山区中小企业综合服务平台"结合萧山特色与企业发展需求，以数据驱动服务，对接若干基础数据库及部门共享数据库，面向企业用户提供政策资讯、申报导航、企业服务、政务服务、需求广场、厂房租赁、企业问卷、营商环境评估和企业诊断等服务，并提供政策配对，做到"政策找企业"。针对省、市、区各级政策数量多、条线部门多、申报要求多的"三多"特点，萧山区稳企业强主体攻坚行动专班梳理了国家主要部委、浙江省、杭州市、萧山区发布的"助企纾困"扶持政策，并汇编成册，下发给助企服务员。该服务手册共梳理国家层面相关政策19个、省级层面相关政策12个、市级层面相关政策15个、区级层面相关政策15个，为企业申报政策补助提供"政策字典"。"多亏了服务手册和助企服务员的帮助，纾困资金我们已经领到啦！"杭州杭邦塑胶有限公司负责人通过对照服务手册、助企服务员帮助解读，成功申领到纾困资金，为此特地打电话给服务员交流纾困资金兑现进展。

第三，行动方案强落地。"千名干部进千企"精准服务活动，最关键的就是把惠企政策带到企业，让企业填报申领，避免相关政策成为"抽屉里的政策"。杭州萧山经济技术开发区国有资产经营有限公司从实际工作出发，上下一致地开展助企纾困租金减免摸底调查工作，并制定了切实可行的《关于进一步做好助企纾困有关政策贯彻的操作意见》，从享受减免政策的对象和范围、时间和处理方式、特别事项、减免流程四个方面对工作进行了明确和布置，确保可操作、可落地。浙江学家教育科技有限公司特地为开发区国资公司送来一面"为民服务暖人心，高风亮节似亲人"的锦旗，以表达感谢与肯定。

学家教育为开发区送锦旗。

（二）强手段重实效，在落实落地上"使真劲"

注重企业痛点问题解决，形成问题收集、督察交办、闭环管理的长效机制，在落实落地上使真劲，真正为企业解难解困，提升企业满意度。

第一，分类分级，做到问题收集"一个口子"。依托省"三服务"小管家系统，对走访收集的问题实行线上报送、统一路径。对走访中现场解决的部分问题，在"三服务"小管家系统填报留痕，由本部门销号办结。对需要联动解决的问题，分层分级流转，实现问题层层分解、解难多跨协同，形成"区四套班子领导、区级相关部门、镇街平台"三个层面齐抓共管、同向发力的良好局面。爱克斯精密钢球（杭州）有限公司总经理助理就对"三服务"小管家系统赞不绝口。在走访前，由于周边道路施工，企业原有的两个进出口仅剩一个可使用，货物运输和人员通行挤在一起，既不安全，效率也不高。走访后，问题立马流转到区交通运输局，相关工作人员第一时间就施工结束时间、过渡期解决方案等与企业沟通，使企业真正感受到了走访服务落在实处。

第二，督促督办，做到问题处置"一套流程"。对于企业反馈收集的问题，参照信访件销号和疫情动态清零式管理方式，及时销号清零，做到留痕、留案、留过程。属地镇街平台能直接解决的问题，于现场直接落实解决；单个部门可解决的，第一时间在系统平台上进行流转交办；需要多个部门共同解决的，一周内召开产业项目协调推进领导小组联席会议，协调推进解决；协调小组办公室不能解决的，及时上报萧山区政府或通过"三服务"小管家系统向省市对应业务条线反映问题，做好对接服务；对于暂时无法解决的问题，在做好解释工作的基础上，由相关单位持续跟进对接，直到问题解决予以销号为止。2022年6月以来，区产业项目推进协调小组召开协调会议5次，帮助企业解决在项目推进、土地续期和不动产权证办理中碰到的问题12个，出台会议纪要4份。

第三，打通障碍，做到政策兑现"一键送达"。区级部门主动作为，变"企业找政策"为"政策、资金、服务找企业"。区人社部门利用后台大数据比对，筛选出符合失业保险稳岗返还政策的单位名单，经公示无异议后，直接将资金拨付到单位账户，已累计向2.2万家企业发放稳岗返还金1.43亿元，惠及企业职工30.6万人。在走访服务企业的同时，萧山区相关部门通力合作，组建专业队伍、优化服务流程，用最短时间打通线上资金兑付的所有技术和流程障碍，全力缓解企业资金压力。市"亲清在线"数据显示，截至目前，萧山区兑付政策资金共32.98亿元，其中制造业方面已兑现省市区各类惠企政策9.46亿元，涉及项目54条，涉及企业1964家。根据省减负平台数据，截至目前，全区累计减负降本金额为102.01亿元，完成年度目标任务的90.3%，累计惠及企业165.32万家次。

（三）强赋能重提质，在转型发展上"办真事"

面对短期实体经济原材料涨价、市场不景气、下行压力大的局面，萧山区以产业数字化为抓手，把助企纾困和企业转型提质结合起来，帮助企业化危为机。通过智能化改造、科研院所支撑、打造产业生态三个方面的举措，帮助企业转型升级，提高企业应对危机的能力，在转型发展上为企"办真事"。

第一，借助三方力量，提升企业韧性。针对智能化程度低、订单获取难、亩均税收偏低等问题，依托长三角（杭州）制造业数字化能力中心、蓝卓工业互联网等平台，鼓励支持智能制造软件和服务商企业加大对传统企业数字赋能的力度，提供产业改造升级路径。目前，已通过第三方服务上门问诊、服务商对接、专家辅导等形式服务企业76家，促成对接项目52个。在稳进提质政策中，也降低门槛，对设备投资100万—500万元的企业，按照投资额的5%给予资助，鼓励企业开展智能化改造。

第二，牵线科研院所，增强科技支撑。针对企业中高端人才招引难问题，牵线企业加强与北京大学信息技术高等研究院、西安电子科技大学杭州研究院、浙江大学杭州国际科创中心等科研院所的合作，促进产学研深度融合。比如，浙江地芯引力科技有限公司与西安电子科技大学杭州研究院设立集成电路联合实验室并投入运营，有效提升了企业在技术难题攻关等方面的经验水平。

第三，建强产业链条，打造良性生态。针对制造业供应链脆弱、产业链配套不完善等问题，立足区域发展实际，布局纤维新材料、智能汽车两大先进制造业集群，培育生物医药、集成电路、人工智能等"新星"产业集群，并对区内八大"产业兵团"进行产业再定位，布局细分产业链，打造细分行业产业发展良好生态。

三、经验启示

（一）惠企政策要有力有效，真正能让企业获得实效

在出台政策文件时，要立足区域实际，考虑到最迫切的主体对象，强化政策的杠杆效应。萧山区立足工业大区实际，对制造

业企业稳外贸、扩投资，促进制造业高质量发展等进行补充强化，有力地解决了部分工业企业在经济下行时的现金流压力。萧山区的实践表明，只要政策有谋划、有抓手，做好政策的"本土化"改造，最终落实落细到一家家企业，就能够解企业之急，化企业之难。

（二）问题处理要闭环管理，真正解决企业"急难愁盼"

问题处置流程是服务企业的重中之重，要做到企业问题个个有回应，以助企纾困为契机帮助企业破解生产经营中的疑难杂症。要建立搜集、流转、处置、办结、回复的闭环管理流程，能在区内协调解决的，尽全力满足企业诉求；需要省市等层面协调的，做好解释沟通。对政策兑现一定要主动思考、主动谋划，让资金找企业，破除各项企业申报障碍。萧山区的实践表明，助企服务一定要落实落地，真正为企业解决困难、做好助企资金雪中送炭，才是企业最需要的，也是最能提高企业获得感的。

（三）转型升级要借力借势，提升企业危机应对能力

助企纾困不仅仅要在短期内帮助企业走出困境，更要借此契机让企业树立转型升级的理念，要通过数字化改造、借力科研院所、融入产业生态等渠道，提高企业的壁垒门槛，加强企业的危机应对能力。萧山区的实践表明，经济不景气也是转型升级的良机，通过第三方服务机构、科研平台、产业集群三方力量支持，企业也能化危为机。

思考题

1.在经济增速放缓叠加疫情影响的宏观经济背景下，企业订单需求不足、原材料价格高涨，政府部门在做好助企纾困和政策补助的同时，是否有其他手段来短期内支持、鼓励企业走出困境？

2.企业获得的补助资金对其缓解现金流压力的边际效用有多高？补助资金能否弥补其资金缺口，真正做到雪中送炭？

杭州市委组织部　推荐

党建引领专业市场发展
防疫保供"两手抓、两手硬"

——杭州市余杭区统筹抓好疫情防控和民生保供

摘要 杭州市余杭区良渚街道的杭州农副物流中心（以下简称"物流中心"）是全省最大的"米袋子"和"菜篮子"，也是华东地区最大的农副产品集散地。近年来，物流中心的经营范围不断扩大，从业人员数量快速增长，管理的整体难度与日俱增。面对疫情冲击，物流中心内长期存在的组织隶属关系复杂、管理现代化程度不高、监管主体职能交叉等问题交织叠加，给统筹抓好疫情防控和民生保供造成了一定阻力。余杭区坚持一手抓疫情防控，一手抓民生保供，形成了"一中心、一党委、一机制、一队伍"（一个区农副物流管理服务中心，一个区小微企业个体工商户专业市场综合党委，一套农副物流中心市场党建联建机制，"一支队伍管执法"）的"四个一"联动治理新模式，有效破解了专业市场党建统领意识薄弱、市场主体间统筹协调不畅、部门间管理职能交叉等难点问题，有力确保了疫情防控和民生保供高效协调，走出了一条党建引领专业市场发展的新路子。

关键词 疫情防控 民生保供 党建引领

一、背景情况

物流中心位于杭州市余杭区良渚街道，拥有粮油、冷冻品、蔬菜、果品等九大专业市场及一个货运市场，承担了全省乃至整个华东地区大宗农副产品的中转、供货等功能。2021年，物流中心实现交易额591亿元、交易量536万吨，是全省最大的"菜篮子"和"米袋子"。2020年新冠肺炎疫情暴发以来，物流中心因其民生保供功能和外来流动人员多的特点，成为疫情防控的重点区域。在2022年余杭"4·5"疫情中，受重点地区影响，疫情随物流渠道传播的趋势明显，平时管理已无法适应"战时"要求，物流中心的管控力大打折扣，防疫和保供一时间难以平衡，一度陷入"按下葫芦浮起瓢"的尴尬境地。如何高效统筹疫情防控和民生保供成为摆在余杭区委、区政府面前的一大新挑战。

二、主要做法

（一）强党建、领行业，最大广度凝聚合力

问题发生查党建，问题解决看党建。由于物流中心是由多个小市场搬迁组建而成的，各市场隶属关系、经营业务不同，相互协调不够。基于此，余杭区首先从党建上查找原因，以织密市场党建"一张网"破题。

第一，坚持党建引领，搭建红色基层战斗堡垒。在市场中成立一个个临时党支部，再开展物流中心市场党建联建，以统筹10个上级主管部门、12个区级单位，充分发挥"关键连接点"的作用。余杭区良渚街道党工委负责人表示："开展党建联建让物流中心防疫保供工作有了'主心骨'，对外通过一个口子对接属地和各行业主管部门，及时落实疫情防控各项要求；对内通过33个党组织的385名党员，广泛动员物流中心内部力量，将5421家经营户拧成一股绳，共同投入防疫保供攻坚战。现在，政策指令下达和落实情况反馈都有了平台，我们能及时掌握第一手资料，动态调整策略，使决策更加科学精准，落实更加及时有力。"

第二，强化组织覆盖，构建基层治理新格局。在开展党建联建的基础上，探索建立小微企业个体工商户专业市场（简称"小个专"）综合党委，引领"小个专"发挥市场主体优势。同时，设立物流管理服务中心，并建立中心机关党支部，并入党建联建机制打造党建共同体，有效打通了属地、市场、区域、行业之间的沟通壁垒，使党的基层组织有形、有效、有力地嵌入。

第三，整合红色资源，打造共建共享新模式。建立市场党建红色资源共享清单，共同打造红色驿站、党员教育"随身课堂"，不定期组织理论联学、活动联建、公益联动。开展"党建＋业务"指导员驻点，安排区级部门与10个市场逐一结对，主动了解市场需求，积极认领服务项目，梳理出五大类21个服务事项清单，形成齐抓共管的党建赋能新格局。

（二）出实招、重实效，最大限度激活动力

面对外地货运司机等重点人群要管控、大量从业人员进出要管住、物流中心"平战转换"衔接不够顺畅等现实问题，迫切需要一些务实高效的举措来激活市场的动能。

第一，先锋领航，推动群防群控。借助"无疫市场"创建的契机，统筹整合力量，注重发挥属地党委与行业主管部门的作用。在市场内，实行"3＋3＋3"管理模式，通过人脸识别、自动扫码等技防设备，保障市场复运营条件。在市场外，注重发挥楼道长、楼层长、村社干部、网格员及党员护路先锋队的作用，确保守好高速2个"大门"、棕榈路等5个"中门"，进一步激发物流中心及其周边疫情防控的内生动力。

第二，因地制宜，探索务实举措。建立货车接驳机制，对进入接驳中心的车辆进行消杀密闭静置，转由本地司机开进市场，实现"人货分离"式管控，累计接驳货车4256辆。在市场内开设"农副物流员工之家"，免费提供住房377间，最大限度减少人员内外流动。

第三，人员统筹，分片包干治理。将物流中心划分成八大网格，以5421个经营户为基础，划分235个微网格，组织党员经营户担任微网格长，定期开展区域互查。杭州果品批发市场的负责人说："现在党员示范经营户都是要'上墙'的，有了这些先锋模范，大家更自觉了，物流中心的整体环境更好了。"

杭州农副物流中心市场党建联盟启动仪式。

（三）抓改革、谋长远，最大深度挖掘潜力

在疫情防控常态化的背景下，物流中心要高质量可持续快发展，只有走全面深化改革之路。

第一，执法力量多元融合。深入推进"大综合一体化"行政执法改革试点，在环中心区域内，构建以十大市场为核心的综合执法"三环"体系，集合市场监管、城管、交警、交通等多部门执法力量1000余人精准下沉，为物流中心综合行政执法队赋权884项。4月以来，累计教育劝导场外交易（驳货）行为13100余次，执法查处各类违法案件490余件，有效形成了覆盖市场内外的执法合力。

第二，指挥体系多方联动。成立物流中心综合行政执法队指挥中心，接入数据端口11个，建成涵盖五大类25个子项目的数据驾驶舱，实现下沉标准、集中办公、制服标识、勤务安排、智慧调度、巡查模式、考核奖惩"七个统一"标准化治理模式，确保各项管理指令精准落到实处。

第三，数字化改革多措并举。开发数智大市场应用平台，集成司机来源地申报、疫苗接种统计提醒、暴露人员核酸检测统计提醒、农产品全链条追溯等功能模块，织密扎紧疫情防控网。在市场大门、主要交易场所等区域安装监控设备，搭建AI可视化平台，实现基础信息数据的实时更新，为源头治理提供数据支撑。

三、经验启示

（一）党建统领是总纲，加强党的组织覆盖、工作覆盖是推动专业市场发展的必然要求

党的十九大报告指出，要以提升组织力为重点，突出政治功能，把企业、农村、机关、学校、科研院所、街道社区、社会组织等基层党组织建设成为宣传党的主张、贯彻党的决定、领导基层治理、团结动员群众、推动改革发展的坚强战斗堡垒。余杭的实践表明，只有平时注重把党的"触角"延伸到市场的各个角落，才能在"战时"发挥党组织的主心骨作用。党建联建机制的运行和党组织的嵌入，客观上填补了指挥中枢的空白，从根本上

破解了市场治理难题，真正实现了党建强、发展强。

（二）内生动力是关键，激发市场活力、补齐市场短板是促进可持续发展的重要抓手

习近平总书记指出，市场主体是经济的力量载体，保市场主体就是保社会生产力。市场主体一头连着经济发展大局，一头连着老百姓的就业和消费，是促进经济社会发展的重要力量。余杭的实践表明，解决发展问题既需要市场这只"无形之手"，也离不开政府的"有形之手"，关键在于如何压实主体责任。只有激活主体意识，市场才有内生动力去主动发现问题、及时补齐短板、切实增强抗风险能力，才能在发展道路上行稳致远。

（三）执法改革是路径，"大综合一体化"改革是从源头上解决多头执法、重复执法、交叉执法问题的有效举措

省委书记袁家军在全省"大综合一体化"行政执法改革推进大会中强调，要进一步精简执法队伍、优化执法层级、整合乡镇执法力量，推进"一支队伍管执法"。深化"大综合一体化"行政执法改革既是落实中央战略部署的关键抓手，也是基层解决当前治理短板的重要契机。物流中心在疫情冲击下暴露的弱项，也折射出当前行政执法模式的局限。余杭的实践表明，只有推进"大综合一体化"行政执法改革，才能进一步构建全覆盖的整体政府监管体系和全闭环的行政执法体系；只有打造权责统一、权威高效的"大综合一体化"行政执法新格局，才能破解基层执法治理

的"最后一公里"难题。

思考题

1.物流市场等大型商场在疫情防控和应急管理中的压力主要体现在哪里？通过哪些方式能够有效缓解这些压力？

2.如何进一步发挥党员经营户在市场发展、基层治理中的作用？有哪些行之有效的举措？

杭州市委组织部　推荐

紧盯项目要素"全集成"
实现产业投资"三连涨"

——杭州市钱塘新区全力扩投资促经济稳进提质

摘要 自新冠肺炎疫情发生以来，商品、服务、人员和资本的流动受到不同程度的阻碍，对经济发展造成严重的冲击，同时也倒逼许多地区加快重塑经济发展模式。受到新一轮疫情多发和俄乌冲突等超预期因素的影响，经济平稳运行面临前所未有的严峻挑战。作为一个产业大区和开放前沿，杭州市钱塘新区的感受更为强烈。一方面，企业信心不足，投资意愿下降，对未来的预期产生迷茫；另一方面，产业链供应链不稳定，企业产能无法充分释放。为进一步稳住经济大盘，钱塘新区紧盯服务集成、流程集成、配套集成，千方百计让企业发展信心足起来、让落地时间短起来、让项目建设快起来，形成了疫情背景下高效有序、环节紧凑、响应快速的项目推进模式，推动了有效投资的逆势增长。截至2022年4月底，钱塘新区产业投资和制造业投资分别达56亿元、48.5亿元，同比增长23%、61.3%，实现了自2月以来的"三连涨"，呈现出"风景这边独好"的发展态势，第一季度在杭州市"开门红、开门稳"大赛马中位列第一。2021年以来，钱塘新区在全省六大新区考评中名列第一，获得了经开区全国第九、高新区全省第三的历史最好成绩，成功入选浙江省首批高能级战略平台培育名单，被评为浙江省制造业高质量发展示范园区。

关键词　流程再造　系统集成　产业项目　制造业投资

一、背景情况

杭州市钱塘新区是浙江省重点打造的产业大平台和发展增长极，五大主导产业规模达3000亿元，市场主体总数超10万户，从业人员超30万人。制造业是基础产业，今天的投资就是明天的产出，为此钱塘新区一直将扩大有效投资特别是产业投资放在突出位置。但在世纪疫情叠加百年变局的大背景下，钱塘新区也深切感受到企业"不敢投"的复杂情绪和项目"推得慢"的现实问题，为此，钱塘新区从政策、改革和服务等多维度想实招，全力推动全年300亿元的产业项目顺利开工建设。

二、主要做法

（一）紧盯服务集成，千方百计让发展信心足起来

在市场经济环境中，信心是最关键的非制度性因素。2022年初，钱塘新区发布了高能级产业新政50条，启动"凤凰、头雁、雨燕、雏鹰、俊鸟"五大行动，计划未来三年投入不少于百亿元的扶持资金。其中，针对已上市的"凤凰企业"，给予最高500万元的奖励；针对"头雁企业"，给予上年度区贡献5％和当年度新增区贡献60％的奖励；针对"雨燕企业"，给予当年度新增区贡献70％的奖励；针对"雏鹰企业"，给予每年最高50万元的奖励。新政发布当天，杭州捷诺飞生物科技股份有限公司创始人表示："这次的新政不仅看现在，还着眼未来，定位非常精准，对于各个层级的企业都有激励作用。我们是一家以研发驱动的企业，研发的过程很漫长，这样的政策给了我们团队坚持创新的勇气和底气。"广汽乘用车（杭州）有限公司总经理也表示："作为资金密集型企业，我们面对的资金压力一直很大。这次出台的政策，相信会给我们正在进行的生产线改造提供更有力的支撑。"在2022年4月召开的钱塘区首届发展大会暨"聚焦高质量　打造高能级"推进会上，美迪凯等21个优质项目正式签约，总投资超200亿元。

依托产业平台负责人与重点项目"一对一负责"机制，2022年3月的一天，医药港产业平台负责人获知辖区企业奥泰生物新冠

抗原检测试剂盒已进入国家应急审批通道，连夜联动区市场监管局带队协同开展产品注册体系核查服务，助力奥泰生物新冠抗原检测试剂盒获批上市。第一季度，企业实现营收同比增长628.71％，业绩收入已超过2021年全年。企业现有生产规模无法满足市场需求，奥泰以此为发展风口，决定增资扩产，累计投入8.4亿元，在钱塘芯谷建设新诊断试剂生产研发中心项目，目前已完成选址。

自年初开始，为实现疫情防控和经济发展"双胜利"，钱塘新区坚决落实省、市政策，开展"暖心八送"，出台了纾困助企政策22条，通过真金白银的直达快享、真心实意的贴心服务、真抓实干的过硬作风，为企业发展持续注入强劲动力，现已累计向2252家企业兑付资金7.78亿元。在一系列政策的引导激励下，钱塘新区市场主体的活力得到有效恢复，截至4月，新增企业4600户、增长7.86％，体现了企业扎根钱塘、投资钱塘的满满信心。

（二）紧盯流程集成，千方百计让落地时间短起来

浙天智慧能源项目是2022年引入的"研发＋生产"制造业项目，总投资1.75亿元。在确定落地意向后，钱塘新区按照做地前置、方案前置、审查前置"三个前置"，通过"净地一件事"、方案联合指导、集中联审联批等方式，实现拿地后20天即开工。

这个项目只是钱塘新区加快项目落地的工作缩影，而在半年前却是另一番情况——项目推进落地速度参差不齐，企业感受落差较大，项目从拿地到开工，最快的用时仅仅4天，最久的用时超

过 500 天。项目速度就是发展的生命线。通过研判剖析近三年来的产业项目，钱塘新区总结出项目推进过程中的五大制约因素，即土地净地不净、设计质量不高、环节衔接不畅、周边配套不全、项目成熟度不高。

为加快推动问题解决，钱塘新区坚持以改革破难题，突出数字赋能，推动流程再造，实施"703020＋X"产业项目推进流程再造，"70"即在熟地情况下，项目签约后70天内实现土地挂牌；"30"即法定的30天挂网公告时间；"20"即土地摘牌后，20天内取得施工许可证；"X"为考虑外资、上市企业、国资等具体情况不同，酌情增加前后两阶段用时。同步上线产业项目协同智慧平台、"净地一件事"和"投资一件事"等数字化场景，落实九大保障共28项工作、42项针对性举措，为加快项目推进指明路径。

与此同时，钱塘新区持续优化工作链，不断推动制度迭代升级。探索建立招商引资项目"双签"制度，优化方案预审查和联审联批制度，落实产业用地基础设施配套先行制度和产业项目履约过程管理制度，有效破解了方案设计审查速度不够快、意见反馈不及时、配套进度落后于项目建设需要等难题，为投资持续强劲增添动能、积蓄活力。

截至2022年4月底，35个新拿地产业项目中，已开工24个，已开工项目从拿地到开工平均用时82天，较上年缩短13天；全区累计完成产业投资56亿元，同比增长23%，实现了2月以来的"三连涨"，其中，制造业投资总量位居全市第一。此外，还有总投资234.6亿元的13个产业项目将陆续开工。

（三）紧盯配套集成，千方百计让项目建设快起来

林肯双擎项目是长安福特2022年实施的最大技改项目，累计投入资金6.3亿元，受疫情影响，设备供应不稳定，技改项目进度受到了严重阻碍。以钱塘新区五大主导产业之一的汽车产业来说，区内长安福特、吉利、广汽三大车企受上海、江苏、浙江海宁等地疫情影响，仅4月单月单平台生产计划就降幅74%，产值损失逾25亿元。

面对企业严峻的断供风险和产业链停摆问题，钱塘新区第一时间成立了保供保畅工作专班，精准梳理重点企业断供风险766条，协助长安福特、吉利等47家供应商顺利入选上海市复工复产"白名单"，打通了跨省保供的第一关。同时，针对区内高速卡口货车查验等待时间长等难题，钱塘新区在3天时间内开发推出"钱塘货运快通"平台，实现"数据跑、人等车、快通过"，货车自下高速到停车进场效率提升34.1%，自停车进场到出场效率提升45.3%，84.8%的车辆实现2小时内快进快出，有力保障了货运物流畅通、产品供应稳定。同时，积极主动融入长三角保供大局，建成投用国际上汽保供基地，通过"双向保供"，累计保障上汽集团物资1830立方米，为长安福特等区内汽车企业供应物资1199立方米。仅4月，长安福特就有整车1200台下线，有力保障了企业的技改项目顺利实施。

临江区块的聚合顺项目因为产能扩张的迫切需要，希望能在最短时间内拿地开工，钱塘新区迭代优化"产业项目净地一件

钱塘新区的汽车企业集中开工。

事"特色场景，解决了该地块管线迁改、水电配套等问题，最终用44天完成了100亩用地的净地工作，加快推动了项目的开通建设。

通过快速回应企业发展需求，推动多领域的配套集成，不断创新工作手段和方法，巩固完善产业项目制度化管理、节点化推进机制，有效提升了项目建设的进度和质效。

三、经验启示

（一）要坚持问题导向，真正做到急企业之所急

产业项目落地快不快、政府服务好不好直接关系到企业生产

情况，尤其是在疫情冲击下，发展的机会稍纵即逝，企业拖不起，也等不起。钱塘新区的实践表明，只要找准制约项目推进提速的堵点卡点，把工作和服务做到企业的心坎上，激发出的将会是企业蓬勃的生机活力。这就要求相关部门要以"时时放心不下"的责任感、紧迫感，深入了解企业需求，聚焦企业"急难愁盼"，用实打实的举措帮助支持企业抢抓机遇、加快发展。

（二）要坚持数字赋能，以改革手段破解难题

习近平总书记指出，要以数字化改革助力政府职能转变。以数字化改革为牵引，推进产业项目全生命周期和关键环节的体制机制创新，是提高政府服务效能、提升全域经济运行效率的关键一招。钱塘新区的经验表明，要强化改革导向，树立数字思维，强化政府运行、决策、服务、监管能力，让数字化改革成为推动经济社会发展的强力引擎。

（三）要坚持多跨协同，推动治理能力变革提升

推进产业项目建设是一项重大的系统工程。以"V型工作法"为路径指引，对产业项目推进的各业务、各环节、各要素事项进行全面梳理、细致拆解，进一步对业务流程进行重组、优化、再造，有效激发了多跨协同的整体合力。钱塘新区在实践中深刻体会到，必须坚持系统思维，加强前瞻性思考、全局性谋划、整体性推进，对照顶格、集成、最优的标准，推动流程重塑、优化提升，助力产业项目建设提速增效。

思考题

1.根据全国稳住经济大盘电视电话会议精神，在当前严峻的经济形势下，首先要让企业"活下来"。在企业生存与扩大投资之间，政府部门应当发挥怎样的积极作用？

2.随着"最多跑一次"改革和供给侧结构性改革的不断深化，政府部门应如何平衡好服务与监管之间的关系，做到服务不缺位、监管不越位？

杭州市委组织部　推荐

服务主体稳动能　紧抓项目增势能
创新升级蓄潜能

——宁波市鄞州区多措并举交出经济发展"高分答卷"

摘要　如何在做好疫情防控的前提下，交出经济高分报表？经济发展，企业为先、项目为王、产业为要。鄞州区抓实工作精细度、抓好工作颗粒度、抓严工作成效度，把发展经济的功夫下在固本培元上，全域全员联动攻坚，以片区为单位，对4700余家重点市场主体开展点对点排摸、线连线服务，问需求、解困难；打造"全链条保障体系"，为120个重大项目加油助力，不断发挥有效投资"压舱石"作用。通过稳住市场主体、畅通内外循环、挖掘产业潜能、促进动能转换，多措并举为经济增长注入源源活水。一季度，鄞州区实现地区生产总值640亿元，首次排名全省第一位，为宁波首个一季度经济总量突破600亿元的城区；增速达到5.6%，高于国家以及各省、市增速，经济呈现稳中有进、逆势向好的发展态势。

关键词　市场主体　重大项目　纾困解难　创新驱动

一、背景情况

"2022年1—4月实现营收6808万元，同比增长42.52%。"姜山镇科技园区的宁波长壁流体动力科技有限公司总经理兴奋地说道。厂区里成批的矿用零部件产品正被装载运往全国各地，目前企业订单已经排到9月，正全力冲刺"半年红"。

"从4月21日企业提出申请，到鄞州区、宁波市、昆山市统筹形成决策方案，再到办好通行证、零部件从昆山发货至宁波，整个过程只用了不到24小时。"圣龙集团物流部负责人对鄞州区帮助解决物流问题表示肯定。4月中旬以来，鄞州、昆山多地联手，打通物流"中梗阻"，已累计为圣龙集团挽回销售损失930余万元。

2022年以来，面对需求收缩、供给冲击、预期转弱三重压力，鄞州区依托"三服务"、减负降本、稳企纾困等专项工作，立足全区产业布局，注重发挥保障优势，坚定不移服务市场主体、抓牢实体经济，千方百计帮扶企业提振信心、扩大生产，以项目建设厚植增长潜能，以产业升级筑牢发展根基。

二、主要做法

（一）聚焦"稳当下"，把着力点放在活跃主体上，服务提效惠企业

保企业就是保发展，稳主体就是稳经济。鄞州区准确把握"时"与"势"，把活跃经济、筑牢根基的关键锚定在企业上，通过上下同心、服务惠企，助力企业稳增扩能。2022年以来，鄞州区新增市场主体8578家，新增企业数量居全市第一位。

第一，坚持服务"趁早"。1月，鄞州区制定增信贷助实体、稳市场促循环等6大专项行动实施方案，部署30条工作举措，全区上下及早进入服务市场主体的"战斗状态"。区、镇、村三级干部全员上阵，对工业、其他营利性服务业等行业的4700余家重点企业开展细致排摸，了解企业运营状况和困难需求，梳理出土地需求类、人才保障类、政策资金类问题148个，逐一建立问题闭环管理机制，如通过"一事一案"专题研究、"一例一人"专员督办，帮助宁波欧陆克电器有限公司、柏丽凯日用工艺品有限公司快速寻得各4000平方米的厂房，缓解企业燃眉之急。

第二，坚持服务"靠前"。保证产业链供应链畅通是当下经济社会稳定发展的关键。为此，鄞州区成立重点企业供应链应急保障工作专班，建立沟通机制，多方筹措资源，及时协调企业反映的交通物流不畅，关键原材料、配件库存告急等影响稳定生产的

急迫问题，先后为汽车零部件企业博格华纳、亚大等开具相关物流协调函，争取物资早日到厂，恢复生产。完善区内协调机制，充分发挥各方合力作用，及时为广大中小企业申领通行证开通绿色通道。截至2022年5月11日，为企业开具浙江省重点物资运输车辆通行证1243张。

第三，坚持服务"扩面"。制定《鄞州区减负降本稳企纾困三十三条举措》，纾困政策共涉及减免补资金65亿余元，其中税收退免减缓约64亿元，区属国企让利0.63亿元，涉及财政资金增加预算约0.165亿元，涉及人社基金支出0.53亿元。通过线上发布、线下政企恳谈会、8718平台政策推送等形式，形成"铺天盖地"式的宣传效果，提高企业对政策的知晓度、熟知度。精简申报材料、优化办理流程，非涉密惠企资金均按照"应上尽上"原则通过"甬易办"平台进行发放，最大限度提升办理的便捷度和满意度。目前，"甬易办"已上线政策64条，通过"甬易办"兑付资金4.9亿元，占已上线政策应兑付金额的96.7%。

（二）聚焦"增后劲"，把主攻点放在重大项目上，攻坚提速扩投资

投资问题是关系高质量发展的关键问题。2022年，鄞州区启动"七创争先"行动，其中"一号工程"就是"扩大有效投资攻坚行动"。通过全力促进投资稳定放量，为全区经济提供更强支撑，一季度，鄞州区成为全市唯一获全省投资"赛马"通报激励的区（县、市）。

第一，"条抓块统"做优质效。完善区主要领导领头抓总、区分管领导牵头抓实、部门分头抓细、属地阵地攻坚"四位一体"攻坚投资机制，实行任务清单化分解、项目滚动化推进、目标过程化考评，深化"有效投资全生命周期"一件事改革。1—4月，鄞州区完成固定资产投资257.8亿元，同比增长8.9％，总量排名全宁波市第一位。定期召开重大项目协调会，各级干部当好项目破难"服务员"，建立问题项目动态统计库并实行销号闭环管理等机制，助力舒普智能技术股份有限公司年产3万台智能化缝制设备等重点项目及早开工建设。

第二，"内挖外引"做大动能。始终坚持以项目建设壮大总量、培育增量。2022年，全区共安排10个省市集中开工项目、38个市重点工程建设项目和120个区重点工程建设项目。同时，编制包含36个项目、总投资309亿元的重大攻坚项目库，强化监管督办，倒排关键节点，协调前期问题，确保6月底前20个项目开工建设、9月底前实现全部开工。创新招商数字地图，织密小分队驻点招商、可视化"云端招商"、一对一精准招商等招引网络，全力招引重大项目。1—4月，全区实际利用外资2.66亿美元，完成全年目标的55.5％；引进总投资亿元以上项目28个，其中50亿元以上项目2个、20亿元以上项目2个。

第三，"上争下优"做强保障。抢抓国家战略调整、上级试点部署、利好政策释放等带来的红利窗口期，以工作的前瞻性确保投资的连续性，2022年以来，完成专项债券项目储备申报46个、总投资494亿元。突出数字化引领赋能，"加减乘除"并举打造一流营商环境，实现企业开办全流程4小时办结，工业项目审批、验收"跑进"10个工作日，提速60％以上。开展"腾笼换鸟、凤凰涅槃"攻坚行动，科学规划用地计划指标，推进批而未供土地消化利用，落实"增存挂钩"机制，促进节约集约用地，2022年以来，消化批而未供土地785亩，盘活存量用地1286亩，低效用地再开发712亩，为制造业项目提供土地保障。

（三）聚焦"蓄潜能"，把支撑点放在创新升级上，产业提效强引擎

创新强则区域胜、企业智则区域兴。鄞州区协同推进产业立区、人才兴区、创新强区，加快发展动力从传统要素主导向创新要素主导转变，着力构建现代产业体系、创新创造体系，为经济冲刺"高分报表"提供新兴动能。1—4月，战略性新兴产业增加值、数字经济核心产业增加值分别增长12.2％、10.3％，均高于规模以上工业增加值面上增速。

第一，育强现代产业集群。以鄞州先进制造业与现代服务业融合省级试点建设为契机，加快构建规模企业集聚、主导产业集群的"2＋4"现代产业园区体系，做强做优东部新城、南部商务区省级现代服务业创新发展区，前瞻谋划项目建设、产业培育、招商引资等重点工作，加快积蓄高质量发展新势能。2022年，新增战新企业入库统计17家，总数达到190家，在统企业数量逐年增长。1—4月，高新技术产业投资13.2亿元，增长9.7％，高于固定资产投资面上增速。

第二，完善动能培育体系。深入推进百企攀高、千企争锋、万企成链"百千万"工程，培育壮大一批具有生态主导力的链主型企业，18家单位获得市2022年度重点领域新兴产业及战略性新兴产业发展专项资金3500.18万元，认定数量和奖补金额均列全市榜首，12个项目（个人）获2021年度宁波市科学技术奖，总数位列各区（县、市）第一。深入实施"机器换人"、智能化技术改造等行动，"两化"融合发展水平总指数在全市实现"七连冠"。

第三，构筑高能平台支撑。深化与长三角主要城市中心城区高质量发展联盟各成员间的联动合作，依托区域协同，提升创新发展能级，鄞州国家双创示范基地被国家发改委办公厅、中国科协办公厅联合评定为"优秀"等级。高标准打造"热带雨林式"

鄞州区破卡点强保障助力开市客项目加快推进。

创新生态体系，重点实施精益创业带动就业专项行动五大工程17项任务，扎实推进"1＋4＋N"标志性产业链"五个一批"培育，2022年，全区计划培育重点企业10家，推进重点项目12项，建设产业链重点平台5个，为全面塑造发展新优势提供沃土。

三、经验启示

（一）激活市场主体是区域经济行稳致远的基石所在

市场主体是区域经济活动的最基本单元，是经济增长的根本。市场主体的诉求是党委、政府必须研究解决的重点课题。鄞州区以全员上阵的战斗力、全域覆盖的执行力、全力以赴的向心力，织牢企业帮扶网、架起政企连心桥，既能灵活出击，应对解决企业的个性问题，又能综合施策，研究协调企业的共性问题。政企携手，共克时艰，市场主体的活力增强了，对政府服务的黏性增加了，区域经济的"蓄水池"越来越满了。

（二）稳定扩大投资是区域经济持续壮大的潜力所在

投资既是扩大内需的关键因素，又是稳增长、调结构的重要结合点。鄞州区树牢项目为王、投资为重的工作导向，变革重塑提效能、开足马力抓进度，通过加强项目全过程全生命周期管理，进一步提高要素资源配置效率和精准度，高质高效做好项目全链条协调保障，确保项目前期更深入、服务更到位、推进更有力，形成了大抓项目、共扩投资的良好格局。

（三）创新驱动产业是区域经济提质增效的韧性所在

创造提升价值，技术塑造实力，唯有不断追求变革与超越，抢抓新技术、新业态、新消费带来的重大机遇，才能加快向高层次、高能级、高水平迈进。鄞州区深谙创新驱动的重要性，聚焦"强二优三"，加快传统产业转型升级、新兴产业提质扩量、未来产业抢先布局，扶持"大优强"、打造"专精特"、培育"金凤凰"，充分发挥双创带动、"两廊融合"乘数效应，以创新主动赢得发展主动，以产业优势厚植发展胜势，跑出了创新驱动的加速度。

思考题

1.大型、中小型和微型企业面临的困难、需求各有不同，可以运用哪些方式方法使得帮扶政策更能靶向发力？

2.地方政府在推进重大项目建设时，如何更好地平衡资金、土地、产出效益三方面的关系？对于项目方的需求，是否只能个性化解决，如何形成一套更为高效顺畅的流转协调解决机制？

宁波市委组织部　推荐

激活创新小细胞　共绘发展新画卷

——余姚市激发企业研发投入提升区域科技创新能力

摘要　2022年以来，受新冠疫情、俄乌冲突等诸多因素影响，经济发展面临巨大压力。在不确定性叠加的大背景下，如何持续推进县域经济高质量发展？余姚市深入推进全社会研发投入提升专项行动，开展初创企业"选苗"、专利企业"培苗"、人才项目"引苗"，加快高新技术企业培育攻坚；加快推进科技大市场和"智创余姚"科技服务平台建设，促进技术成果深度转化；开发科技创新数字导航系统，打造"全周期、一站式、管家型"专业科技服务体系，以有效的政策、扎实的举措、精准的服务，推动创新驱动经济社会高质量发展。

目前，全市R&D（科学研究与试验发展）经费支出占GDP比重达3.92%，强度和增幅分别居全省第五位、第三位，蝉联全省市、县党政领导科技进步目标责任制考核优秀单位。2022年1—6月，全市规模以上工业企业研发费用41.8亿元，同比增长10%，占营业收入的比重为3.61%，位居宁波各县（市、区）第一位。

关键词　县域经济　研发投入　创新转型　高质量发展

一、背景情况

宁波容百新能源科技股份有限公司副总裁田千里喜上眉梢，2022年上半年企业发展势头强劲，实现营业收入18.3亿元，同比增长33%；研发投入9000万元，同比增长430%，占营业收入比重达4.9%。近年来，余姚市坚持助力企业走科技赋能之路，指导帮助容百科技不断完善研发体系，2022年，其"钠离子电池用锰铁普鲁士白正极材料开发"项目列入宁波市重点技术研发项目。该项目的突破将为企业带来3000万元销售额。

2022年以来，面对结构调整、转型升级的窗口期以及稳企纾困、提高发展质效的考验期挑战，余姚市将科技创新作为促进经济增长的强劲引擎，聚焦创新主体培育、科研成果转化、资源要素保障，充分激发各类创新主体和社会力量研发热情，全力推进市场主体转型升级，不断激发企业发展活力，推动经济企稳回升向好，实现县域经济社会持续高质量发展。

二、主要做法

（一）聚焦主体培育，构建梯次机制，提高科技创新广度

科技型企业是推动产业转型、科技创新的重要主体。余姚市把做好创新主体培育作为推动经济高质量发展的一项重要工作来

抓，不断完善"微成长、小升高、高壮大"梯次培育机制，2022年上半年，新增科技型企业数量同比增长50%以上。

第一，育强科技型中小企业。如何更好发挥中小企业多、灵活性强的优势，促进传统产业转型升级，培育科技型企业是一项重点基础工作。2022年以来，开展了初创企业"选苗"、专利企业"培苗"、人才项目"引苗"行动，推动小微企业成长为科技型中小企业。大力实施宁波市智团创业项目，拓展创新券使用范围，推动科技型企业增量提质。新认定省科技型中小企业314家，备案国家科技型中小企业562家。

第二，育强高新技术企业。余姚市制定《加快高新技术企业培育攻坚行动方案》，建立高新技术企业培育库，不断加强政策激励，持续拓展农业、建筑业、电子商务等培育领域。每年多部门联合开展乡镇（街道）巡回讲诊会，对企业进行点对点精准辅导，成功帮助浙江绿城东方建筑设计有限公司、宁波世茂能源股份有限公司等成为国家高新技术企业。高新技术企业数量从2018年的164家增长到2021年的388家，超额实现三年翻番。2022年上半年，新入高企培育库企业112家，新申报高企204家，预计全年新认定166家以上。

第三，育强创新型领军企业。余姚市积极打造县域创新体系，开展专精特新产品创新、专精特新企业与单项冠军企业培育等工作。重点遴选了一批高新技术龙头企业进行扶持，引导企业专注核心业务、聚焦关键零部件和配套产品，不断提升专业化生产、服务和协作配套的能力。目前，全市高新技术企业列入省级创新型领军企业8家、国家专精特新重点"小巨人"企业5家、宁波级以上单项冠军示范企业18家、宁波市制造业百强培育名单9家；预计2022年A股上市高新技术企业4家。

（二）强化成果转化，完善研发体系，提升科技创新深度

国际上，把科技创新成果转化的过程称为跨越"死亡之谷"。如何帮助企业建立顺畅的成果转化渠道是关系经济高质量发展的关键问题。2022年上半年，余姚市既有可圈可点的稳健举措，也有"从0到1"的破题之举。全市实现规模以上工业企业研发费用41.8亿元，增速高于营业收入13.2个百分点。实现高新技术产业增加值203.5亿元，占规模以上工业增加值的比重为71.4%。

第一，开展企业研发专项行动。出台研发投入专项激励办法，引导企业建立健全研发体系，推进软件和信息服务业、科学研究和技术服务业等领域研发创新，促进科技型企业培育与研发机构建设同频高速发展。目前，有研发费企业数占规模以上企业比例达71.8%，各级企业研发机构总量和设置率分别居全省第三位、第七位。2022年以来，实地考察指导企业200多家，引导企业规范建账、应用研发项目信息管理系统、依法享受加计抵扣。1109家企业享受研发费用加计扣除73.66亿元，享受加计扣除企业数、金额分别比2021年增加255家、28.99亿元。浙江舜宇智领技术有限公司、贝隆精密科技股份有限公司、甬矽电子（宁波）股份有限公司等企业研发费增幅均在60%以上。

第二，促进技术成果深度转化。余姚市围绕产业链布局创新

链，积极实施"科技搭桥"行动，全力促进成果转化。余姚40%的规模以上企业与科研院所建立了产学研合作关系，每年的技术合同交易额达20多亿元。2022年以来，挖掘征集企业各类需求90余项，组织"浙工大激光院专家余姚企业行"等科技合作活动14场。"得益于科技合作对接会，我公司就激光测振技术与本市龙头企业舜宇光学开展合作，效果十分喜人，产品检测效率直接提升10余倍。"宁波德昌电机有限公司董事长说。2022年，舜宇光学突破的激光测振技术填补了国内空白，并在与相关产业链企业合作中充分发挥了龙头企业带头作用。该检测技术可直接应用于生产线，摆脱静音室限制，将检测精度、效率提升了一个量级，在降低成本的同时更是提升了制造精度。

第三，推动科研攻关创新跃进。余姚市根据重点产业链培育方向，迭代编制重点产业链企业、关键产品、关键技术"三张清

余姚市多部门每年联合开展巡回讲诊会，对企业进行点对点精准辅导。

单"，首次提炼制定《余姚市重点领域核心技术申报目录》，更加精准匹配产业需求。支持龙头骨干企业联合高校、科研院所开展"揭榜攻关"，带动产业链上下游中小企业提升创新能力。2022年以来，宁波市重大科技攻关项目立项9个，重大科技创新项目通过验收4个。宁波可可磁业股份有限公司的高剩磁高矫顽力烧结钕铁硼磁性材料研究及产业化，开发出高性能磁钢48SH和50SH，新增销售收入6977万元，税收415万元。宁波江丰电子材料股份有限公司"超高纯铝钛铜钽金属溅射靶材制备技术及应用"项目获国家技术发明二等奖。

（三）聚焦要素保障，优化创新生态，增强科技创新浓度

余姚作为县级市，科技创新资源并不丰富，如何探索出一条产业优、科技强、生态好的科技赋能之路，一直是该市思考的重要命题。习近平总书记提出，科技工作要抓战略、抓改革、抓规划、抓服务。针对科技短板，余姚市形成了与上级政策互补、体系性更强的"科技新政十条"，强化数字化改革，优化精准性服务，使科技政策杠杆更加精准，创新创业环境更加优化。

第一，出台研发激励政策。完善与研发投入强度相挂钩的公共政策扶持机制，将企业R&D活动纳入《余姚市工业企业"亩均效益"综合评价办法》，将项目研发强度纳入出台的《余姚市工业投资项目土地出让联合评审实施办法》，对研发投入大的产业项目优先安排贷款、用电、用水、用地、能耗排放指标。2021年以来，累计为15家A档企业、2家B档企业重点工业投资项目优先完

成供地615亩，为53家A、B档企业优先提供贷款贴息补助1488万元，对27家D档企业实行加收0.1元/千瓦时的差异化电价标准。

第二，引导金融资本投入。创新推出科技信贷（姚创贷）、科技保险等产品，为不具有资产抵押能力的初创型科技企业提供担保贷款，完善科技金融专项资金使用管理，从构建风险补偿机制、增加合作银行数量、精准发放贷款等方面综合提高科技类贷款实效，实现企业贷款成本降低0.5%，财政补贴成本降低0.87%，综合贷款成本降低1.37%。2022年以来，向18家科技企业发放贷款5870万元，促进研发投入1.2亿元。

第三，突出数字改革赋能。科技部门如何精准服务企业，仍存在很多痛点，如科技申报事项多、县级科技部门无统一平台、上级科技部门数据不回流、数据成孤岛，导致企业需求不能实时掌握、科技企业无法精准培育、企业找政策找资源不便等问题。为提高科技部门工作效能和服务效率，余姚市以数字化改革为牵引，开发科技创新数字导航系统，一网集成国家、省、市、县四级125项科技事项、21个申报系统（管理平台），打造"全周期、一站式、管家型"专业科技服务体系。2022年3月，该系统正式上线，目前有企业用户3900余个，姚创贷、来华许可证等单一事项平均办结时间缩减至1天以内，疑难问题破解率提速2倍以上，形成"部门协同跑、基层零次跑"的服务新局面。

三、经验启示

（一）培育创新主体是经济提质增效的根本力量

余姚22.4%的规模以上高新技术企业贡献了50%以上的营收、70%以上的研发投入、70%以上的利润、90%的发明专利。科技型企业是大优强、绿新高企业培育和专精特新企业培育的基本盘，因此要建立科技企业的主动发现机制、"省科技型中小企业—培育库—国家高新技术企业"的链式培育机制，聚焦政策服务，引导规模以下高企成长"上规"，规模以上企业"上高"，加速壮大创新型领军企业群体。

（二）完善研发体系是提升核心竞争力的关键所在

健全研发体系才能彰显核心竞争力。要深入实施加大研发投入专项行动，形成从企业研发机构建设、研发投入政策优惠享受，到推动科技合作对接、加快核心技术攻关的系统性闭环服务，进一步提高创新资源配置效率和精准度，确保研发体系建设更健全。

（三）优化创新生态是创新创业的基本保障

好的生态才能推动创新要素集聚，特别是在政策上，应该做到导向鲜明、耦合协同、靠前发力。要聚焦产业、企业痛点难点，通过全局性统筹、数字化改革、精准化服务，确保各项政策落地见效。通过创新生态的优化，进一步释放科技创新的活力，加快推动经济高质量发展。

思考题

1.鼓励创新、宽容失败的容错机制如何真正落地？

2.如何集中力量办大事，打好核心技术攻坚战？

宁波市委组织部　推荐

"孪生"引路破难题　数改赋能保安全

——象山县建设"数字孪生渔港"探索渔业安全发展涅槃之路

摘要　渔船海上作业存在巨大风险，沿海各地近年来均有海上重大事故发生，传统管理模式和信息化手段应用成效有限，如何升级迭代、变革求新？为此，宁波市象山县抓住全省数字化改革的历史契机，充分学习贯彻、实践运用"V"字模型、三张清单等数字化改革闭环思维，以渔业安全治理的实战实效为出发点和落脚点，依托一体化智能化公共数据平台，充分运用数字孪生、物联感知、大数据分析等方法技术，全力打造以"渔业安全智治大脑"为支撑的"数字孪生渔港"项目，首创了多项卓有成效的技术理论、算法模型和制度成果，积极构建"最强大脑＋最佳模式"的渔业安全治理全国性行业标准，走出了一条渔业安全发展的涅槃之路。

关键词　渔业安全　智治大脑　数字孪生　算法模型

数字孪生渔港驾驶舱首页。

一、背景情况

象山县位于浙江省东部沿海，三面环海，两港相拥，是海洋渔业大县，海域面积6618平方千米，有岛礁505个，海岸线长988千米，全县共有在册捕捞及辅助渔船2488艘，渔民2.58万人，渔村36个，渔港经济要素齐全，渔船数、主机功率数均为全省第一，2021年渔业总产值居全国第三，实现水产品总量62.03万吨、渔业产值115亿元，占全市的63%。

同时，在巨大的产业规模背后，是不容忽视的渔业生产安全隐患，是频发不断的海上安全生产事故。对此，象山县委县政府始终坚持以人民为中心的安全发展理念，要求渔业管理部门和各镇乡（街道）把渔民生命财产安全放在首位，压实责任、严防死守。2021年2月18日，全省吹响数字化改革的号角，象山县上下立即行动，由象山县大数据发展中心和水利渔业局牵头，全面复盘梳理渔业安全治理的难点痛点，以数字化的理念思维剖析研究改革路径，主动颠覆传统的渔业安全管理模式，充分运用数字孪生、物联感知、大数据分析等新技术新方法，全力打造以"渔业安全智治大脑"为支撑的"数字孪生渔港"应用。特别是首创包括离线定位、一船多码、网位仪识别、海上动态孪生在内的四大孪生算法以及船只适航、船员适任两大指数模型，日均运算47.99亿次，累计监测AIS类似信号42.2万个次，发送5类报警信息（撞船、人员落水、求救、触礁、搁浅）14.3万条，深度破解传统信息化手段下无法解决的"看不见""分不清""管不好"等系列难题，全面提升了涉海涉渔领域治理体系和治理能力智慧化水平。

二、主要做法

（一）运用动态感知＋数字孪生，预防"看不见"的风险

第一，建立渔船孪生模型，预防海上动态不可见。针对我国海上卫星网络通信带宽受限、成本过高导致"洋面可视化"需求难以普及的问题，象山县创造性提出运用"基础信息＋海上动态"的数字孪生建模思路。即只回传渔船海上航行感知到的风速、温度、湿度、压强、倾角、航速、航向等关键性、低容量数据，与政务云上存储的包括船名、作业类型、吨位、长度、船主等渔船基础信息在内的三维仿真渔船库进行匹配成像，以最小成

本代价实现船只、洋面的三维模拟可视化，切实消除船只海上作业的监管盲区。现已测试建模拖网、流刺网、围网三大类渔船287艘，成像时延低于5秒，为下一步我国打造无延时感知、高智能联动的海上船舶驾驶安全辅助系统提供了战略科研方向。

第二，建立AIS感知网络，预防设备下线不可见。针对船载设备断电后渔船位置不可见问题，该县在沿海岸线区域安装了13个AIS基站，全面获取象山全域周边15海里的在线船只信息，同时运用"定时点验＋离线标记"的孪生思维，将船载AIS设备最后一次在线的航速、航向、位置等信息虚拟映射到显示平台上，模拟推测出船只的停泊位置，极大减轻日常港内船只数量统计和极端气候下敦促船只回港避险的管理压力。目前，该系统日均监测船只1万余艘次，下线定位准确率达100％，累计发现本地AIS设备长期下线船只213艘，全部通报属地镇乡（街道）核查整改。

第三，建立安全预警应用，预防航道障碍不可见。为排除水下障碍物对船只航行安全的重大威胁，象山县通过社会共建模式，借助海上船只作业过程的反馈信息，记录水下障碍位置、类别属性信息，周期性迭代升级水下障碍物数据库，形成水下障碍物"一张图"，发挥船载设备智能预警作用，大幅降低船只在陌生海域作业时的撞礁事件发生率，切实保障了广大渔民群众的生命财产安全。自该系统上线以来，已累计监测发现20类共1.3万个水下障碍物，发送避障预警500万次以上。

（二）借力算法识别＋数据分析，破解"分不清"的难题

第一，构建网位仪识别算法，防止干扰信号分不清。针对流刺网船海面作业投放的大量网位仪信号与AIS信号难以区分，导致系统干扰频繁误报引发船长精神松懈而造成重大商渔船碰撞事故问题，象山县探索构建网位仪识别算法，通过对不明信号的流向轨迹、漂移时速等数据进行长期积累和分析，将网位仪信号与渔船AIS信号区分开来，显著提升商渔船碰撞预警可靠性。2021年至今，该算法已累计识别周边海域存在的网位仪5257个，识别率达90％以上，预计下一步该数据与海事部门共享之后，商渔船碰撞事故发生概率将降至更低。

第二，构建AIS信号分析算法，防止一船多码分不清。为破解普遍存在的船载AIS信号一船多码管理难题，象山县在测试推广插卡式AIS设备的同时，探索构建了AIS信号分析算法，将相对距离始终保持恒定的多个AIS信号进行绑定，以最低成本打造一船多码库，多途径、互补式核查本地船只底数，有效杜绝船只异地挂靠行为。预计在长期的数据积累之后，对一船多码的识别率将接近100％，有望彻底消除本地、外地船只误判情形，大幅提升渔业安全监管效率。2022年以来，该系统已累计识别651艘渔船存在一船多码信号2万余个次。

第三，构建船只船员算法模型，防止适航适任分不清。根据"船适航、人适任"指导思想，象山县全面梳理影响渔船适航的11大指标和影响渔民适任的7大指标，对渔业安全监管的治理需求、

聚焦重点、力量投入、长效管理等业务流程和工作模式进行重塑后，在全国首创适航指数、适任指数两个算法模型，通过科学计算，精准评估识别出问题船和问题人，实行"红黄绿"三色分类管理。截至目前，共筛选出适航等级优良船只1833艘、合格655艘，重点监管范围可缩小73.7%，同时，对近三年事故渔船的复盘计算中，安全隐患发现率达55%以上。

（三）着眼机制重塑＋数改赋能，根除"管不好"的困境

第一，建立进出港报备核查机制，避免人船进出管不好。为实现"港清、船清、人清"的渔业治理日常监管目标，象山县着力打造渔船进出港报备系统，累计为2488艘渔船和17416名船员建立全周期档案，通过人员进出港主动提前报备加以登记。同时，借助运营商在航道口门或岛礁上部署700M的5G基站，对50千米范围的电子围栏区域进行手机信号识别，并与进出港报备数据进行核查比对分析，摸清进出港人、船底数，提升港口智能化、精细化管理水平。近两年，该系统累计报告进出港渔船40余万次，报告率达98%。

第二，出台适航适任指数管理办法，避免船只临检管不好。为切实提升渔业安全监管效能，降低基层渔政干部的监管压力，象山县出台了《象山县渔船适航及船员适任指数管理办法》，根据渔船适航指数和船员适任指数动态变化情况，将渔业安全监管模式由"普查式"转为"聚焦式"，变"船主被动申报"为"大脑主动研判"，探索对长期规范作业的船只和渔民实行抽检或免检等制

度，而对隐患船只、船员登船临检频次可提升5倍以上，形成从实践积累到理论构建，再到机制重塑，最后修正完善的闭环，力争成为渔业安全治理的国家级标准。

第三，迭代海上120场景服务体系，避免应急事件管不好。借助"浙里办"服务端，象山县创新构建海上120应用，实现医院对海上伤员的远程救助指导，同时配备技校专家提供船上设备紧急排障服务，提高海上故障救助效率，2022年以来，县渔政部门已出海救助42次，救治船员38人。此外，为解决3万余名船上雇工底数不清、资质不明、管理难的问题，象山县积极推动船上雇工电子档案建设，从医院定点体检入手，通过政府补贴，将原本不足20元的体检金额提升至300元，不仅可以积极保障此类低收入群体的身体健康，还可引导医疗机构建立渔船雇工个人健康信息库，进一步提高救助、应急、防疫等综合公共服务工作成效。

三、经验启示

（一）要始终坚持以数据之效"赋动能"，打破部门数据孤岛

只有立足一体化智能化公共数据平台，通过梳理和归集各部门数据资源，消除数据壁垒，以数据流为载体打通业务流、决策流、执行流，形成解决基层治理难题的新视角、新发现，才能切实推动渔业安全治理的数字化改革和理论应用创新。

（二）要始终坚持以数字之技"破难局"，实现靶向施策解难

只有遵循问题导向，瞄准涉海涉渔群众、企业、基层最为迫切的需求、最想解决的问题、最有获得感的领域，统筹谋划、认真梳理"三张清单"，找准发力点和落脚点，突出实战实效，才能确保渔业治理领域的数字化改革不流于形式、浮在表面，避免给基层造成新的负担和麻烦。

（三）要始终坚持以数改之风"谋出路"，强化体制机制变革

只有将数字化落脚在机制体制改革上，推动涉渔涉海领域群众生产生活、基层安全治理、政府部门履职等各方面的变革，打造变革型组织、提高塑造变革能力，才能真正实现渔业安全与发展的闭环管理，进一步推动渔业安全治理模式的深度转型和长效落地。

思考题

1.渔业安全事故发生后往往由海事、渔业、应急等行政部门来联合开展事故调查和责任鉴定，过多依靠口述笔录和经验判断，在本项目的诸多孪生算法得到实践验证之后，是否有可能成立海上事故分析孪生实验室，用数字化技术去模拟复盘事故发生过程，为今后的事故调查和责任鉴定提供更加科学、公正、权威的判定依据？

2.海上动态孪生模拟场景作为全国首创技术，未来有望发展成为海上船舶驾驶安全辅助系统，具有广阔的应用场景和战略意义，可否由地方财政、国有平台或引入风投等方式，成立研发公司，加大培育力度，确保我国海上安全领域软硬件技术创新研发的独立自主性和先发优势？

宁波市委组织部　推荐

探索数据市场化新路径
争当数据安全创新应用领跑者
——温州市高起点推进数安港建设

摘要 为贯彻落实中共中央、国务院《关于构建更加完善的要素市场化配置体制机制的意见》和《浙江省数字经济促进条例》《浙江省公共数据条例》，加快推进大数据交易基础设施建设，促进数据要素市场化流通，赋能推动温州经济社会高质量发展，围绕"九个一"建设中国（温州）数安港，以破解数据要素流动中不会共享（技术标准和应用场景问题）、不敢共享（数据安全和法律责任问题）、不愿共享（确权定价与利益分配问题）三个方面的问题，逐步培育形成安全合规的数据交易市场，推动温州建设浙江省数据安全创新高地，力争成为全国数据交易中心，开发建设了集数据安全技术创新研发、数据产品交易、数据产业孵化、法律服务等功能于一体的中国（温州）数安港。该港已于2022年5月18日正式开园。目前，该港已吸引华为、翼能科技、中国移动创新研究院、每日互动、浙数文化旗下浙数城市大脑（浙江）有限公司等41家企业入驻，加速推进数据要素集聚、优质企业集聚、创新力量集聚，探索安全合规的数据市场化新路径，加快培育数据智能与安全服务产业生态。

关键词　数据要素市场　数字经济　数安港　数据产品交易

一、背景情况

近年来，随着技术的发展和数字化改革的推进，一个全新的数字时代正在加速到来。同时，隐私泄露、数据盗用、采集不合规等一系列数字安全问题也随之而来，数据安全出现的漏洞，威胁着个人、企业、国家信息和财产安全，数据流通和安全之间的矛盾亟待破解。《中华人民共和国数据安全法》《中华人民共和国个人信息保护法》等法律法规的陆续出台，让数据流动有了一条清晰的红线，但管理规制的收紧也让大数据行业进入一个观望期。如何安全合规地释放公共数据的最大价值，推动沉淀的海量数据进行融合碰撞、价值挖掘，是当前数字经济发展领域面临的重大问题。

温州秉持"敢为天下先"的精神，以创新为引领，充分发挥民营经济先发地的优势，已被选为金融综合改革、民办教育综合改革、社会资本办医综合改革、民政综合改革、农村综合改革等国家级多领域改革的试点。"温州是市场经济发展的代表，探索数据交易开风气之先，数安港建设恰逢其时。"在5月17日举行的"瓯江论数　数安中国"2022数据安全发展大会系列活动——数据交易思享会上，中国网络空间安全协会有关领导在线上发言时如是表示。在全面推进数字化改革的过程中，温州市已累计归集公共数据171.3亿条，向社会开放数据超10亿条，在数据要素市场已积累了宝贵经验。为此，温州紧抓时代机遇，以数据安全与应用为切入口，打造中国（温州）数安港，大力发展数字经济。

数安港在温州的落地，让很多人为之振奋。浙江大学光华法学院的某位教授表示，数安港是温州在国家布局统一市场的大背景下，激发数据要素市场的切实之举，对于国家在法治轨道上发展数字经济具有走在前列的探索与示范效应。

"场景明、红线清、数安港、人安心"，是中国（温州）数安港的核心理念，了解了这12个字，就相当于了解了数安港。每日互动相关负责人指出："红线不清、场景不明正是当下数商的集体焦虑。"由于供给不足、流通不畅、应用不够、监管不力的发展局面尚未打破，行业内存在数据要素不会共享、不敢共享、不愿共享的"三不现象"。在数据交易中，确权难、定价难、计量难等问题同样是行业共性难题。为此，数安港提供的解决方案是"一个数据产品交易场所＋一套市场化交易机制"。

温州希望通过建设"九个一"工作体系，以数据安全创新研发、产品交易、产业孵化、法律服务等功能为抓手，打造数据安全大门的"密钥"，打好数字经济万丈高楼的"地基"，为数字经济的平稳健康发展保驾护航。

"今天在温州的数安港，明天可能就是中国数字经济的一个重要枢纽。希望再过五年、十年，大家回过头来看看数安港做的事情，能够感叹'温州真的是为世界数字经济的发展作了很多贡献'。"在中国工程院某位院士看来，这便是中国（温州）数安港存在的意义。

数安港，让场景更明、红线更清、人心更安。勇当领跑者，目标已锚定。习近平总书记指出，要推动实施国家大数据战略，加快完善数字基础设施，推进数据资源整合和开放共享，保障数据安全，加快建设数字中国，更好服务我国经济社会发展和人民生活改善。这一重要论述阐明了加快构建以数据为关键要素的数字经济的关键所在，也是数安港建设的根本指引。

二、主要做法

按照既要破解行业难题，又要发展地方产业两个目标，温州市委、市政府谋定后动、大胆改革，紧跟"数字浙江"建设决策部署，聚焦数据要素市场化配置改革，系统构建"九个一"工作体系，突出五个比较优势，以数据为纽带，推动供应链、产业链、资金链、创新链深度融合，多维度建设中国（温州）数安港。

（一）突出空间集聚比较优势，精心布局推进"数安港"建设

中国（温州）数安港总规划3.32平方千米，聚集数据安全与

应用产业，打造数字经济新高地。核心区规划305亩，作为产业集群的始发港和核心区，产业链最核心的龙头企业、高成长性数据企业、研发中心、人才基地、产品配套等要素都将在这里落地，形成中心。一是强化组织领导。为推进筹建工作，温州主要领导亲自研究数安港实施方案，并专门成立了由常务副市长担任组长、23个单位参与的筹建工作专班，建立"一日一会商、两日一推进、一周一协调"工作机制，先后召开专题协调会、推进会等相关会议30余次，协调解决具体问题百余项。二是倒排计划推进。筹建组根据各部门职能，将筹建任务具体细化分解为13大类111项，逐条逐项明确时间节点、责任单位和责任人员，确保事事得到落实、件件如期完成。从2月6日提出构想，到5月18日正式开园，目前已有41家行业龙头企业签约入驻，推动形成数据应用服务的产业规模效应。

2022年5月18日，在中国（温州）数安港开园仪式上入驻企业签约。

（二）突出数据应用比较优势，整合资源提速"两大中心"设立

一是浙江省大数据联合计算中心。早期产业界在进行数据应用时，将数据结果运算完之后，当场便会把硬盘取出砸掉，通过这种极端的方式来确保数据没有泄露。大数据联合计算中心目前正在研发拓展一套机制，着力去实现在法律机制保障之外的"数据安全存储"的二次保障，保障数据不会流转，打造成大数据行业的"支付宝"。浙江省大数据联合计算中心综合运用安全沙箱、隐私计算、区块链等技术，按照"五方合约、三重审核、三重隔离"原则，打造多方中介隐私计算模式，以场景化方式推动政府部门之间数据融合、公共数据向社会开放和市场主体之间数据价值融通，将在智慧交通、精准防疫、广告营销等领域得到广泛应用，实现"数据可用不可拥"。二是浙江大数据交易中心（温州基地）。大数据交易中心深化价值挖掘。由省政府批准的大数据资产交易及相关服务平台通过整合要素资源、规范交易行为，对外提供数据信息登记、数据产品交易、数据流通管理、数据价值评估等各类服务，打通数据价值流转路径，挖掘数据资源价值，助力大数据为高质量发展赋能。

（三）突出配套保障比较优势，迅速推动"两院一基金"落地

一是聚焦人才科研配套，探索设立工程师学院（数据智能与

安全学院），同国内数据智能和安全服务领域领军企业合作，共同培养人才，对外开展首席数据官（CDO）培训服务，为中国（温州）数安港建设提供高层次高素质的人才支撑。二是聚焦司法服务保障，设立全国首个数据资源法庭、全国首家数据资源仲裁院，管辖数安港内涉及大数据产业相关的民商事、知识产权等案件，做好权益保障服务。三是聚焦金融服务保障。按照政府支持、企业参与模式，组建100亿元规模的数字产业基金，依托专业基金运营机构，重点扶持优秀初创期数据安全企业，助力数据安全与应用产业快速培育。

（四）突出机制模式比较优势，科学构建"两套数安"体系

一是构建一套数据安全与合规体系。针对数据产品流通的法律难题，组建数据安全合规管理委员会、专家委员会及合规审查队伍，探索制定数据安全风险评估和数据合规审查工作制度，对中国（温州）数安港内企业开展事前、事中、事后的合规安全审查，有力保障数据要素安全有序规模化流动，培育形成安全合规的数据交易生态圈。二是制定一套市场化交易制度。探索建立数据要素市场化配置的交易制度，提供数据分析、模型开发、报告定制等配套数据服务，出台《数据安全合规评价机构资质管理办法》《数据安全负面行为清单》等首批5项数据安全与合规制度，建立确权与定价标准，为事前、事中、事后的数据合规安全审查提供制度引导，实现数据价值科学评定、公平交易，保障港内企业健康有序发展。

（五）突出行业话语权比较优势，成功举办"一个大会"并争取其永久落户温州

2022年5月17—18日成功举办"瓯江论数　数安中国"2022数据安全发展大会，邀请中国工程院院士等47名专家学者以及来自华为、奇安信、每日互动等互联网企业的49名技术专家，围绕数据采集确权、数据流通与价值交换、数据安全合规等23个话题展开交流讨论，共发表主旨主题演讲40余场。新华社、央视、中新社等20多家中央级、省级主流媒体对大会进行宣传报道，推出稿件50余篇，累计阅读量808.15万人次，中央电视台、中新网、新浪、腾讯等16个线上直播平台累计观看量高达1132.4万人次，吸引业内外人士广泛关注。目前，温州正在积极对接中央网信办、中国网络空间安全协会、省委网信办等有关部门单位，积极争取每年在温州举办全国性数据安全发展大会，推动"数安大会"永久落户温州并将其打造为数据应用服务行业的权威会议。

三、经验启示

（一）紧抓创新要素，聚焦时代发展难题

立足于时代发展背景，要以创新要素为引领，聚焦当前行业发展的关键难点痛点，以问题为主要导向，全面破解难题，答好时代共同富裕的答卷。新一轮数字化改革加速推进，创新驱动发

展已成为制胜的关键一招。温州市政府立足问题导向，推进创新引领，破解数据要素流转面临的不敢共享、不会共享、不愿共享三个问题，创新构建中国（温州）数安港，实现数据安全合规交易，推动数据资源安全共享。

（二）加强多方联动，实现全面保障服务

行业发展离不开多主体、多部门的合力推进与全面保障，构建有序的横向协同、纵向贯通的工作推进机制，高效协调解决行业堵点、痛点问题，全力推进产业快速发展。多方联动之下，需要由政府提供全面的政策保障，公检法司提供专业的司法与安全保障，为行业健康有序发展增添新动能。数安港搭建由政企学研联动、公检法司介入的数据全生命周期管理服务生态系统，有力保障数据要素安全有序规模化流动，提供权益保障服务，培育形成安全合规的数据交易体系；组建数据安全与合规管理委员会、数据安全合规专家委员会和合规指导队伍，为港内企业健康有序发展提供保障。

（三）树立品牌效应，助力数安产业发展

举办数据安全发展大会，做大做响"瓯江论数　数安中国"品牌，不断提升大会规模和影响力，将其打造为具有全国影响力的"永不落幕"的"数据盛会"，为数安产业做足宣传，发扬品牌效应。同时，点燃创新发展的引擎，培育数据交易市场，促进数据要素市场化流通，从而吸引更多的企业入驻中国（温州）数安

港，加快数据产业全链条深度融合，推动温州数据安全与应用产业培育发展，为全国数据要素市场化配置改革探路先行。

思考题

1.在加快培育数据要素市场的过程中，如何建立数据安全交易管理体系？

2.在推进数据要素市场化配置改革探索的过程中，如何把握政府引导与市场主导的平衡？

温州市委组织部　推荐

创新推出"1+5+N"举措 聚力打造"两个健康"先行

——温州市人大全方位帮扶民营经济高质量发展

摘要 民营经济是温州经济的支柱,"两个健康"先行区创建是推动民营经济高质量发展的重要抓手。自2018年温州获批创建全国首个新时代"两个健康"先行区以来,温州市人大服务中心大局,依法履职行权,全面助力创建工作。面对新冠肺炎疫情冲击和贸易摩擦带来的风险挑战,温州市人大认真贯彻落实习近平总书记提出的"疫情要防住、经济要稳住、发展要安全"重大要求,创新推出"1+5+N"系列举措,广泛动员和凝聚各级人大代表和社会各方面力量,聚力打造"两个健康"先行区、创建全国民营经济示范城市。2021年,全国工商联组织开展"万家民营企业评营商环境"活动,温州居全国第二。2022年,第四届民营经济法治建设峰会上,温州市因实施全国首部"两个健康"地方法规入选"新时代加强民营经济法治建设十大事件"提名名单,并被中央改革办《改革情况交流》刊发推介。

关键词 民营经济 "两个健康" 高质量发展 人大履职

一、背景情况

为贯彻落实习近平总书记关于"两个健康"重要论述精神，推动"两个健康"工作探索创新，在中央统战部指导下，全国工商联与浙江省委、省政府在温州启动了全国第一个新时代"两个健康"先行区的创建。2020年以来，面对新冠肺炎疫情冲击和贸易摩擦带来的风险挑战，温州市人大常委会把助力"两个健康"先行区创建作为贯彻落实习近平总书记提出的"疫情要防住、经济要稳住、发展要安全"要求的主抓手，依法行使人大立法、监督、决定等职能，充分发挥人大代表主体作用，创新推出"1＋5＋N"系列举措，助力打造市场化、法治化、国际化的营商环境，助推温州民营经济高质量发展，取得了积极成效。其中，"1"即制定"两个健康"先行区建设促进条例；"5"即依法作出人大决议、设立"温州民营企业家节"和"温州人才日"、开展人大代表主题活动、落实"产业链"链长制、打造人大践行全过程人民民主基层单元"两个健康"e观察特色品牌五大举措；"N"即实施"最多跑一次"改革、开展"营商环境提升年"行动、助推"两区"建设等监督"组合拳"。"1＋5＋N"系列举措为全市民营经济高质量发展凝聚了人大智慧、贡献了人大力量。

二、主要做法

（一）加强创制性立法，依法保障"两个健康"先行区建设

自2018年启动"两个健康"先行区创建以来，针对民营企业发展中遇到的经营模式创新与产业升级、技术变革、经营者新老交替等现实考验，温州勇于探索创新、攻坚克难，总结出一系列有益经验，发布了"两个健康"温州标准，温州"两个健康"创建经验由全国工商联部署在全国试点推广，省委统战部部署在全省推广。为推动创建工作从实践层面向制度层面跃升，让民营经济高质量发展得到更加有力的法治保障，温州市人大常委会将"两个健康"先行区建设立法工作列入了2021年立法工作计划，成立由市人大、市政府分管领导担任"双组长"的法规起草小组，深入开展立法调研，广泛听取民营企业、人大代表等各方面意见建议，认真组织起草、修改、审议法规草案。2021年底，《温州市"两个健康"先行区建设促进条例》分别经市人大常委会和省人大常委会表决通过，并于2022年1月1日起实施。在条例实施的第一年，市人大常委会迅速开展执法检查，聚焦疫情防控下的经济下行压力和民营企业困境深入开展调研，政企联动依法破解发展难题。市人大常委会会议听取市政府专项工作报告，并就制定配套细则、落实助企政策、优化政务服务等提出审议意见，监督推动法规全面贯彻实施，为"两个健康"先行区建设夯实法治根基。

在"两个健康"先行区创建获批三周年之际，2021年10月22日，温州市十三届人大常委会第四十二次会议表决通过《温州市"两个健康"先行区建设促进条例》。

（二）实施"五大举措"，全面助力民营经济高质量发展

第一，依法作出人大决议。2020年8月，温州市人大常委会深入贯彻市委决策部署，满票通过《关于打造一流营商环境　建设全国民营经济示范城市的决议》。决议要求，全市各级人大及其常委会紧紧围绕政务服务水平显著提升、投资创业生态全面优化、企业运营成本大幅降低、民营经济发展活力充分释放、市场主体满意度获得感持续增强五大目标，对标国际国内先进城市，对照市场主体诉求期盼，依法履职、强化监督，全力推动打造审批事项最少、办事效率最高、投资环境最好、开放水平最佳、企

业获得感最强的城市，为全国提供民营经济高质量发展的"温州样板"。

第二，设立"温州民营企业家节"和"温州人才日"。温州市人大常委会分别于2018年12月和2021年2月作出决定，同意每年11月1日为"温州民营企业家节"、3月12日为"温州人才日"，给予广大民营企业家和在温工作的各类人才礼遇和尊荣，为广大企业家和人才创新创造营造良好社会氛围。温州有关部门每年常态化开展节庆活动，举办中国新时代"两个健康"论坛和相关峰会，推介温州"两个健康"先行区创建经验和人才政策以及服务民营经济高质量发展的创新举措，特别是"人才新政40条"2.0版等政策措施的出台，增强了各类人才扎根温州的决心。同时，开设全国首个亲清政商"云学堂"，建成投用"两个健康"法治研究中心，企业家紧急事态应对等首创性制度成为常态，"三清单一承诺""清廉民企"等温州实践获中纪委点赞，推动亲清新型政商关系深入人心。

第三，深入开展抗疫情、助发展代表主题活动。全市各级人大认真贯彻落实习近平总书记关于统筹推进疫情防控和经济社会发展的要求，围绕疫情防控助企纾困、营商环境提升、助推"两个健康"先行区建设等内容，以"两万两千"行动、"三强两促"服务、"六访六促"主题活动等为工作载体，多形式多层面组织全市1.27万名各级人大代表助力经济高质量发展，让人大代表在基层一线感知营商环境冷暖，助力企业纾困解难。2022年以来，全市各级人大机关干部和人大代表进企业开展政策宣传、走访调研和代表活动8600多人次，梳理企业困难问题1800多条，推动政府及有关部门更好地落实助企帮扶政策、提升服务质效。2022年，市政府推出"稳经济八方面40项措施"，有效稳住经济大盘，坚定民企发展信心。同时，组织全国、省人大代表在总结温州创新个人债务集中清理等民营经济相关司法工作经验的基础上，积极提出议案建议，助力设立温州知识产权法庭、全国首个地市级破产法庭，使温州成为全国第二个既有破产法庭又有知识产权法庭的地级市。

第四，充分发挥"产业链"链长制作用。面对疫情期间经济发展面临的需求收缩、供给冲击、预期转弱"三重压力"，为加快温州五大传统产业、五大新兴产业发展，根据市委统一部署，2022年市人大常委会领导分别担任鞋业、汽车零部件、新能源等产业链链长或副链长，发挥统筹协调、引领带动、监督问效作用，全面助力温州加快实现"5＋5＋N"两大万亿元级产业集群培育发展目标。市人大常委会相关领导及有关委室认真落实"十个一"产业链链长工作机制，深入开展企业走访调研，定期召开专题研究会议，与行业协会、相关产业链链主型企业一道攻坚克难、谋划发展，坚定企业信心，扎实推进强链补链延链工作，培育壮大优势产业集群。比如，市人大常委会主任葛益平担任链长的鞋产业，2022年前三季度实现总产值317.3亿元，同比增长15.4%。

第五，打造人大践行全过程人民民主基层单元特色品牌。根据省人大常委会的部署要求，充分发挥人大发展全过程人民民主主渠道作用，以数字化改革为牵引，着力推进人大代表联络站迭代升级。围绕助力民营经济高质量发展，市人大财经委在重点乡镇、街道和工业园区（开发区）代表联络站全面推广"两个健康"e观察应用场景，设置"码上宣、企情汇、云议堂、督办台"四个模块，并链接政府平台"帮企云"，让企业和企业家更好地了解惠企服务、政策，更畅通地表达意见、建议，确保人大和政府工作能更多听取企业呼声需求。

（三）强化监督问效，凝心聚力打造全国一流营商环境

近年来，温州市人大常委会连续开展"最多跑一次"改革、"营商环境提升年"行动、助推"两区"建设（新时代"两个健康"先行区暨国家自主创新示范区）、"两个健康"司法保障、新生代民营企业家健康成长等工作监督，常委会领导带队开展调研视察，并听取和审议政府专项工作报告，提出审议意见，明确具体要求，推动发现问题的整改落实。特别是聚焦社会信用环境、市场规范和民企公平待遇、减负降本等突出问题，召开民营经济高质量发展专题询问会，强化跟踪监督，推动"两个健康"80条新政、146项责任清单全面落地。同时，面对超预期的经济运行态势，推动政府及时出台两个30条惠企纾困政策，迭代升级惠企"直通车"，促使中央、省、市稳经济一揽子政策举措集成落地、应兑快兑。截至2022年9月底，温州兑现减负纾困政策资金372.06亿元，同比增长140.76%，有效提升了各类市场主体的获得感、满意度。

三、经验启示

（一）坚持党的领导是人大依法履职、助推民营经济高质量发展的根本保证

毫不动摇鼓励、支持、引导非公有制经济发展是国家的基本政策，"两个健康"先行区创建是浙江省委和温州市委的重大决策部署。温州市人大常委会牢牢把握正确政治方向，围绕中心、服务大局，通过依法行使职权，将市委的决策部署转化为全市人民的共同意志和自觉行动，全面助推经济高质量发展，这是人大工作的根本要求，也是人大工作取得实效的政治保障。

（二）汇聚民情民智是人大践行全过程人民民主的重要基础

发展全过程人民民主，体现了我国人民当家作主的本质特征，彰显了社会主义民主的显著优势。人大及其常委会在发展全过程人民民主中承担着重要职责。温州市人大常委会在开展民营经济高质量发展立法和监督过程中，始终注重广泛听取社会各界的意见建议，及时回应民营企业和企业家的合理关切，确保立法更加科学、监督更具实效、重大事项决定更显民意。

（三）聚焦重点难点问题化解是人大履职的目标要求

在立法和监督过程中，温州市人大常委会始终紧盯企业反映

强烈、群众反映集中、社会普遍关注的损害营商环境问题，聚焦降本减负政策落实、政府服务提升、资源要素保障、涉企执法检查等热点，加强调研分析，查找问题症结，强化跟踪问效，推动工作落实，切实解决企业和群众反映的各类痛点、难点、堵点问题，真正让"以人民为中心"的思想在人大履职行权实践中落地生根、开花结果。

（四）打好"组合拳"是提升人大履职水平的有效方法

宪法赋予人大立法、监督、重大事项决定和人事任免等四大职权，监督法规定了人大监督的七种方式。温州市人大常委会在履职过程中，始终坚持"届有主线、年有重点"的原则，围绕市委中心任务和群众关切，突出民营经济高质量发展这个工作主题，每年选择相关议题，打好立法、监督、决定、代表活动"组合拳"，灵活运用代表视察、专题审议、专题询问等具体载体，取得了良好成效，为推动温州民营经济高质量发展发挥了积极作用。

思考题

1.如何发挥人大履职作用，更加广泛听取社会各界意见，凝聚全社会智慧和力量，更好地统筹疫情防控和经济发展？

2.在人大财经监督工作中，如何更好地发挥数字化应用场景的积极效用，让企业家和人民群众有更强的获得感？

省人大常委会办公厅　推荐

深耕麦饼产业　蓄积发展势能

——永嘉县打通"产业培育＋技能培训＋市场服务"运行闭环助推特色产业发展

摘要　在新冠肺炎疫情常态化情况下，为稳定经济增长，巩固脱贫成果，防止部分群众因疫返贫，永嘉县委、县政府找准麦饼这个特色产业抓手，以"永嘉麦饼"产业发展领导小组为核心牵头部门，强化人才驱动，统一行业标准，深化文旅融合，优化营商环境，走出了一条独特的麦饼稳增长之路，提高了永嘉农民的收入和生活水平，促进了永嘉麦饼产业集聚，增进了疫情期间永嘉的社会和谐度。2020—2022年，全国永嘉麦饼店从100余家增至500余家，产业年产值从1亿多元增至5亿元，辐射带动全产业链8000人就业增收，逐渐从街边零散的麦饼小作坊发展成具有"永嘉地标"意义的特色农业产业，成为疫情期间永嘉经济发展的新势能。永嘉麦饼产业的成功经验，为后疫情时代如何因地制宜挖掘地方特色产业资源、农业农村经济优化升级、农村剩余劳动力就业增收、探索经济稳增之路提供了重要借鉴。

关键词　经济稳增长　产业发展　统分结合模式

一、背景情况

永嘉作为浙江山区26县之一，地处浙南山区，山地广袤。在交通不发达的年代，麦饼是永嘉人走南闯北、务农经商的必备口粮，永嘉的农村妇女大都有一手制作麦饼的好手艺。过去，人们常怀揣自家麦饼，或劳作于田野，或行走于山道，渴了掬几口山泉水，饥了啃几口麦饼。永嘉人出行短则三五天，长则十天半个月，"爬爬山岭，吃吃麦饼，山水冰冰"这句永嘉广为流传的俗语，是以前当地人出行的真实写照。

随着疫情防控进入常态化阶段，国际局势日趋复杂，我国经济发展面临一系列严峻挑战和复杂的不确定性，稳增长、稳就业、稳物价面临新的挑战，做好经济工作、切实保障和改善民生至关重要。近年来，永嘉着力稳定经济增长，力争在新时代争创高质量发展建设共同富裕示范区的县域样板，因地制宜找到了麦饼这一精准扶贫、农民增收的重要抓手。在永嘉县委、县政府大力推动下，通过麦饼技能培训的农民学会技艺带着麦饼闯天下，200多家永嘉麦饼门面店走出温州、走向全国。麦饼产业发展这一"小切口、大撬动"的突破性举措，为浙江在疫情防控常态化阶段寻求经济势能探索了新路。

二、主要做法

(一) 合力联动，组建核心牵头部门

"永嘉麦饼"产业发展领导小组包括14个成员单位，各成员单位结合自身职能切实履行工作职责，助力永嘉麦饼产业发展。比如，永嘉县委组织部负责将永嘉麦饼制作大师纳入人才建设体系，为麦饼产业发展提供组织保障等工作；永嘉传媒集团负责做好与麦饼产业发展相关的宣传等工作；县农业农村局牵头负责麦饼产业发展的日常组织协调等工作；县财政局负责麦饼产业发展的专项资金支持和财政补贴工作。永嘉县麦饼发展领导小组办公室（以下简称"麦办"）通过调研，进一步摸清了永嘉现有麦饼店底数及产销情况，在此基础上拟定《永嘉县麦饼产业高质量发展三年行动方案（2021—2023年）》，进一步加强顶层设计，提出了拓展销售渠道、提升经营能力、做强产业品牌、改进技术装备、强化政策保障等一系列措施。

(二) 擦亮标识，持续深化文旅融合

永嘉县政府先后组织举办永嘉"尝新麦饼"寻味之旅活动、楠溪寻味之旅、家庭文化节暨"麦饼"技能大赛等活动，以永嘉麦饼为媒介，以农旅融合活动为平台，积极打造"互联网＋农业＋休闲＋旅游＋销售"的创新模式。同时，积极参加各级各类

农业节庆和文化会展活动，并使用"永嘉麦饼"统一形象标识，搭建品牌展示平台。此外，开展主题活动评选。围绕"百县千碗"和"特色美食名店"等主题评选活动，开展年度永嘉麦饼示范店和最佳制作师傅等评选，营造区域内重视"永嘉麦饼"品牌建设、爱护"永嘉麦饼"品牌的社会氛围。

（三）政策倾斜，不断优化营商环境

受新冠肺炎疫情影响，2020年，永嘉县内绝大多数麦饼门店面临较大的经营压力，尤其是个别规模较大的麦饼企业，因为承担更高的场地租金和员工工资，其面临的压力更大。为有效应对新冠肺炎疫情对餐饮行业的冲击，在麦办的统一协调下，永嘉县成立了麦饼发展专项资金，根据麦饼门面店的店铺面积、所在城市级别、雇员多少对麦饼经营店进行财政补贴。永嘉县税务局特别组成"农副产品税收优惠政策辅导小组"，对以麦饼为代表的农副产品进行上门政策辅导，尽可能减少麦饼企业的税负压力。

（四）人才驱动，强化专门技能培训

在充分研究柳州螺蛳粉、缙云烧饼产业培训做法的基础上，永嘉结合本地农村实用人才培训计划，积极与温州女子学院等单位合作办学，开设永嘉麦饼初级、中高级技术培训班，下沉村镇开展初级麦饼技能培训，每年培训1000人以上，并从中筛选300名优秀学员进入中高级班进行专精培训。培训课程涵盖食品安全、行业规范、食品文化、制作技能考核、专家评测等内容。定

期举办的麦饼培训活动对"永嘉麦饼"品牌建设起到了有力的推进作用，也为促进麦饼人才资源库的累积提供了有效途径。

（五）统一标准，成立麦饼行业协会

2021年1月，在县委、县政府的推动下，永嘉县麦饼协会正式成立。协会致力于组织、策划麦饼行业相关活动，提高永嘉麦饼制作工艺，出台麦饼行业相关规范，组织、选拔、培训麦饼从业人员，丰富麦饼文化。2021年5月，永嘉县市场监督管理局组织起草了《永嘉麦饼标准制定工作方案》。随后，永嘉县麦饼协会等单位共同开展标准研制工作，协助联系技术专家及检测机构给予指导及关键指标验证，提供技术支撑。《永嘉麦饼制作标准》从原辅料、工艺流程、制作方法和配套设施等多个方面，对永嘉麦

永嘉麦饼技能培训。

饼制作过程进行了详细的规定。在制作方法中，参考吸收了以王大妈麦饼、孝老头麦饼为代表的永嘉多家麦饼企业或商户的工艺流程，对和面、配置馅料、包裹麦饼、擀麦饼、烘烤等关键环节提出了明确要求，具有较强的指导性和可操作性。在保留传统风味和保证外观、色泽、口感的基础上，对与食品安全相关的原辅料、理化指标、污染物限量、微生物限量、食品添加剂等也提出了严格的要求。

三、经验启示

（一）立足地方底蕴，才能更好挖掘产业特色

发展农村产业，蓄积经济增长势能，要善于挖掘和利用本地优势资源，统筹做好产业、科技、文化、市场这篇大文章，努力谱写新时代共富绚丽篇章。产业扶贫，重在群众受益，难在持续稳定。要延伸产业链条，提高抗风险能力，建立更加稳定的利益联结机制，确保中低收入群众持续稳定增收，关键在于挖掘自身资源，构建具备本地特色的产业。产业是否有特色，直接关系到产业的竞争力和扶贫的长远效果。发展产业不能眉毛胡子一把抓，必须立足当地自然禀赋和文化历史根基，学会"靠山吃山唱山歌，靠海吃海念海经"。努力挖掘永嘉麦饼的产业潜力、文化理念和价值特色，通过打造"永嘉麦饼区域品牌"来厚植产业发展底蕴，把麦饼产业做大做强。坚持文化引领、产业融合、开放合

作、创新驱动，以保护传承麦饼文化为主题，以深化农旅融合为主导，将麦饼产业深度嵌入"楠溪江耕读文化"旅游发展格局，推动了麦饼产业的全面升级转型。

（二）深化统分结合，才能更好发挥主观能动性

农村产业的经营模式非常复杂，资本、技术和市场这些产业要素应该以政府为主导来推动，具体经营则由农户分散开展。农户分散经营过程中，农户参与生产全过程，地方政府为农户提供生产服务。永嘉麦饼产业采取的"政府＋个体户"的统分结合模式，具体而言是"五统一分"。"分"就是分户经营，农民自己开麦饼门面店分户经营。"统"指的是由地方政府统一提供资金补助、技术培训、产品标准、区域品牌宣传和市场培育五个方面的生产服务。永嘉的统分结合模式之所以能够成功，关键是"统"解决了农民自己解决不了的资本、技术和市场的问题，"分"保证了个体的灵活性和自负盈亏的市场激励。在这种"五统一分"的运行机制下，实现了众多小规模个体经营者与市场的有效对接，缓解了个体户面临的资金不足、产品销售难、技术短缺等突出问题。

（三）坚持因地制宜，才能更好激活价值潜力

由于观念、技术、市场、资金等多方面因素的限制，低收入群体一般在整个产业链中处于弱势地位。政府需要发掘合适的产业组织形式，让低收入群体更好地嵌入产业链。产业组织形式是

多元的，最重要的是因地制宜、因时制宜、因产业类型制宜。通过特色产业发展实现经济稳增长，要讲究量体裁衣，需要实现低收入人口劳动力素质与产业组织形式的精密对接。特色产业发展是一项系统工程，必须坚持规划先行，注重规划的科学性、前瞻性和可操作性。要保证产业组织形式与目标对象的适配性，不能搞"蛮干快上"，否则，产业就发展不起来，即使勉强落地，也是昙花一现。客观经济规律一再证明，不会因为是重点帮扶项目，市场就会格外施恩、垂青。违背市场规律，脱离目标人群的产业要素特征，很容易导致扶贫项目陷入"难真扶贫、真难脱贫"的泥淖之中。

思考题

1. 如何实现地方特色产业发展中龙头企业和草根经营者之间的均衡发展？

2. 如何在发展地方特色产业过程中灵活把握政府和经营者之间"统"与"分"的边界？

温州市委组织部　推荐

小支线大作用 "陆改水"助力物流通畅
——嘉兴海河联运物流模式实现企业降本增效

摘要 2022年3月，受疫情影响，嘉兴外贸企业供应链受到严重冲击，不仅面临海运成本上涨、港口拥堵等旧问题，还遇到公路运输受阻等新难题。在做好疫情防控的前提下，嘉兴主动服务、快速破题，立足自身港口优势、发挥水陆转运功能，为企业通过"陆改水"转运出货提供通道保障。充分调动市、县两级资源，帮助近百家企业通过海河联运的模式从嘉兴港运送货物至上海、宁波港口出海，降低了企业物流成本，真正实现了"降本增效"。小支线发挥了大作用，新模式探索了新未来。

关键词 "陆改水" 海河联运 供应链 物流革新

一、背景情况

2022年以来，全球需求趋弱、东南亚市场的不断扩张挤占导致国内订单减少，生产、用工、运输等成本持续攀升，同时，国内疫情反复导致产业链供应链不畅，中国外贸企业面临着前所未有的挑战。三月底以来，随着全国各地疫情防控逐渐升级，陆路跨省运输变得十分困难，集卡运输费用飙升，且各地疫情防控措施要求不一，陆路运输效率大大降低。外贸企业进口的生产原材料滞留港口，生产好的货物出不去，企业的物流通道被"堵住了"。

其实早在2010年，嘉兴市首条内河集装箱内支线获交通运输部批准之时，"陆改水"作为内支线的业务规划之一，就已经成为嘉兴运输结构调整的重要内容。后来，随着东宗线航道嘉兴段、杭平申线、京杭运河"四改三"、浙北集装箱主通道等内河高等级航道的全面建成、改建提升，七星内河港、桐乡宇石、海宁尖山等内河码头的建设改造，嘉兴海河联运体系逐步完善，丰富的内河水网与联通上海和宁波的港口（码头）逐步打通。2020年，嘉兴市商务局与宁波舟山港签署合作备忘录，2021年，省政府专门印发了《支持嘉兴建设长三角海河联运枢纽港行动方案》，2022年，全省海河联运建设现场会在嘉兴召开，充分发挥嘉兴港的区位优势，更好地将宁波舟山港本港的航运干线资源前置到嘉兴市。

二、主要做法

在严守疫情防控底线的前提下，为了打通物流堵点、帮助企业动起来，嘉兴市商务、交通等部门主动出击寻找对策。考虑到嘉兴市具备"海河联运"的基础，并且，水路相较陆路与社会面接触更少、更方便管理，改陆路为水路，自嘉兴港"海河联运"

到上海、宁波港口出海是一个可行方案。于是，嘉兴商务、交通系统联合起来，排摸需求、深化合作、广泛宣传，在疫情期间帮助近百家企业通过"陆改水"解决物流难题。2022年4月，嘉兴港通过"陆改水"模式出运到上海、宁波的日均集装箱数均超过了400标箱，增长超过20%。

（一）全力攻坚水运通道建设，畅通物流循环

嘉兴市交通部门坚持把"扩大有效投资、抓好重大项目"作为主责主业，抢抓打造海河联运枢纽港的机遇，坚持专班推进、挂图作战、突破重点、强化督查，2022年上半年，全市水运基础设施建设完成投资19.9亿元，同比增长28.4%。加快推进浙北集装箱通道、湖嘉申线航道二期、京杭运河二通道等高等级航道网建设，建成乍浦海河联运作业区等5个多用途泊位，为企业"陆改水"构建水上运输大通道。随着海河联运体系的逐步完善，嘉兴海河联运的集装箱航线航班也从内贸扩展到内外贸兼备，新开辟至辽宁锦州、广西钦州、江苏淮安、河南淮滨等内河航线。截至6月底，嘉兴港已开通至日本、越南、俄罗斯、泰国4条近洋航线，2条外贸内支线，12条内贸航线以及21条海河联运内河班轮航线，加大国际海运物流纾困力度，畅通国际国内双循环。

（二）动态对接走访企业，按需求找方向

2022年3月下旬，嘉兴商务系统在走访全市重点外贸企业的过程中，发现企业在公路运输上的共性问题、紧急需求。于是，

迅速联合嘉兴交通部门，一方面，动态与中外运、兴港等货代公司对接，积极争取箱源、仓源向嘉兴市倾斜；另一方面，积极与省海港集团沟通对接，除了保障马士基、中远海、长荣、地中海等全球主要航运公司空箱充足外，还争取到了为嘉兴市企业量身定做的物流方案（4月1日发布）：装箱时间在船开前4天以上可以选择海河联运，在船开前2—3天可以选择公路拖至乍浦港区，在船开前1—2天也可以利用海港集团下设的公共集卡平台"易港通"保障货柜的顺利出运。除了打开运输新渠道，"陆改水"模式也可以降低企业成本。由于减少了预提预落、"二次进港"等操作费用，据估算，"陆改水"模式相较集卡运输，每标箱平均能降低物流综合成本约400元。

（三）用足用好属地资源，深化区域合作

鼓励属地政府充分利用手中资源，深化与上海、宁波港务公司的合作，提升嘉兴港的作业能力。平湖市多次深入上港集团开展座谈调研，向上港集团洋山深水港运送近32吨生活必需物资保障港口正常作业，2022年3月底以来，上港集团先后新增了10多家船公司接洽独山码头公司，并优先给予箱仓保障。截至8月，独山公司已增加驳船2艘，运力提升至"二天七班船"，并在生产作业、客户服务、机械和人员保障等方面全面加大保障力度，达到日处理1000箱的能力。海宁市立足与宁波港集团的战略合作协议，积极推进尖山码头"集装箱"泊位改造，将尖山码头集装箱水水中转至嘉兴港（乍浦），然后通过内支线转至宁波港，充分发

挥"黄金水道"优势，有效规避公路运输"疫情阻断"问题，大幅降低了企业物流成本。

（四）全方位宣传引导，提升服务质量

在踏实做好工作的基础上，为提高企业知晓率、用足用好"陆改水"模式，一方面，市商务局依托微信公众号、外贸通平台等线上平台和各县（市、区）外贸企业工作群、"订单＋清单"监测系统群等与企业直接联通的线上渠道，全方位、大范围、高效率地宣传推广"陆改水"模式，明确操作办法、适用范围、预期收益，鼓励引导有条件的出口企业积极采取"陆改水"模式，帮

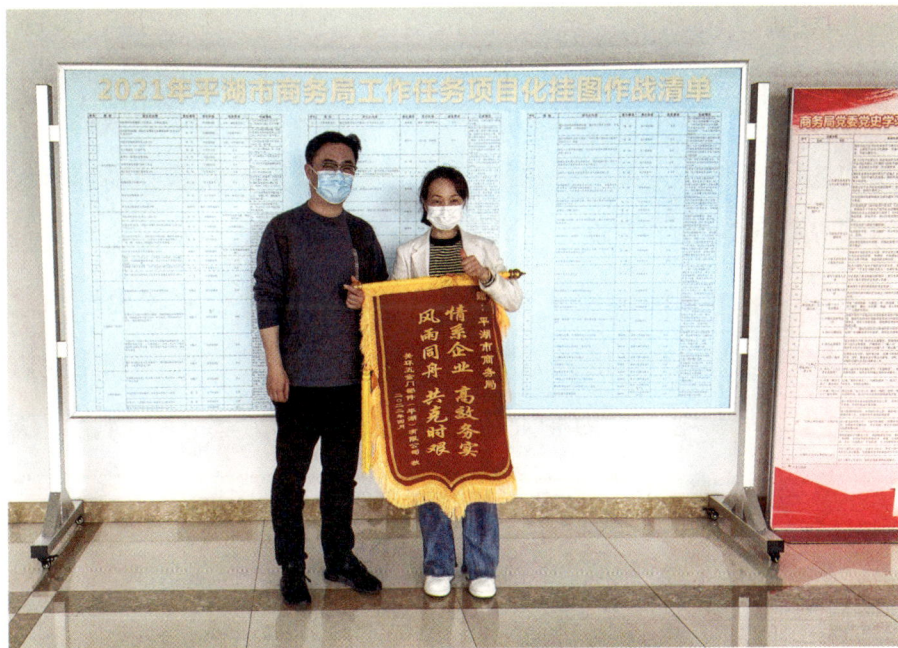

美环五金部件（平湖）有限公司向平湖市商务局送上锦旗，感谢平湖市商务局在"陆改水"模式上给予的指导和帮助。

助更多不了解"陆改水"模式的外贸企业进行新尝试；另一方面，在4月22日和5月21日的两次外贸企业座谈会上，嘉兴市商务局联合交通港航、各县（市、区）商务部门负责人听取了重点外贸企业在当前供应链受阻、物流运输等方面遇到的问题和改进建议，针对"陆改水"模式企业遇到的问题进行答疑解惑，打消企业顾虑、提升服务质量，全力畅通"陆改水"模式堵点、痛点，不断提升"陆改水"模式覆盖面。

三、经验启示

（一）主动服务，快速破题

要充分认识到疫情形势变化快、影响范围大，主动快速地寻找问题解决办法，灵活解决问题。在发现外贸企业遇到高速卡口管制导致运输效率下降、公路运费上涨的问题后，对接梳理当前各地的高速卡口管制政策、通行证政策，先为企业解决燃眉之急。同时，主动对接港务、货代等公司，结合嘉兴实际和企业诉求快速找到破题点，为企业提供"陆改水"方案，鼓励企业尝试，有速度、有温度地解决企业的"急难愁盼"。

（二）上下联动，合力纾困

坚持问题导向，在发现问题、分析问题、解决问题三个环节中凝心聚力为企业纾困。建立有效的问题反馈、交办机制，实现基层联系企业、发现问题，县（市、区）了解问题、向上反馈、横向交办，市级部门统计汇总、寻找共性问题、集中解决。有效利用市县两级资源解决问题，从市级部门和属地政府两个层面深化与上海、宁波港口的合作，结合属地港口、码头和内河航道建设情况因地制宜地推动"陆改水"模式。

（三）资源整合，区域合作

"陆改水""陆改铁"等新模式，是对重塑物流方式、整合区域内部资源、强化区域间合作的新方向的探索，也是对增强物流网络应急保障和抗冲击韧性的尝试，而"海河联运"也是嘉兴融入长三角一体化发展的重要一环。后续嘉兴将继续与行业协会、平台服务商进行对接，嘉兴市交通部门正在牵头搭建"海河联运在线"平台，按照"1＋3＋5＋N"的总体架构，建设"海河联运一体化数据平台"，专注于"服务、协同、监管"3个领域的改革创新工作，重点打造"海河联运一张图、船舶货物一线牵、物流信息一点清、企业申报一路通、政府监管一体化"5个场景应用，同时融合服务于海河联运的安全、环保、生产等方面的N个应用。坚持以数字化改革着力破难，将外贸企业需求融入"海河联运"体系建设和智慧平台搭建中，通过系统及时整合企业"海河联运"业务需求资源，实现更多的空箱、仓位和船公司供应资源的协调使用。

思考题

1.对于产品装卸有特殊需求、难以立刻改用水水联运方式出运的企业，应该如何对其进行帮助？

2.当公路恢复正常运输后，"陆改水""陆改铁"等多种联运新模式应该以怎样的定位继续发展？与目前"应急"状态下的运作模式会有什么不同？

嘉兴市委组织部　推荐

数字赋能　"码"上通行

——嘉兴市南湖区研发应用"畅行码"构建防疫货运保供闭环

摘要　2022年3月以来新冠肺炎疫情形势复杂严峻，各地防控从严从紧，保障货运畅通对经济社会发展至关重要。受疫情防控形势影响，一些地方对车辆通行层层设卡，对来自风险地区的驾驶员一律停运、隔离，造成高速卡口异常拥堵、生产生活物资供应紧张，引发群众不满。嘉兴市南湖区运用数字化改革思维，研发、上线"畅行码"应用，大幅提升出入辖区车辆核查通行效率，减少传统疫情防控手段给经济社会带来的梗阻，实现在共同富裕目标下疫情防控和社会经济发展"双战双赢"。

关键词　数字化改革　疫情防控　经济社会　畅通

一、背景情况

习近平总书记强调，要保持战略定力，坚持稳中求进，统筹好疫情防控和经济社会发展，采取更加有效措施，努力用最小的代价实现最大的防控效果，最大限度减少疫情对经济社会发展的影响。省委书记袁家军指出，要迭代升级数字化改革成果，积极运用人工智能、大数据等技术手段，不断提升疫情防控工作标准化、流程化、规范化水平。嘉兴市南湖区位于长三角城市中心群，经济活跃，受制于疫情管控要求，入境货运车辆时常被拦截劝返，造成企业原材料短缺、产品无法出货，威胁企业生存。货运司机高速出口排队检查易引发交通事故，因防疫要求被隔离又引发司机不满。群众工作异地通勤、就医就学等需求大，生产生活供应均受制约，亟须在防疫的同时满足群众多样化需求。南湖区立足"外防输入"与"内防反弹"防疫新要求，统筹疫情防控和货运安全畅通，组建改革破难专班，在72小时内完成"畅行码"重大应用的研发、上线，推动保防疫、保民生、保生产与保畅通"四保四赢"。应用于3月22日上线，已在嘉兴全市推广并被其他地区借鉴。截至5月25日14时，全市入驻货运企业37232家，收到通行申请61.4万车次。

二、主要做法

（一）打造"卡口通行"子场景，保障车辆受控通行

针对疫情期间传统通行证审批流程烦琐、通行效率低下，驾乘人员因不掌握实时通行政策到高速卡口后被劝返或隔离等问题，南湖区优化审批流程，提高卡口核验效率。

第一，实现持码受控流动。货运企业和驾乘人员在出发前，通过登录"浙里办"应用，填报企车人基本信息、起讫时间和地址、驾乘人员的健康码和行程卡等信息，提交通行申请。镇街工作人员24小时在线审批，审批结果通过应用和短信即时通知驾乘人员。截至2022年5月25日14时，南湖区因企业防疫能力不达标、核酸检测结果超时等原因未予审批同意209198车次，引导这些货车及时调整行程，避免到达卡口后被劝返。

第二，提高卡口通行效率。货车到达卡口后出示"畅行码"，工作人员扫码核销，只要车上人员与"畅行码"应用上登记的照片一致就立即放行。原先需在卡口人工查验健康码、行程卡、核酸检测阴性证明、身份证、通行证5项内容缩减至只核验"畅行码"1项内容，实现一屏可见；核查时间从平均2分钟缩短至15秒，实现快放行、少拥堵。应用上线后，所有持"畅行码"往来南湖区的驾乘人员，卡口放行率近100％，均不需要集中隔离或居家隔离，最大程度保障货运畅通。

（二）打造"智能预警"子场景，强化防疫闭环监督

针对货车下高速后可能接触其他人员的情况，企业运输防疫监督预警缺乏有效手段，存在风险监测难、违规发现难等问题，"畅行码"通过打通健康码、行程卡、核酸检测阴性证明等16项数据，梳理全程风险事项，建立健全五大预警模型，确保货运全程受控。

第一，强智能分析。根据GPS定位货车轨迹，对单点停留超

过 10 分钟、疑似违规停靠的，或明显偏离正常路线的情况，立即预警。设定从下高速扫"畅行码"到进场扫"场所码"限时 1 小时，从出场扫"场所码"到被抓拍到本车牌上高速卡口限时 1 小时，超时立即预警。

第二，建闭环管控。发现驾乘人员在本地区扫申报卸货地以外的"场所码"等情况，立即预警。调用全省健康码数据，发现驾乘人员健康码变黄、红码情况，立即预警。

第三，重系统打通。依托 IRS 资源系统，实时关联驾乘人员省内核酸检测数据，发现超时未检测或结果异常情况，立即预警。接入高速卡口数据，自动识别车辆离嘉，完成线上预警闭环。

（三）打造"巡查处置"子场景，构建问题排查体系

针对企业防疫检查任务繁重，行业监管标准不够明确、风险处置不够及时的问题，构建政企联动模式，有效处置应用发出的违反疫情防控预警和其他风险，大幅提升监管效率。

第一，完善配套标准。区经信、区发改、区农业等行业主管部门分类出台防疫标准和 7 项"畅行码"配套管理规范，完善装货、起运、卸货、入库全流程管理制度，形成防疫目录指引，开展行业防疫督查。

第二，落实预警处置。针对镇、街道巡查任务面广量大的困境，推行分类巡查、重点管控，其中，系统预警事项为"即时查"项目，应用预警后自动通知货运企业和镇街责任人进行核实，将核实结果反馈应用以便预警模型自我学习完善，并根据核

实结果进行闭环处置，中高风险地区和重点地区来嘉为"重点查"项目，低风险地区来嘉为"定期查"项目，重点督查人员隔离、卸货消杀等闭环难点。

第三，明确巡查责任。应用接入区内重点企业仓库、商超卸货区等地的1183路视频监控，对驾乘人员是否离车、重点货物是否消杀等情况进行视频巡查，发现问题及时处置。将巡查过程、处置结果、巡查人员等全部纳入电子档案，实现过程可追溯、结果可查询。

（四）打造"责任追查"子场景，建立动态追责机制

针对过去企业防疫违法违规成本低、驾驶员对防疫政策不重视、擅自下车脱离闭环的问题，建立"违反者担责＋差异化问责"机制。实行"黑名单"制度，将预警、巡查环节发现的严重违规企业、驾乘人员一键推送至"黑名单"库，实行差异化惩戒。

第一，企业责任追究。对列入"黑名单"的企业在一定时间内取消其"畅行码"申领资格，并按照主观恶意程度、影响恶劣程度、违规行为次数等，给予责令整改、集中隔离、司法追究等处理，整改结果验收通过后方可再次申领。

第二，人员责任追究。列入"黑名单"的驾驶员、车辆在一定时间内停驾、停运，对脱离闭环的驾乘人员按照属地防疫政策即送集中隔离，费用自理。4月6日，南湖区某企业货运司乘人员违反闭环管理规定，途中擅自下车进入饭店、宾馆。被发现后，两名司乘人员及货车均被列入"黑名单"。同时，每条"黑名单"

记录自动归集到同一企业、驾乘人员及车辆申领档案中，为后期镇、街道审批人员提供审批依据。

（五）打造"涉疫服务"子场景，提供暖心细致服务

在坚持闭环硬管控的基础上，针对货运司机可能遇到的困难，"畅行码"创新"闭环式管控＋人性化服务"模式，集成多部门保障职能并汇聚到涉疫服务场景，通过"浙里办"及时公布、更新防疫指定停车场、核酸检测点等信息，让驾乘人员能在安全封闭环境中吃饭、休息。通过微信公众号、行业求助平台、点对点短信等渠道，向企业和驾乘人员推送各镇街审批求助热线、各村社防疫咨询热线，为驾乘人员提供反映和解决问题的渠道。

《央视新闻》栏目报道嘉兴东高速口"守门人"通过畅行码做到车辆受控放行，把风险降到可控范围内。

三、经验启示

（一）要破除"一刀切"，守护"生命线"，实现生产生活安全有序

通过"畅行码"建立疫情期间重要生产生活物资流动"绿色通道"，消除以往防疫政策"一刀切"硬管控措施带来的负面影响，有效解决货运司机"2天工作，28天隔离"的难题。在疫情防控的特殊时期，降低司机隔离成本，及时满足防疫保供物资和群众日常生活需求，有效提升政府满意度，使群众安心、社会放心，打好疫情防控的群众基础。

（二）要管控"风险源"，防止"黑天鹅"，实现基层治理迭代升级

通过集成融合碰撞各部门数据资源，对人车物船实行全流程时空轨迹监测，开展疫情风险隐患在线巡查、实时预警、精准溯源，形成闭环流动，推动疫情防控体系精准化、科学化。围绕基层货运物流行业管理，形成行业性管理规范，制定完善行业疫情防控应急预案，定期组织开展人员培训和应急演练，全方位推动数字技术与行业管理相互融合。

（三）要改变"多头管"，消除"都不管"，实现机制体制变革重构

通过跨部门业务协同，打通数据壁垒和相关行业货物运输管理系统，建立"人畅行""车畅通""物畅流""船畅运"信息集成共享平台，以数字化改革和制度机制完善应对各种风险挑战冲击，形成科学防控样板。建立赋码审核与交通卡口核验工作机制，实现减码提速，交通拥堵情况大大缓解。

（四）要发挥"撬动力"，释放"变革力"，实现数智治理改革样本。

总结"畅行码"应用开发过程中党建统领聚合力和攻坚克难展担当的相关经验，继续迭代升级私家车、外来人员管理模块，探索承接省级重大应用向基层贯通延伸、大型活动安保管理、特种车辆电子通行证等功能，引入更多视频监控设备、算法模型，大幅提升预警能力、处置能力，以数字化改革助力政府职能转变。

思考题

1.如何通过数字化改革助推政府职能转变，提升疫情防控、经济发展、安全生产工作实效，实现数字惠民？

2.如何进一步提高广大干部从群众"急难愁盼"的重大需求出发以科学思维解决关键问题的能力？

嘉兴市委组织部　推荐

严闭环　守安全　稳运行

——嘉善县积极组织重点企业闭环生产
全力稳住工业基本盘

摘要　为贯彻落实习近平总书记"疫情要防住、经济要稳住、发展要安全"的重要指示，统筹协调"三区"内企业疫情防控和稳定生产之间的矛盾，在嘉兴市嘉善县"5·3"疫情期间，省经信厅指导嘉善县探索开展"三区"内重点工业企业闭环生产、核酸自采、保供畅链等试点工作，有力保障重点企业生产不停、链条不断、产能不减、秩序不乱，并带动部分企业逆势增长，有效稳住工业经济基本盘。

关键词　疫情防控　闭环生产　创新模式　生产保障服务

一、背景情况

嘉善县地处苏浙沪两省一市交会处，是浙江参与长三角一体化发展的"桥头堡"，在融沪接苏、推动区域产业协同和产业高质量发展上发挥着重要作用。近年来，嘉善县通过"存量提升"和

"增量突破"并举，不断优化产业结构，深入推动制造业高质量发展，已构建形成数字经济、生命健康、新能源（新材料）三大新兴产业引领，装备制造、绿色家居、时尚纺织三大传统产业支撑发展的现代产业体系，制造业成为嘉善经济的基本盘。

2022年5月初，嘉善县接连遭遇"5·1""5·3""5·8"三波疫情，被落实"三区"（封控区、管控区、防范区，现改称高、中、低风险区）管控，人员、车辆无法正常跨区流动，导致企业员工进出、货物运输受限，"三区"内重点工业企业面临停工停产停运的风险。如何在守住疫情防控底线的前提下，稳住全县工业经济基本盘，确保供应链产业链安全稳定，成为当地政府亟待解决的难题。

二、主要做法

面对突发的新冠肺炎疫情，嘉善县政企同心、凝心聚力、共克时艰，统筹协调工业企业疫情防控和安全生产，构建闭环生产机制、打造闭环生产模式以及完善服务保障工作，稳步推进"三区"内重点工业企业复工复产。

（一）落实落细，构建一套闭环生产机制

"企业如何实施闭环生产管理？哪些企业需要优先保障？如何在生产过程中有效控制疫情风险？这些问题都是我们第一时间需要明确的。这就需要形成一套贴合实际、操作性强的闭环生产机

制，让我们有章可循、有规可依。"嘉善县经信局负责人说。经过专题研究，嘉善县构建了一套闭环生产机制，包括全面落实闭环生产管理体系、"白名单"体系以及风险管控体系等。

如何在做好防控的同时实现生产保供，构建完善的闭环生产管理体系？嘉善县根据《浙江省"三区"内重点工业企业闭环生产操作指引（试行）》精神，制定了《嘉善县疫情防控"三区"内工业企业复工复产实施意见》，并配套出台人员管理、场所管控、运输和物资管控、应急处置和安全消防环保等五个方面工作指引，搭建起"1＋5"闭环生产管理体系。通过企业申请、现场审核、专班备案、常态监管等流程环节，对具备企业闭环管理条件的"三区"内重点工业企业，按标准有序推进连续生产和复工复产。

"我们根据重点企业情况，分批次推进复工复产，分组下企指导，第一批重点保障一些全国供应链重点企业，第二批次主要针对产值相对大的重点工业企业。"县开发区管委会负责人说。嘉善县按照"保重点、保特需"的原则，综合考虑产业链协同、企业规模、安全稳定等因素，列出六个方面保障范围，建立企业复工复产"白名单"制度，分类分批次有序推进企业复工复产。同时，围绕人员、场所、物品等关键环节，全面落实风险管控体系。物资运输设置固定的通行路线和分隔的专用场所，实行全程闭环管控。

"三区"内重点工业企业正有序开展自主核酸采样。

（二）量身定制，创新打造三种闭环生产模式

疫情期间，嘉善县累计落实"三区"管控23天。其间，全县规模以上企业解除应急响应9天后便实现全面复工复产，并带动部分企业逆势增长。这样的"成绩单"与嘉善创新闭环生产模式密不可分。"不同企业的基础条件不同，无法完全按照一个模板实行闭环生产，针对'三区'内重点工业企业在厂员工、住宿条件、防疫能力和厂区场所等实际情况，梳理出了企业闭环生产'153＋N'工作法。"县经信局负责人解释，"153＋N"即1个企业闭环生产总体方案、5个方面工作指引、3种闭环生产模式和N项细化具体操作规程，共同安全高效地推动企业闭环生产。

日善电脑作为全球消费电子重点保障企业，实施全产能封闭生产20余天，对11000多名工人实现了从宿舍到厂房闭环管理。日善电脑作为全产能闭环生产的典型企业，拥有独立、相对封闭的员工住宿大楼，能保障员工住宿需求，并有独立宿舍楼对新返岗员工实施独立空间静态管理，能够清晰划分生产、生活、仓库、装卸以及公共场所等。针对具备这些条件的企业，经审核后可实施全产能封闭生产管理，并要求企业结合实际，在闭环管理中进一步细化落实厂区管控、生活配套、用餐管理、物流管控、消杀管理、自主核酸等方面的管控措施。

"我们所生产的零件是为上汽大众配套的，少一个零件都会影响其生产。"浙江嘉善悦诚汽车配件有限公司企业生产部经理介绍说。5月12日，悦诚汽配被列入嘉善县首批复工的产业链企业"白名单"，但由于企业无法满足所有员工的食宿等需求，便实施了有限产能闭环生产，确保重点产品和产线的生产运行，企业产能达到正常时期的1/3左右，每天可以出货20万到30万个汽车零件，有效保障了供应链稳定。针对这类型闭环生产条件相对不足的企业，嘉善县指导企业实施有限产能的闭环生产，加强关键岗位员工、重点设配、安全隐患排查，专门制定操作指引，从适用范围、申请条件、办理流程、管控要求等一一进行明确。

同样作为长三角汽车产业链重点配套企业的嘉兴永励精密钢管有限公司，自5月3日起被划入管控区，实行"封闭隔离、服务上门"管控措施。嘉善县将该企业列入重点产业链供应链"白名单"，探索疫情期间开展闭环运输、畅通企业货运的模式。针对这类暂不具备闭环生产条件的"白名单"企业，采取先行畅通物流通道的方式，最大程度减少企业经济损失。按照一个货运车辆通行管理工作指引、一个货物运输管控办法、一张车辆管控流程图这"三个一"操作办法，与交通卡口管理流程实现无缝衔接，落实司乘人员独立封闭空间隔离管理措施，对车辆物品严格进行消杀，确保建立起"一车一证、一图一标签"的闭环运输管理体系。

（三）稳企保安，落实五大闭环生产保障

完善的工作机制、个性化的闭环生产模式以及详细的工作指引，为企业闭环生产管理提供了切实可行的操作办法，那如何打通实际操作中的难点堵点，及时解决企业闭环生产中的"急难愁盼"问题呢？嘉善县切实加强组织领导、货物畅行、核酸采样、生活配套以及网络服务五大闭环生产保障工作。

全县成立疫情防控重点企业复工复产领导小组，抽调经信、商务、农业农村等部门14名工作人员组建工农企业稳产工作专班，同步建立镇（街道）工作体系，并督促企业成立由企业负责人任组长的疫情防控和闭环生产工作领导小组，从而构建起县、镇（街道）、企二级联动复工复产闭环管理体系，制定工作方案，及时下发指令，统筹抓好疫情防控和企业稳产。

聚焦货物畅行，进一步规范货物运输管控办法，通过发放车辆通行证，制定卡口通行查验流程图和货运车辆管控流程图、"绿""黄"标签操作须知等，通过"一对一、点对点"方式，落

实"即停即卸、即装即走"管控措施，全力保障企业货运需求。截至5月27日，累计发放车辆通行证64529张、船舶通行证1673张，为1646家工农企业解决了货运车辆通行问题。

为切实解决企业员工核酸检测应检尽检与基层医务人员紧缺、检测时间与生产时间难协调等矛盾，针对县内用工500人以上的重点企业和小微企业园，实行政府专业培训、企业自主采样、县镇（街道）双向专送的企业核酸自采新模式。建立起"重点企业自主采＋中小企业抱团采＋网格布点全覆盖"的采集体系，全面满足网格内企业常态化核酸采样需求。截至目前，全县培养企业核酸检测兼职采样员423人，已累计开展企业自主核酸采样30万余人次。

"疫情发生以来，政府在保供应和防疫工作上做得非常到位，有专人对接我们企业的诉求，帮助我们解决困难。"嘉兴和新精冲科技有限公司管理二部经理介绍说，快速的复工复产也让企业损失降到了最低，6月实现月营收5800万元。在生活配套保障和网格服务上，依托县物资保障专班调度能力，通过下沉网格人员，为闭环生产企业提供餐饮食材等生活服务，特别是帮助协调解决从企业员工送餐到就医送药等各类实际需求，为企业有序生产、员工安定提供保障服务。嘉善县还建立了县领导包联包干的"网格化管理、组团式服务"机制，各镇（街道）成立工作组，因地制宜划分工业社区网格，配置网格长和网格员，督导企业落实"守小门"等疫情防控责任，助力企业稳定生产。

三、经验启示

从嘉善县的案例可以看出，"三区"内重点工业企业闭环生产是当前积极应对新冠肺炎疫情，保障重点企业生产不停、链条不断、产能不减、秩序不乱，实现多目标动态平衡的重要举措。

（一）三级联动，形成闭环生产合力

加强组织领导，县、镇（街道）、企三级联动，合力探索构建复工复产闭环管理体系，统筹抓好疫情防控和企业稳产。

（二）健全体系，落实落细工作举措

结合当地实际，细化工作指引，全面落实闭环生产管理体系、企业"白名单"体系和风险管控体系。

（三）因企施策，创新闭环生产模式

要根据企业实际，分类实施全产能闭环生产、有限产能闭环生产和先行畅通货物运输等模式，最大程度保住企业产能。

（四）精准服务，落实闭环生产保障

从企业需求出发，畅通货物运输，实行企业自主核酸采样，加强生活配套以及网络服务等保障工作，确保企业生产平稳有序。

思考题

1.在疫情常态化的情况下，如何以确定的工作应对不确定的疫情，确保疫情防控和生产保供"两手抓"？

2.在疫情期间，"三区"内重点工业企业如何在确保生产供应的前提下，最大程度提高生产和货运效率，将对产业链和供应链的影响降至最低？

省经信厅　推荐

专班服务"零距离"　项目跑出"新速度"
——海宁市构建完善项目服务专班体系助力重大项目建设

摘要　习近平总书记强调，要把实体经济特别是制造业做强做优，发挥重大投资项目带动作用。2022年以来，海宁市全面开展"投资发展年"活动，以重大项目建设为抓手，发挥有效投资对稳增长的关键作用，成为嘉兴地区唯一获一季度全省投资"赛马"激励的县（市、区）。这背后离不开海宁不断完善的"1＋7＋33＋N"项目服务专班体系，在海宁市扩大有效投资重点建设领导小组的统筹下，从市级部门牵头的7个行业专班，到市领导联挂的33个重点项目专班，再到N个动态专班，发挥专人专班专事专办的力量，有效推动重大项目快落地、抢进度、防疫情，为疫情防控新常态下扩大有效投资贡献了海宁方案。

关键词　专班体系　重大项目　有效投资

一、背景介绍

晶科能源（海宁）有限公司年产19GW高效电池和23GW高效

组件智能生产线项目是海宁市历史上投资规模最大的制造业项目，计划总投资 220 亿元，用地 1382 亩，分两期建设实施，项目建成后，预计可实现年产值 500 亿元。项目开工建设以来，面对项目审批时限、土地规划额度等诸多难题以及突如其来的疫情冲击，海宁市主动创新组织体系，通过专班运作、动态跟踪、精准服务，全力为项目建设保驾护航，冲出了"百亿项目百日建"的海宁速度。

二、主要做法

面对突如其来的疫情冲击，海宁市主动创新专班服务的组织体系，通过深化协作保障项目落地，坚持动态跟踪确保项目推进，强化精准服务打通项目堵点，让项目跑出了新速度。海宁以晶科项目为试点，在验证了专班加快项目推进的可行性后，因势拓展，以点带面，不断深化完善专班体系，用灵活多变又精准施策的专班服务，实现项目推进提质提效。

（一）主动创新组织体系，坚持靠前服务畅通项目流程

为加快项目推进，2021 年 9 月，海宁市光伏产业领导小组办公室成立了由市领导牵头，市级职能部门、属地政府和企业等多方参与的晶科尖山项目服务专班，创新采取"定期会商、复盘、备忘"工作机制，"摸着石头过河"，凝心聚力加快项目推进。

专班成立后面临的第一个难题就是项目审批问题。专班采取

双管齐下的方式，一方面，按照规范工作流程上报，畅通审批通道；另一方面，邀请相关部门提前介入，开辟绿色通道，精准指导帮助项目深化前期工作，仅环境影响评价一项审批就提速60％以上，为后续的工作开展赢得了宝贵的时间。

土地是专班需要解决的另一个棘手问题。2021年9月，离项目计划开工仅剩一个多月，仍有98亩土地缺口。为此，专班发挥"钉钉子精神"，多次向省、市上级部门对接，争取规划额度及早下拨。终于，赶在项目开工前拿到了省政府批复的规划额度，并于10月中旬完成了第二宗用地的挂牌。

一山放过一山拦。除了审批和用地，临时道路、临时工棚搭建等工作也是项目前期的关键。晶科项目占地面积广、建设范围大，仅项目基地临时道路就预计有7万立方米左右的建筑垃圾，而当时项目周边区域供给量无法满足项目开工的时间节点要求。为此，专班主动求解、特事特办，积极协调相关部门通过跨区域调配解决了项目的燃眉之急。在多方支持下，晶科项目一期于2021年10月底按照计划顺利开工。

（二）因势拓展专班范围，坚持深化协作保障项目落地

晶科项目一期的顺利落地，展现了专班专事专办的高效率，让海宁看到了利用专班加快项目推进的新可能。2022年的第一个工作日，海宁市举办了全市投资发展大会，锚定全年设定目标，全面部署"投资发展年"活动，首次提出建立"1＋7＋33＋N"项目推进专班体系的概念。即一个海宁市扩大有效投资重点建设领

导小组统筹全市项目推进工作，对重点项目建设进展和全市项目专班运行情况进行定期跟进和反馈；由市级部门牵头7个行业专班，从扩投资优结构、招大引强、制造业、房地产业、城市品质提升、交通运输行业、要素保障七个方面，立足本职、深化协作，不断优化投资结构；县处级领导干部对33个重点项目进行联挂，按"一个重大项目，一名联挂领导，一个责任单位，一项工作机制，一抓到底"的"五个一"的工作要求落实到位；同时结合工作实际，灵活成立阶段性攻坚阻碍项目推进难点的N个动态专班，做到一般问题现场解决、紧急问题上门解决、疑难问题会商解决，确保项目建设不"卡脖子"、推进过程少走弯路。

经过专班和企业的精准对接、整合力量、攻坚落实，2022年1月15日，晶科项目一期进行了生产调试，此时距离项目开工仅过去了100天左右，为项目争取了宝贵的时间。

（三）提前升级服务模式，坚持动态跟进确保项目推进

2022年初，受雨雪天气影响，晶科项目一期进度有所推迟，要实现2月投产的目标有一定难度。为此，项目业主方决定春节不停工，出台员工春节"就地过年"政策，全力以赴抢工期，这一决策得到了多方支持和配合。

项目不停工，专班不"打烊"。除了项目专班在年初三对接燃气、年初四对接电力施工……维持着原有的服务外，市级层面在现有的专班体系上进行升级，成立"保留岗、保生产、保返岗、保开工"工作专班，将春节期间其他专班的工作重点放到帮助企

业稳岗留工上。

海宁还出台《海宁市"保留岗、保生产、保返岗、保开工"补充政策》《海宁市进一步加大支持外来员工留岗和新员工招引十一条措施》等一系列相关政策，同时邀请晶科能源公司走进"直播带岗"线上求职节目线上招聘员工，保障项目用工。在多方努力下，晶科项目一期春节期间总体留岗率达到85%。

2022年2月18日，晶科项目一期实现部分投产，第一块N型高效电池片在原定时间节点成功下线，标志着晶科N型电池再次领跑行业。

2022年6月，晶科二期项目代表嘉兴市参加全省"两个先行"重大项目集中开工活动。

（四）全力以赴保障要素，强化精准服务打通项目堵点

春节过后，本是项目施工建设的黄金期，但是全国多点散发的疫情给项目原材料的运输造成了不小压力，尤其是海宁在3月19日、4月4日先后启动了Ⅱ级、Ⅰ级应急响应，"除防疫需要、民生保障、涉及重大安全的企业外，其他企业一律停工，所有工地全部停工"。从3月中旬的高速入口管控到上海、杭州等周边产业链配套地区疫情频发，海宁市外建筑材料及生产原材料的运转出现梗阻，项目的推进速度受到严重制约。

对此，海宁再次发挥专班力量，以精准服务助力项目推进和复工复产。市级层面，成立"保畅通、保供应链、保产业链"三保专班，组成信息收集、物流帮扶、项目推进等九个小组，为上百个企业解决诉求；镇街层面，成立运输保障专项服务组，配备"服务专员"，建立"24小时"快速办结机制，为企业物流量身定制个性化方案，确保货运车辆出得去回得来。以晶科能源公司为例，疫情期间专班受理企业"安行码"申请468条，切实高效畅通物流货运，为项目有序推进保驾护航。

海宁从最开始"大到土地、能耗指标解决和电站审批，小到建筑材料供应、运输审批、员工住宿等问题，事无巨细我们都管"的单一项目服务专班，逐渐完善建立了全市从上到下有重点、有计划、有效率的项目服务专班体系，不仅为企业纾难解困，实现了重大项目压茬推进，更推动了城市营商环境嬗变，提升了投资吸引力，为高质量发展注入了澎湃动力。

三、经验启示

海宁市构建完善项目服务专班体系的有效经验，为助力重大项目建设跑出"新速度"提供了更多思考和启示。

（一）扩大有效投资要以高质高效的项目推进为主线

重大项目是扩大有效投资的重要抓手，海宁秉持"项目为王"的理念，集中力量办大事，通过不断构建完善项目服务专班体系，压实各层各级的责任，成功打破各个市级部门、属地和项目业主单位之间的壁垒，专人专办，项目协调更加迅速，项目攻坚更加有力。

（二）扩大有效投资要以不断优化的营商环境为基础

近几年，晶科能源公司之所以选择在海宁连续追加投资，其中重要的一个原因就是海宁不断优化自身的营商环境，勇于创新、不断改革，提升审批效率，帮助企业抢抓市场机遇和政策窗口，助力企业发展。中国社会科学院财经战略研究院发布的2021年全国营商环境百强县（市）排名中，海宁位列全国第四，营商环境已成为海宁招引大项目的"金名片"。

（三）扩大有效投资要以"精准滴灌"的要素保障为支撑

投资要做到"有效"，"扩大"才更有意义，海宁拒绝"大水漫灌"式投资，选准领域"精准滴灌"，引入和海宁市产业规划高度契合的晶科尖山项目，坚持全要素精准直达最优项目，实现有效投资和产业发展的双赢。

思考题

1.当前工作中的专班越来越多，有人提出"专班泛滥"已成为基层新负担，请你谈谈对这一观点的看法。假如你被通知临时抽调到一个项目专班，请问你会做哪些准备工作？

2.当前中国经济下行压力加大，必须一手抓疫情防控，一手抓经济社会发展。请你从经济新常态背景及精准发力视角出发，谈谈政府应该如何进一步促进扩大有效投资。

嘉兴市委组织部　推荐

深耕"三化"执法　服务三项"中心"

——桐乡市综合行政执法局构建"三化"执法体系服务经济社会发展大局

摘要　综合行政执法与社会经济发展、人民群众切身利益和法治建设息息相关。作为"大综合一体化"行政执法改革国家试点省，浙江聚焦全覆盖监管、全闭环执法、全方位监督、全要素保障，实现组织体系、权责体系、队伍体系、运行体系、执行体系重塑，努力打造法治中国示范区。桐乡市综合行政执法局充分发挥职能优势，以"综合查一次"推进一体化执法，以执法模式创新加码柔性化执法，以"互联网＋"赋能数字化执法，深耕"三化"执法，推动"疫情要防住、经济要稳住、发展要安全"三项中心工作走深走实。

关键词　一体化执法　柔性化执法　数字化执法

一、背景情况

2022年以来，在以习近平同志为核心的党中央坚强领导下，各地、各部门有力统筹疫情防控和经济社会发展，我国经济运行总体实现平稳开局。随着新冠肺炎疫情导致的风险挑战增多，我国经济发展环境的复杂性、严峻性、不确定性上升，稳增长、稳就业、稳物价面临新的挑战。

综合行政执法活动与社会经济发展、人民群众切身利益和法治社会建设息息相关。作为"大综合一体化"行政执法改革国家试点省，浙江聚焦全覆盖监管、全闭环执法、全方位监督、全要素保障，实现组织体系、权责体系、队伍体系、运行体系、执行体系重塑，努力打造法治中国示范区。桐乡市综合行政执法局积极落实上级决策部署，自2019年以来，深耕执法业务，以"综合查一次"推进一体化执法，以执法模式创新加码柔性化执法，以"互联网＋"赋能数字化执法，推动"疫情要防住、经济要稳住、发展要安全"三项中心工作走深走实。

二、主要做法

（一）"综合查一次"推进一体化执法

第一，定一张清单，实现"一件事"场景。桐乡市综合行政执法局以权力事项清单为基础，以监管对象或事项为联结点，运用数字化手段，抓取"智慧城管"指挥中心数据，全面梳理涉及同一类对象或事项的多个监管主体、需要协同执法的群众关注热点、行业治理难点、中心工作重点、部门监管盲点，形成"综合查一次"检查场景清单，明确牵头单位、协同单位、检查事项和检查内容。充分运用大数据、人工智能等技术，对信访投诉、日常检查、网格管理、行政处罚等执法监管相关数据进行分析研判，实施风险隐患预警，形成"综合查一次"检查场景清单，并根据实际动态调整。

第二，进一次店门，实现"多件事"检查。该局积极回应群众需求，尽可能降低执法检查对市场经营主体的影响。推进执法队伍精简综合，形成"综合行政执法＋市场监管、生态环境、文化市场、交通运输、农业、应急管理、卫生健康"的"1＋7"架构体系。根据智能清单内容，"双随机一公开"确定执法对象、执法队员，统一进行上门执法检查，实现多部门对同一检查对象全科式协同高效执法检查，既破解了交叉执法、多头执法、重复执法、随意检查等问题，也破解了执法检查力量不足、执法定位难等问题。

第三，建一个平台，实现整体性执法。2021年11月，桐乡市成立综合行政执法指导办公室，统筹协调、规范指导全市行政执法工作，完善行政执法协调衔接机制，督促落实重点行政执法任务，强化本行政区域内行政执法工作的统一领导。该局承担办公室的具体工作，建立行政执法统一指挥平台，积极发挥市行政执法指挥中心作用，统筹调配市、镇（街道）行政执法监管力量，协调开展联合执法行动，提高行政执法效能。更大范围整合执法职责，优化配置执法资源，健全执法协同机制，助力政府管理从分散走向集中，从碎片走向整合，实现从"多部门联合执法"向"整体政府行政执法"的转变。

对餐饮行业实施"综合查一次"。

（二）执法模式创新打造柔性化执法

第一，推行轻微违法行为告知承诺制度。在城市管理、市场监管、生态环境等执法领域，该局推行轻微违法行为告知承诺制。在日常执法活动中，对初步认定当事人存在属于告知承诺制范围的轻微违法行为，经警示告诫、说服教育、责令改正，当事人自愿签署承诺书，承诺立即改正、按期改正或者不再违法，经核实后，不再予以行政处罚。灵活运用引导、说服、教育等非强制性柔性执法方式，实现法律效果和社会效果的统一、制度刚性约束和执法柔性化解的统一，避免和减少执法冲突，从源头减少行政争议，进一步提升全市综合行政执法法治化水平，增强群众满意度和幸福感。

第二，出台"门责制"县级地方标准。桐乡市综合行政执法局立足桐乡实际，总结多年城市管理工作经验，结合"桐城e码""三治融合"纳入城市管理、星级评定、结果运用等，将现有成果进行转化，以标准的形式规范，制定《城市市容环境卫生门前责任制管理规范》。整个管理规范涵盖管理主体、管理对象、管理手段等各方面，并形成从标准到执行，再到评价的管理闭环。同时积极推进"门责制"在全市全域铺开，目前已纳入"门责制"管理主体3.5万家，签订自治公约10万余份，进一步提升了城市管理精细化水平，也将地方性法规通过发布管理规范的形式进行了普法再宣传。

第三，加速推进"企业信用修复"。桐乡市综合行政执法局鼓励和引导不良信息主体主动改正违法失信行为，消除社会不良影响，提升自身信用水平。全面梳理受行政处罚的企业名单，按照处罚时间达到一年以上、无同类违法记录且相关义务已履行完毕等要求，逐一核实确认、实施精准分类管理。利用官方微信等公众媒体，及时推送信用修复相关政策，明确统一规范的操作流程，落实专人负责热线和平台咨询工作。对符合信用修复条件的企业"点对点"逐一电话联系，分片对接专人，详细告知信用修复相关事宜。建立定制双向沟通通道，针对符合条件但尚未申请修复的企业开展上门走访，协助企业办理信用修复申请。

（三）"互联网＋"赋能数字化执法

第一，依托"桐城e码"，完成前端数采。建立"桐城e码"

大数据平台。通过与市场监管部门对接主体数据，全面采集沿街店铺综合信息，形成沿街商铺"一店一档"信息数据库。在此基础上进行统一编号，生成店铺"身份证"（管理二维码），张贴于店铺醒目处。日常管理中，一线执法队员通过"勤务通"终端扫码，实现对商铺信息录入修改、"门前三包"积分制管理、行政许可内容展示和执法办案简易程序处罚、调查取证和案件处理等执法业务查询统计以及办理功能。通过"桐城e码"大数据平台，把辖区范围内沿街市场主体信息"一网全包"，构建数据化城市模块，为后续非现场执法提供数据支撑，助力实现执法、管理的现场化、高效化。

第二，借助"易公正"，确保程序正义。桐乡市综合行政执法局与市公证处签署合作协议，双方就公证参与证据固定、公证送达等工作开展合作，推进公证实时参与执法活动，既保障了当事人的合法权益，又提高了执法部门的执法权威。执法人员可以根据执法需要，将现场勘验的重要视频、取证的照片等证据，直接推送至"易公正"App进行存证，实现关键证据实时公证。如果遇到执法纠纷，市公证处还可对该证据出具公证书，进一步提升证据的权威性，破解当事人不在现场或拒不配合调查时的取证难问题。"互联网＋公证"技术在办理油烟污染、夜间施工、垃圾分类、妨碍他人使用公共充电桩等安全生产和民生领域案件中发挥了巨大作用，截至目前，共运用"易公正"App支撑办理普通程序案件4000余起。

第三，活用易共享，提升协作效率。在充分运用"易公正"

平台开展执法办案基础上，梳理非现场执法案件所需证据材料及其对应职能部门。分别和公安交警、市场监管、建设局等部门建立案件数据调取对接机制，落实到相应科室和具体联系人，通过钉钉报送所需调取材料，待职能科室准备好材料后，执法人员前往直接领取涉案证据材料，极大简化了资料调取流程，提高了办案效率。目前已调取案件营业执照、身份信息、车辆信息、工地建设施工方信息、规划图纸等材料1500余份，办理案件800余起。

三、经验启示

（一）聚焦大政方针明方向

作为基层单位，在落实新要求、受领难任务时，要始终保持学习的韧劲、奋斗的恒心，不能一味纠结于客观困难。只有善于从大政方针中找到方向，坚定不移地贯彻落实上级决策部署，把自身发展融入构建高质量发展大局之中，全力推进"大综合一体化"行政执法改革，结合本地特色优势，探索新路径，寻找新方法，才能逢山开路、遇水架桥，完成服务三项中心工作任务。

（二）聚焦群众需求增动力

要始终把人民群众的"所想所急所盼"放在心头，把回应群众需求作为干事创业的动力。无论是推行一体化执法、柔性化执法还是数字化执法，其根本都是为了发展社会经济，推进法治建设，服务群众生活，能够让人民群众有一个更好的营商环境、生活环境和法治环境。

（三）聚焦数字创新享红利

数字化改革是大势所趋，也是破解当下治理难题的重要手段。在"大综合一体化"行政执法改革的背景下，必须做好数字创新工作，依托"大综合一体化"执法监管数字应用，健全行政执法统筹协调指挥机制，加强对行政许可、行政检查、行政处罚、行政强制等执法监管数据的归集分析，推行跨部门、跨层级数据共享、证据互认，一体推进行政执法效能全面画像，从而实现全方位监管、全流程监督，全面提高执法质效，更好地服务经济社会发展。

思考题

1.在常态化疫情防控大背景下，综合行政执法部门如何发挥职能优势，保障经济社会安全、有序、健康发展？

2.在深化"大综合一体化"行政执法改革的大背景下，综合行政执法部门如何强化整体政府理念，重塑行政执法体系，保障"两个先行"？

省司法厅　推荐

打好惠企纾困"组合拳" 精准赋能人才企业

——湖州市助力人才企业高质量发展

摘要 新冠肺炎疫情发生后，湖州市人才企业生产经营面临严峻挑战，特别是在招人、融资等方面遇到阻碍，亟须帮扶支持。为破解企业发展难题，最大程度减少疫情对企业的影响，湖州市深入实施人才企业"头雁"培育和"五未"攻坚行动，通过打造线下网络直聘模式，设立"一对一"服务专员，组建专家顾问团，探索"揭榜挂帅"机制，加快数字化转型等有力举措，坚定企业发展信心，助推人才企业健康快速发展。截至2021年末，已新增"头雁"培育企业44家，全市249个"五未"人才项目攻坚提升228个，提升率达91.57%，65家"未上规"的人才企业有47家销售收入突破2000万元，提升率72.31%。新培育上市人才企业8家，国家专精特新"小巨人"人才企业14家。

关键词 精准赋能 惠企纾困 高质量发展

一、背景情况

近年来，湖州深入贯彻人才强市创新强市首位战略，大力实施"南太湖精英计划"等人才聚引工程，累计引进了811家人才创业企业。新冠肺炎疫情发生后，人才企业的正常生产经营遇到了不少问题，例如，在疫情管控状态下，传统线下招聘活动举办不易、线上招聘效果不佳导致引才难；人才企业在发展初期盈利不佳，风险较高导致融资难；疫情影响下企业单打独斗效果不佳等问题日益突出；等等。为此，湖州市委组织部（人才办）会同市科技局、市人力社保局、市金融办等部门，组织实施人才企业"头雁"培育和"五未"攻坚专项行动，一方面选树"头雁"企业，发挥优质企业引领带动效应，另一方面赋能人才企业，对未落地、未运营、未投产、未达效、未"上规"的"五未"人才企业进行"一对一"问诊，提出针对性解决方案，一批"五未"人才企业成功提档晋位，湖州人才企业逆势起飞，助推经济高质量赶超发展。

二、主要做法

（一）创新"屏对屏"直聘，重抓招才引智稳岗

疫情影响下，大量高校采取封闭式管理，企业进校难问题突

出，大规模校招和大批量线下面试活动屡屡暂停，线上招聘逐渐取代线下招聘成为主流招聘模式。虽然线上招聘解决了空间问题，但在组织上往往较为松散，受直播方式和时间的限制，容易出现人才与企业对接不充分的情况，造成签约率不高等问题。为解决此类问题，湖州创新推出了线下网络直聘模式，在市内和高校同步搭建实体化招聘场景，一边集中组织企业 HR 在线等候，一边由校方组织学生分时分批次进入会场，学生只要扫描企业展板上的二维码，即可与线上等候的企业 HR 进行实时视频通话，实现"一对一"沟通，人才签约率得到有效提高。

"线上招聘往往是企业发布招聘公告，求职者往自己感兴趣的岗位投递简历，求职者对企业的认识停留在招聘公告上，而企业对求职者的了解也仅停留在简历上，双方的了解始终不够深入。"华祥（中国）高纤有限公司副总经理表示，"在新的疫情防控形势下，线下网络直聘会最大的特点是为我们企业和求职者搭建了一个逼真的沟通交流平台，线下和线上充分融合，在同一个时间段里，虽然我们彼此有空间距离，但只要求职者扫一扫我们企业的二维码，就能与我们'面对面'视频交流，实际招聘效果比传统的线上招聘会要好得多。"

2022 年以来，湖州与陕西、宁夏等 8 个省（市、区）的 18 所高校合作，通过"高校线下实体设展＋企业线上视频面试"的模式举办线下网络直聘会，共有 500 多家企事业单位与 2 万多名大学生通过"屏对屏"的方式进行沟通交流，共收到简历 8000 多份，达成初步就业意向的有 4000 多人。

（二）实施"一对一"服务，重抓助企力量下沉

为及时有效解决人才企业难题，落实精准服务要求，湖州市为每个"五未"人才项目配备一名服务专员，建立"一对一"联系服务机制，开展专项上门走访服务，第一时间了解企业和人才需求，第一时间帮助解决难题，确保"一对一"跟踪帮扶落到实处。

浙江科瑞信电子科技有限公司坐落于湖州市吴兴区，是一家致力于智能传感器及其他零部件研发、生产、销售的企业。在企业创办初期，遇到了资金紧张问题，生产处于停滞状态。服务专员了解到该企业所遇到的资金问题后，与湖州银行积极协调，银行为该企业授信300万元，缓解了企业的资金紧张，让企业得以顺利运转。截至2022年6月末，全市已配备联系领导、联系专员和服务专员共258人，走访人才项目、新型研发机构240家，排摸各类问题751个。同时，依托湖州市重点人才工作推进例会，按照共性问题"一类一策"、个案问题"一项一策"的原则，精准制定切实可行的帮扶办法，破解企业发展难题，释放企业发展动能。

（三）开展"组团式"帮扶，重抓多方协同"问诊"

疫情发生后，不少人才企业反映生产经营遇到问题，如法律纠纷多、融资难等。为此，湖州市及时组建专家顾问服务团，"组团式"助力企业解决各类"疑难杂症"。截至2022年6月末，湖州市已累计组织法律、财务、管理、金融等领域55名专家组成顾问

服务团，为人才企业问诊把脉。同时，依托"南太湖人才学苑"，围绕企业团队建设、资本运作等方面定期开设"创业精英训练营""西塞师说"等各类人才培训班，已举办创业精英训练营2期、云课堂14期，累计培训创业人才15.7万人次，推动人才企业全面发展。例如，针对企业咨询的外贸订单违约赔偿问题，顾问团及时召集业内专家会商研究，帮助企业消除违约赔偿问题，开出全国首份新冠肺炎疫情不可抗力事实性证明，累计为47家企业出具证明103份，涉及金额2.26亿元。

（四）实施"精准式"破难，重抓核心问题攻关

浙江东方基因生物制品股份有限公司位于湖州市安吉县，是一家集研发、生产、销售于一体的国家级高新技术企业，主营POCT快速诊断试剂产品。2022年初，国务院联防联控机制综合组研究决定，在核酸检测基础上增加抗原检测作为补充，为推动东方基因生物制品股份有限公司成功研制抗原检测产品，湖州市积极对接相关院士、专家团队，帮助企业破解产品研发过程中遇到的"卡脖子"难题，指导东方基因入围省重点研发计划应急攻关立项名单，助推企业成功研发出全省首款新冠抗原自测产品。

为破解人才企业发展中遇到的关键核心问题，打破引才的时间关、地域关、边界关，以全社会的大脑解发展难题，湖州市积极探索"揭榜挂帅"机制，启动"揭榜挂帅·全球引智"工作，采取征榜、张榜、揭榜、竞榜、奖榜等方式，面向全球发出"招贤令"，破解人才企业发展"中梗阻"。截至2022年6月末，已累

专家顾问服务团深入企业，为企业"问诊把脉"。

计发榜1040项，发榜金额46.58亿元，已兑现榜金3.5亿元。

（五）实施"数字化"赋能，重抓集成高效管理

"以前我们和人才企业的距离还不够近，'不够近'不仅是企业办事不方便，要开车几十分钟到市民服务中心办理各项业务，同时，'不够近'也是我们对人才企业了解还不够，人才企业的发展状态无法做到实时掌握、实时分析，"湖州市委人才办相关负责人表示，"为此，我们开发了湖州'人才数字大脑'，建设了全省首个人才创业项目全周期管理平台，通过平台为人才提供线上事项办理功能，同时，也让我们能及时掌握了解人才企业的发展

情况。"

自湖州市加快人才工作数字化转型以来，积极打造人才创业项目全周期管理平台，通过大数据技术，归集企业社保、税收、能耗等重要信息，为项目管理、资金拨付提供数据支撑。构建未落地、未运营、未投产、未达效、未"上规"等"五未"人才项目整治提升平台，实现项目需求即时推送、政策资金线上申请，建立实时反馈、限时解决机制，助推人才项目提质增效。依托"人才数字大脑"，及时掌握企业融资需求，2022年以来已为全市人才企业融资12亿元。

三、经验启示

（一）精准服务，化危为机

疫情防控常态化背景下，人才企业发展可能会面临各式各样的新问题，稍有延迟或处理不当就会错失发展良机，给人才企业带来不可挽回的损失。这要求党委和政府在处理人才企业问题时，要始终保持"想企业之所想、急企业之所急、解企业之所困"的责任感和紧迫感，主动深入企业掌握实情，及时为企业排忧解难，助推企业破难前行。

（二）整合资源，有效纾困

"攥起拳头，才能有力出击。"湖州市为保障人才企业顺利渡过疫情难关，全力做到"三整合"，即物资资源整合、人力资源整合、技术资源整合，通过将资源整合效益转化为助企纾困效能，杜绝助企"死角"存留，方能有效推动各项助企工作落地落实。

（三）数字赋能，提质增效

近年来，湖州市加快人才工作数字化转型，打造了湖州"人才全息数据库""人才码""人才项目汇"等较为成熟的数字化平台。疫情期间，通过数字化手段实施了人才政策"码"上享、人才招聘线上办等创新举措，在很大程度上"对冲"了疫情影响。因此，数字化改革势在必行，人才工作需要更加智能化、便捷化，为人才服务插上"数字化翅膀"，推动人才工作提质增效。

（四）协同作战，形成合力

人才企业抗击疫情是由一场场"战役"组成的，时间长、跨度大，涉及减负、保供、稳岗等多方面。因此，在抗击疫情惠企纾困方面，就要做好打"持久战""突围战""阻击战"的准备，做到部门协同、区县联动，特别是人社、经信、科技、金融等重点部门更要密切协作，细化政策措施，形成工作合力。

思考题

1.在疫情防控常态化阶段，为最大程度减少疫情对企业发展的冲击，政府应采取哪些有效举措破解企业在招人、融资等方面遇到的难题？

2.如何做好政府职能转变，更好发挥市场化作用，让优质人力资源机构发挥关键作用，助力人才企业打赢疫情"阻击战"？

湖州市委组织部　推荐

应对疫情防控新常态　迸发童装之都新活力

——湖州市吴兴区织里镇科学应变促进童装产业再腾飞

摘要　湖州市吴兴区织里镇，以1.4万户童装生产经营主体和700亿元童装年销售额稳坐全国最大童装生产基地之位，被称为"中国童装之都"。2022年3月8日，突然袭来的新冠肺炎疫情让织里童装企业受到极大冲击，从生产到销售，整个童装行业几乎处于停摆状态。面对艰难困境，织里镇畅通市、区、镇一体化指挥决策体系，以最短时间、最快速度、最严举措控制住疫情，统筹推进疫情防控和复工复产，迎难而上、开拓创新，多方联动保通畅，力推新政助纾困，凝心聚力促腾飞，全力保障童装生产经营，稳步有序恢复童装产业。

关键词　童装产业　疫情防控　复工复产　转型升级

一、背景情况

童装产业是织里镇的支柱产业、核心产业，历经40余年的发展，深深影响着织里经济、社会、民生的方方面面，它的起伏直接关系到织里社会的和谐稳定。2022年3月8日、3月28日，织里镇辖区先后两次出现外省输入新冠肺炎阳性病例，全国最大的童装产业基地因疫情被迫按下了"暂停键"，大量童装订单被取消，童装经营户面临巨大经济损失。疫情多点暴发限制了人流、商流，童装产业受到较大冲击，线下采购商锐减、童装物流一度受阻、企业库存严重积压，复工复产愈加困难。在湖州市委、市政府和吴兴区委、区政府的坚强领导下，织里镇迅速采取行动，化危为机，以务实举措尽最大可能减小疫情影响，成功实现疫情"零扩散"、童装产业经济逆势上扬。

二、主要做法

（一）全力打好疫情"阻击战"，多措并举保供保畅

新冠肺炎疫情发生以来，织里镇连夜"平转战"，畅通市、区、镇一体化指挥决策体系，第一时间落实"七大机制"，特别是"四早""五快"要求，一体推进疫情防控与经济发展。

第一，解决"三区"燃眉之急。疫情发生的时间节点正好是织里童装生产旺季，"三区"内的企业和群众除了关心日常生活所需之外，更关注的是滞留的货物怎么发出去。为此，织里镇从实际出发，在至少3轮全员核酸检测结果都是阴性的基础上，组建党员攻坚队逐户上门排摸急需发货清单，严格落实物料检测、集中消杀等防疫措施，统一集中发货，帮助防范区内的1500余户童装

经营主体顺利发货，减免经济损失近亿元。

第二，开通接驳"绿色通道"。受全国新冠肺炎疫情影响，原材料的运输通畅与否成为童装生产经营的关键。本土病例出现后，织里镇第一时间抽调10名骨干成立接驳专班，实行24小时不间断联系服务，设立童装企业发货"白名单"，针对来自中高风险地区的行程卡带"*"驾驶员，采取"双采双检"闭环管理，每天为近百家童装经营主体提供货运接驳"绿色通道"，有效保障原材料和产品有序进出。同时，童装办全体干部当好服务"店小二"，主动上门做好童装企业秋冬季订货集中时段指导服务，安排人员上门集中检测核酸、做好场地消杀等工作，确保疫情防控措施落实到位，保障企业生产销售有序开展。

第三，发展童装"云上经济"。充分发挥跨境贸易和市场采购贸易"双试点"优势，依托世界500强企业象屿集团，通过搭建集货市场和海外仓建设等方式，积极鼓励织里童装"走出去"，多方拓宽织里童装国内外销售渠道。2022年一季度，完成线上批发业销售额29.8亿元、零售业销售额1.2亿元，分别逆势增长301％和37.4％；用好跨境电商试点"国字号"招牌，实现出口额3.8亿元，同比增长105％。

（二）精准打好政策"组合拳"，全面推动纾困解难

织里镇紧盯当前童装产业发展困境，在前期充分调研的基础上，精准出台助企纾困、培大育强等"一揽子"政策，切实发挥政策杠杆撬动作用。

第一，让新织里人"留下来"。拿出"真金白银"，围绕新居民住房、教育、医疗、就业等"关键小事"出实招、办实事，以优质公共服务让新居民变新织里人。在湖州市吴兴区现有购房补助政策基础上，专门面向新居民制定织里镇购房优惠政策，达到相应条件的一次性减免5万元以上，吸引优秀人才留在织里、安家织里。持续加大教育投入，为已在织里购房的外地居民的子女提供与本地居民子女同等的教学待遇。接通国家医保信息平台，实现长三角地区医保实时交易结算。设立财政专项基金用于特定群体在织就医保障，试行发放"健康券"普惠新居民群体，2022年以来已有4万余人首次在织里进行了常住人口登记。

第二，让规模以上企业"强起来"。针对81家规模以上童装企业，出台"童八条"等系列新政，发放全额贴息贷款5.5亿元，为鼓励引导企业做大做强提供有力支持。设立"童装产业发展基金"，对成长较好的优质规模以上、拟上市的童装企业进行500万—2000万元的股权投资，对基金支持的生产型童装企业优先纳入银行融资"白名单"，提供金融贷款支持，优先安排对接海外出口市场需求份额，帮助拓展业务规模，加快推动规模以上企业做大做强。

第三，让小微企业"活下去"。通过政府和各商协会设立风险补偿基金池，由商协会推荐提供20万—30万元的信用贷款，对不良贷款造成的损失，给予银行30%的补偿，为小微童装企业新增贷款提供融资增信支持。持续深化"三服务"，班子成员带头，实行"千名干部联千企、争当金牌店小二"专项行动，选派专员下沉童装经营主体，确保各项政策直通直达、落实落地。积极发挥党组织统筹整合作用，童装商会党委联合13个商协会党支部开展复工复产党建联建，组织150余名党员电商志愿者为发展困难的小微企业提供"一对一"的电商销售等指导，通过组织"如何提升童装质量规范""怎样做好抖音宣传"等20余场线上培训活动，有效提升小微童装企业业务水平和网销能力。

（三）系统重塑产业"新体系"，谋篇布局再次腾飞

织里镇紧紧围绕后疫情时代下产业发展趋势，以"重寻'扁担精神'、推进共同富裕"为总抓手，系统谋划、整体推进，切实加快提档升级，拓展竞争格局，释放产业动能。

第一，凝聚稳步提质"大共识"。积极应对当前童装外发加工、交易市场疲软等现状，进一步深入挖掘"扁担精神"内涵，高规格召开"重寻'扁担精神'、推进共同富裕"推进大会，全领域开展创业安居专项行动，大力弘扬劳动致富理念，凝聚全社会价值认同，全面掀起二次创业新热潮。重点针对新老居民就业问题，建立"发动、培训、就业、创业、比拼"闭环，有针对性地开展电商、设计、直播、跨境贸易等培训，让一批闲散劳动力展现新价值。

第二，画好产业布局"总蓝图"。发挥规划引领作用，围绕产业布局思路、产业空间布局、产业配套建设等方面谋划制定五年发展目标，打造童装产业高质量提升五大板块，重点谋划产业平台、创新服务、文化旅游、重大改革等标志性项目建设，全方位

布局产业规划，综合性打造产业体系。开展童装产业三年提标行动，创新实施规范整治提升、企业梯队培育、质量品牌赋能、多元人才集聚、展示交易提升、市场双向开拓等具体举措，全领域加快推进织里童装产业转型步伐。

第三，激发数字改革"新动能"。强化童装产业数字赋能，积极推进童装产业大脑、数字化车间和智能工厂建设，打破空间阻隔，有效提升生产效率，降低企业成本。目前童装产业大脑已在"浙里办"成功上线，11家童装企业投入使用数字化车间，生产效率提升20%以上。开展品质提升行动，编制《童装企业质量品牌示范评价规范》等系列方案，从源头、设计、生产、销售等各个环节实现质量把控和品牌提升。着力推进童装"浙江制造"，阿龙

童装新智造推进会。

衣族、南童魔两家企业获得"浙江制造"认证，持续打造织里童装"金名片"，使织里童装区域品牌影响力不断扩大。

三、经验启示

（一）科学精准施策，在危机中寻生机

党委、政府围绕"两手抓、两战赢"决策部署，迅速打出宣传引导、保供保畅、政策支持、产业布局、数字经济等复工复产"组合拳"，既从"关键小事"入手，又从难点堵点破题，有力保障了疫情冲击下童装企业的健康发展。

（二）紧盯难点堵点，在破题中开新路

坚持问题导向，立足企业实际需求，在政策扶持、产业支持、配套支撑、数字赋能等方面提供全流程、一站式、精准化服务，用"小杠杆"撬动"大项目"，实现童装产业逆势增长。

（三）推动系统重塑，在转型中谋发展

强化辩证思维，主动谋求改变，注重产品设计和市场营销，提升市场竞争力，以打造品牌经济和发展总部经济为主攻方向提高产业链层次，走出了童装产业二次腾飞之路。

思考题

1.后疫情时代下，织里童装产业主要从哪几个方面助推整体产业的核心竞争力？

2.如何以数字化改革为引擎，着力打造具有区域竞争力的数字产业集群？

湖州市委组织部　推荐

数智赋能助防疫　全程跑出加速度

——德清县打造"数字工具箱"助力疫情防控精密智控

摘要　自新冠肺炎疫情发生以来，德清县深入贯彻落实中央、浙江省、湖州市疫情防控部署，坚持动态清零，实战应用"精密智控平台"，量化闭环管理，坚决打赢疫情防控阻击战。在"精密智控平台"的基础上，依托一体化智能化公共数据平台，聚焦"三率五快"，打造"德清通""畅行码""点查查"等一系列数字防疫工具，赋能疫情防控，不断提升基层治理水平，取得显著成效。

关键词　场景应用　精密智控　数字防疫　共享融合

一、背景情况

2022年初，新冠肺炎疫情再一次来势汹汹，国内各地疫情出现较为严重的反弹，对人民群众的生产生活带来较大冲击，比如，德清民宿平均入住率不足疫情前的两成，社会治理体系和治理能力受到严峻的考验，德清乾元"3·12"疫情暴发后，仅机关干部参与防控就达2000余人次，对政府运转和经济发展造成一定影响。如何高效、精准地开展防疫工作，以最快的速度切断病毒的传播，迅速恢复正常生产生活秩序，是检验各地党委、政府社会治理能力的一道必答题。

　　数字化改革是浙江省委"一号工程"，德清县高度重视数字化赋能县域治理，特别是运用到疫情防控当中。在这次疫情防控大战大考中，针对流动人口溯源难、货车通行效率低、涉疫人群辨识慢、人员动态底数难厘清等突出问题，德清县坚持数字化、系统化思维，以完善治理体系和提升现代治理能力为目标，把每一场战疫都当作对县域治理水平和韧性的"压力测试"，积极探索开发数字防疫系列工具，有效运用大数据分析等新技术，推动数字化防疫场景应用，探索实践了许多卓有成效的积极做法，为取得疫情防控阶段性胜利提供了坚实保障。通过"湖州通""畅行码"等防疫工具投入，科学有效开展疫情常态化防控，守住大门保生产畅通、守住小门保经营有序。2022年上半年，限上零售业销售额完成10.3亿元，同比增长18.4%，列全市第一；规模以上工业增加值增长3.1%；固定资产投资增长24.5%，列全市第一，一季度获省政府投资"赛马激励"。

二、主要做法

（一）上线"湖州通"，破解人员流动"溯源难"难题

　　"德清通"以微信小程序为载体，通过整合健康码、行程码、

疫苗接种、核酸检测四个数据接口，快速实现场所小门管控"一屏双查"，精准掌握人员出入场所信息，上线后经全市推广升级为"湖州通"。"湖州通"将机关办公、企业厂区、农贸市场、商超、宾馆等18类人员聚集场所全部纳入场所码管理，一旦出现确诊病例，快速比对平台数据协助开展流调溯源，构建"隐患可发现、风险可防控、责任可追究"的场所核验机制。全市累计注册用户697万人，创建应用场所15万个，预警异常人员信息282万余次，闭环管理健康码异常人员1.1万余人次，协助流调11批次共1.6万人次。

3月11日，乾元镇发现1例初筛阳性病例后，第一时间通过"湖州通"后台数据快速查找确诊病例活动轨迹，发现确诊病例去过的场所12个，协助公安流调9000余人次，发现密接人员6人、次密接83人，有效避免瞒报、漏报、错报等情况发生。

（二）打造"畅行码"，破解货车通行"效率低"难题

"畅行码"是助力疫情期间货车通行的集报备、审核、核验于一体的全流程在线应用。依托"畅行码"应用，形成"企业报备—镇街审核—卡口核验"全流程在线运行，核验流程从"五步简化至三步"，实现"人员线下走"到"数据线上跑"。应用后台通过大数据碰撞，实现货车司乘人员健康信息自动获取、同框展示，改变传统核验需提供纸质证明资料的方式，货车司乘人员只需现场出示一次"畅行码"，即可完成核验，卡口现场查验信息平均用时由15分钟缩短至1分钟。上线运行以来，累计注册报备企

业近4000家，企业申请货车畅行码7.3万余次，闭环管理车辆1.3万余辆。

5月12日上午6时，在杭州绕城高速公路西复线阜溪收费站，浙江冈固管业有限公司的工作人员正在卡点填写疫情防控承诺书，在上交司机驾驶证、完成"畅行码"小程序中的签到工作后，再点对点将运输车辆闭环引导至目的地，实现非接触式装卸。浙江冈固管业有限公司经理赖爱坤表示，使用"畅行码"小程序后，通过企业线上报备，镇、街道、公安部门线上审批，简化了办事流程。现在，只要引入货车前进行报备，引入时点"签到"，送走前点"送离"，在小程序上就能办成原来的所有手续。

（三）上架"点查查"，破解涉疫"三区""辨识慢"难题

"点查查"依托省域空间治理数字化平台，利用省回流的涉疫"三区"数据，调用高德地图地名地址检索能力，使"三区"图斑实时动态呈现在地图上。输入被流调人员地址后即可在地图上显示驻留点位，从而直观辨别该驻留地是否在"三区"内，平均用时从15分钟缩减至15秒，实现了"驻留区域实时判、人员轨迹实时查"快速查询功能。自上架省组件超市以来，全省日均调用超40万次，并被作为"浙政钉"优秀案例上报国务院办公厅。同时采用SaaS方式发布至"浙政钉"省级工作台供全省用户共享使用，实现"一地创新、全省共享"，自发布以来全省各地调用超2100万次。

2022年劳动节前夕，禹越镇徐家庄社区工作人员接到群众来

电，原来是在外务工的王女士咨询五一假期回老家的防疫政策。放在以前，工作人员需要将对方所在位置和文字界定的"三区"范围反复切换比对，而如今，只要打开"涉疫三区检索工具"，输入王女士的江苏驻留地址，立即就获取了精准定位和详细信息。从查询到显示结果只需短短15秒，工作人员直观地辨别出该驻留地属"防范区"，便告诉王女士"欢迎回家"，并告知"2＋14"的防疫政策。

（四）开发"德清安"，厘清人员底数"糊涂账"

"德清安"扫楼应用的开发和推广，赋能人员排摸工作高质高效，实现了人员底数"出账—入账"的动态管理，厘清了常住人口的明细底数，目前已录入人员数据19.3万条。建设全县标准地名地址库，对县域内所有建筑物、构筑物的地名地址进行规范标定和全量采集，实现"应采尽采、不重不漏，一址一名、统一规范"，筑牢精准防疫的空间数据底座。在标准地名地址库的基础上，打通健康码、户籍信息、流动人口等数据，通过"扫健康码"的方式，自动录入人员基本信息，大幅度提高排查工作效率。同时，加强GIS数据与公共数据的深度融合，将"地""房""人"的关联信息实时呈现在"数字乡村一张图"，实现了疫情防控可视化、精细化管理。

随着暑假临近，德清的外来务工者将老家的老人小孩接到德清来团聚，无序的人员流动为疫情防控带来挑战。武康街道派出所工作人员最近每天都会用"德清安"开展外来人口登记，实时动态掌握外来人员健康码状态。在日常人员排摸过程中，第一时间回应群众诉求，联动社工组织、"德清嫂"等志愿者团队，为疫情防控造成生活不便的家庭提供心理咨询、事项代办、物资配送等暖心服务。

（五）部署疫情时报机器人，确保关键信息"即时达"

开发疫情机器人部署至"浙政钉"群，实现了数据整理和播报的全程自动化。以小时为单位对重点人员数据进行整理和播报，并根据纳管滞后时长实行红、黑、蓝三色预警（1小时内用红色表示，2小时内用黑色表示，2小时以上用蓝色表示），形成数据分析报告，辅助工作人员合理安排处理管控任务的优先级，重点

德清县依托"湖州通"切实守好小门。

人员纳管时间从平均 14.14 小时提效至平均 0.96 小时。

洛舍镇防疫工作负责人在凌晨 2 时接到疫情机器人播报的尹某为次密接人员的信息后，第一时间联系并督促镇防疫值班人员落实重点人员管理。他表示，没有疫情机器人之前很难及时掌握辖区内人员纳管进度，要不断地打电话或者通过"浙政钉"了解情况，自从在德清县疫情清零工作群部署后，疫情机器人每小时都会自动弹出各镇街道未纳管清零人员名单，更高效了。

三、经验启示

德清县打造"数字工具箱"助力疫情防控精密智控，是推进数字化改革创新的实践举措，为当前深入推进社会治理现代化数字化提供了借鉴意义。

（一）主动融入社会治理数字化发展趋势

从防疫实践看，传统的社会治理方式已经无法满足新形势新变化的要求，加快数字化发展，进一步运用信息技术完善政府治理体系，提升社会治理效能，是社会治理方式转型的重点和方向。要进一步提升数字化思维、数字化理念，充分利用现代科技发展成果，增强社会治理的预见性、主动性、科学性和时效性。

（二）全面推广社会治理数字化技术应用

从防疫成效看，数字化技术的广泛应用极大地提高了防疫工作的质效。要进一步加大数字化技术应用力度，避免产生数字化应用重复、交叉等情况，进一步厘清各大应用之间的逻辑关系、层次架构，努力形成赋能社会治理的合力，全方位打造数字经济、数字政府、数字社会，为推进基层治理体系和治理能力现代化提供有力支撑。要利用大数据、地理信息等技术不断把社会治理服务全面延伸到社会"末梢"，实现公众需求与公共服务的零距离无缝对接，提升基层社会的科学治理水平。

（三）着力补足数字化治理中的现实短板

从防疫现实看，数字化治理中还存在一些盲区和短板，一些特殊群体短时间内对数字化生活还难以适应，需要与传统治理相融合。要以群众需求为导向，构建线上线下一体化格局。面向高龄、低收入和低受教育水平群体，开展在线服务使用的数字技术科普，保证所有群众都能分享数字化的扩散效应和发展红利。要实现精细化治理，使不同人群可以按照自己的喜好与习惯平等地参与基层社会治理。

思考题

1.各地数字化防疫管理平台多、应用多，如何实现信息统一化、系统化、模块化管理，加快推进数据共建共享？

2.在疫情数据采集和运用过程中，如何加强数据安全和个人隐私信息保护？

湖州市委组织部　推荐

数字化"代参展"助力外贸稳订单稳市场

——绍兴市越城区上线"一码找订单"应用

摘要 新冠肺炎疫情突如其来,外贸出口企业参展难成为"稳订单"工作中比较突出的重点问题。一是境外参展外派成本高,企业负担明显增加;二是出境环节展商办证慢,签证办理难度较高;三是委托参展实际效果差,外贸订单流失严重。为进一步助企获取订单,绍兴市越城区商务局聚焦数字经济系统的产业链现代化跑道,建设"一码找订单"境外代参展应用,推动展会数字化转型。应用集展会查询、在线报名、统一赋码、境外代展、数据汇总、分析决策、补贴申报于一体,有效结合"样品+信息",初步实现外贸订单闭环管理。在2022年2月美国拉斯维加斯国际时装面料展上的试用取得良好成效,共获得线下外商名片621张,线下产品扫码2343次,线上客商扫码386人,邮件询盘265次,实时洽谈803次,意向成交额1000万美元。该应用2022年5月正式上线后,累计已有320余家企业注册,赋码样品6100余件。

关键词 疫情防控常态化 稳订单 "代参展" 数字化

一、背景情况

　　突如其来的新冠肺炎疫情给世界经济造成了沉重打击，境外展会作为外贸企业争取国外订单的重要方式停摆一年多，导致大量外贸订单流失。据统计，外贸企业约80%的新订单来源于境外展会。随着国外防疫大环境的变化，境外基本已放宽展会政策，展会均按计划开展，而国内企业想要出国参展却困难重重。一是境外参展外派成本高。目前出国交通成本、在外费用持续高涨，且参展人员回国后还须自费隔离，企业负担明显增加。比如，九娅贸易公司原计划2022年6月去德国参加法兰克福家用纺织展，但去程、返程机票分别达6万元、10万元，加上其他费用，按2名工作人员来算至少需50万元，而疫情前赴德国参会成本约20万元。二是出境环节展商办证慢。受疫情影响，出入境部门进一步强化公民办理护照的必要性审查，一定程度影响了护照办理进度。比如，2022年2月新叶对外贸易公司计划赴美国参展，公安出入境工作人员告知其需提供参展相关必要性审查材料，因其暂时无法提供参展具体时间、行程安排、展方信息以及展位接洽情况等佐证材料，护照无法办出、美国签证无法办理，未能如期出境参展。三是委托参展实际效果差。在外派人员参展难的情况下，部分外贸企业在当地雇用人员或委托展览公司安排人员"代参展"，但效果普遍不佳。尤其是区内参加纺织服装、面料展等展会的企业普遍反映，获取的订单减少，甚至有许多企业未获得任何订单。另一方面，国际市场上竞争对手环伺，尤其是东南亚国家，部分在招展过程中更是喊出了"中国企业不参加"等口号。绍兴市越城区积极采用业态创新、模式创新助力企业稳外贸稳订单，以企业需求出发，"一码找订单"应用顺势而生。

二、主要做法

（一）打通壁垒，创新"代参展"模式

2020年起，许多线下展会转型，发展为线上展会，创造了"云展会"这一概念，降低了参展成本，延伸了展馆时空，沉淀了展会数据。绍兴市越城区本着服务企业的理念，第一时间组织企业参加云展会，受到了许多企业的欢迎，也为企业带来了一部分新的订单，但由于区内企业多属于纺织服装行业，面料这类需要触摸的样品并不适用云展会的模式。与此同时，境外"代参展"的成效受限于境外服务人员的水平。在经过一段时间的尝试后，企业对云展会、"代参展"这类新模式参展抵触情绪较为严重。

为解决疫情防控常态化情况下企业跨国参展难题，绍兴市越城区聚焦展会数字化转型，开发建设"一码找订单"应用，以正在举办或将要举办的全球知名专业展会为平台，以企业获取订单的需求为导向，接入实时通信技术，依托国际通用码打造"一码二平台三库四统一"体系，结合数字化手段，实现外贸订单"一屏监测、一键订单、全程掌控"，助力外贸企业走出国门、开拓市

场、争取订单，有效提升疫情期间外贸的竞争力。

（二）订单赋码，数字化精准营销

"一码找订单"，具体表现为对线下展品赋码，境外客商扫码后可线上实时询盘洽谈，最终促成订单成交。在参展过程中，"码"是关键，"码"即国际通用的订单二维码，企业上传至应用平台的每件样品会被赋予订单码。通过第三方公司服务，样品被寄送至展览现场，境外客商扫码便可获取样品参数、贸易联系等信息，发起即时通信，与企业询盘、对接、下单，而企业也可实时查看各类样品扫码情况，主动向客商进行推介，开展精准营销。企业不出国门即可参加境外展览，直接联系境外客商，实现"境外线下商品展、境内线上对口谈"的高效对接。

"一码找订单"应用驾驶舱。

（三）展会实战，竞争力显著攀升

"一码找订单"应用上线初期，有部分企业存在质疑，难以鉴别其与传统"代参展"之间的差别，觉得收效甚微，不愿花费精力。为此，绍兴市越城区借助专业展会公司定点宣传，在部分基层镇（街道）组织企业培训，介绍应用操作，发动企业报名参展。

2022年2月，"一码找订单"在美国拉斯维加斯国际时装面料展首次试用。该场展会取得良好成效，绍兴市越城区共组织29家企业参展，共获得线下外商名片621张，线下产品扫码2343次，线上客商扫码386人，邮件询盘265次，实时洽谈803次，意向成交额1000万美元。在首次试用结束后，许多企业态度发生转变，第一时间进行8月美国拉斯维加斯国际时装面料展预报名。

根据回收的调查问卷，2月的参展企业普遍反馈参展成效好，绍兴桑普森贸易、绍兴云辰纺织品等参展企业表示，通过"一码找订单"参展方式收到的询盘信息远超预期，相较传统的线下展会，收效更为显著。

与此同时，境外客商也传递出对越城抱团展专区新颖的尝试十分关注的信号。2022年2月，美国拉斯维加斯国际时装面料展主办方美国MAGIC公司的副总裁在接受采访时，介绍了绍兴市越城区"一码找订单"这种"代参展"的详情。

（四）广泛动员，提高企业参与度

通过中新网、中国蓝新闻、《绍兴日报》等各级新闻媒体的系列宣传，该应用的报名途径、使用方法、成效情况和相关扶持政策得到了广泛传播，许多企业纷纷主动电话咨询重点展会目录、展会补贴等。

目前，该应用注册企业库已入驻企业 320 余家，参展样品库已赋码样品 6100 余件，累计帮助 130 余家企业完成展会报名。2022年各大展会的各项工作正在火热筹备当中，参加 6 月日本 AFF 服装面料展的 20 家企业的 1300 余件样品已统一寄送出国，交由第三方服务单位的海外工作人员统一进行展位的搭建。7 月法国巴黎国际服装服饰采购展已有 37 家企业通过报名审核，正在积极上传样品信息获取"订单码"。

同时，绍兴市越城区还将组织开展"一码找订单"起航 RCEP 暨 2022 日本亚洲纺织成衣展（AFF）"云巡展"活动，以远程观展的形式观看展会现场效果，实时获取询盘数据，进一步佐证实效，更好地发动全区企业通过"一码找订单"应用参加境外展会。

2022 年，绍兴市越城区还计划组织"十展百企""一码找订单"境外"代参展"活动，涵盖纺织服装、面料以及医疗器械等领域，涉及美国、法国、日本等多个国家和地区，此举可大幅降低企业境外参展物流、交通等成本，预计平均每家参展企业可节约超 4 万元，全年惠企达 1000 万元以上。

（五）完善功能，多渠道接入应用

随着展会持续开展，企业对具体操作的各类疑问也随之出现。对此，"一码找订单"应用首页特别增设了常见问题及对应解决方法，录制相关操作指南视频，详细介绍应用的功能和操作方式，并提供咨询电话和邮箱。

"一码找订单"应用现已接入绍兴市"5+4"稳进提质政策兑现平台（"越快兑"），有效减少政策兑现流程时间。目前，还在努力争取接入数字经济综合应用门户、浙里办"企业码"，为企业提供多渠道连接方式，便于企业操作，加快"一码找订单"应用在全市范围内推广。

接下去，相关职能部门将不断丰富展会目录库、参展企业库、参展样品库三大核心数据库，进一步加深对企业的了解，提升企业开拓市场的积极性，通过部门间多跨协同，共同审核企业信息，完善外贸订单监管体系。同时，为了规范操作流程，近期还将出台《"一码找订单"应用规范操作手册》。

三、经验启示

（一）坚持需求导向，开发应用才有生命力

只有符合企业需求的应用才是有生命力的，"一码找订单"应用的建设是在特殊时期助力企业稳外贸、稳订单和提升外贸竞争力的创新举措，更是对市场环境和企业诉求的积极回应。在畅通企业获取订单渠道的基础上，降低企业参展运营成本，为众多中小企业提供低成本参展机会，提高企业开拓市场积极性。这要求政府部门深入了解企业需求，聚焦企业"急难愁盼"，用实打实的

举措帮企业抢抓机遇。

（二）坚持数字赋能，服务企业才有新作为

在疫情防控常态化的背景下，稳增长稳外贸的任务仍十分繁重，这也要求政府部门以数字化改革为抓手，进一步发挥数字化改革在政府履行调节经济、服务企业等职能中的重大支撑作用。深化"码"的功能。一方面，引导企业数字化参展，通过让数据"跑腿"促进营销，为中小微企业降本增效；另一方面，通过归集数据，强化政府分析研判能力，助推外贸企业抢订单、稳订单，巩固传统市场、拓展新兴市场。

（三）坚持多跨协同，行政履职才会更高效

该应用系统性重塑境外参展及外贸订单管理工作，以全方位数据融合、全流程需求分析、多领域结果应用的框架，破解行业主管部门及监管部门之间信息不对称的困局，贯通部门数源系统，促进政府职能转变，简化企业申报流程，实现对企业服务职能向精准指导的转变。

思考题

1. 在疫情防控常态化背景下，如何以数字化手段更好地引导推动企业"走出去"，在稳定国际市场份额的同时更好扩大高水平对外开放？

2. 借助应用绘制的市场需求、企业订单、产业发展等数字画像

特征，如何开展有效的分析研判及制定助企纾困政策，从而解决广大市场主体的"急难愁盼"问题？

绍兴市委组织部　推荐

聚力"双招双引"　推动稳进提质

——绍兴市柯桥区全力激发"智造强区"新动能

摘要　在世界疫情依然严峻和全国疫情多地散发的形势下,各地招商引资工作遇到了与异地客商见面难、洽谈慢,投资者投资意愿低迷等问题。对此,柯桥区全面贯彻落实习近平总书记关于"疫情要防住、经济要稳住、发展要安全"的重要指示,以"重大项目攻坚年"行动为抓手,狠抓"双招双引"、做强平台能级,以重大项目的攻坚突破,努力化解疫情带来的不利影响,推动经济持续稳走向上向好,在奋力推进"两个先行"和打造现代化"国际纺都、杭绍星城"中交出高分答卷。

关键词　"双招双引"　稳进提质　"智造强区"

一、背景情况

2022年以来,受国际国内疫情、俄乌冲突、美联储激进加息等超预期因素影响,国内经济持续承压。2022年3月以来,全国暴发了2020年以来最为严重的疫情,对经济社会的冲击超乎想象,特别是以长三角地区、以上海为代表的国内经济的火车头基本处于停摆状态，对整个宏观经济造成巨大冲击。受此影响，上半年全国GDP同比增长2.5％，低于年初定下的5.5％的年度增速目标；二季度，上海、江苏、浙江地区生产总值同比分别增长－13.7％、－1.1％、0.1％。疫情对绍兴市柯桥区也有着直接影响，"4·13"疫情发生在占全区工业体量50％的马鞍街道，造成当月约两成的工业产能损失，1—4月规模以上工业产值增速环比一季度减少5.1个百分点。5月以来，中央和地方稳增长政策持续加力，有力推动了经济回升向好，其中"项目"作为稳住经济大盘的"压舱石"，如何在疫情防控新形势下争取招商引资新突破，是当前面临的一项重大课题。

二、主要做法

2022年以来，柯桥区积极主动贯彻省市稳进提质大会要求，统筹推进疫情防控和招商引资工作，坚持"项目为王"理念，在抓好常态化疫情防控的同时，创新招商方式、加大招商力度、强化招商政策，确保了项目洽谈不断线、项目招引不停步，最大限度减少疫情对招商引资工作的影响，全力以赴稳住经济发展。2022年以来，共引进重大项目56个，计划总投资953.6亿元，其中百亿元级项目4个；18个项目列入省"4＋1"重大项目，总投资746.2亿元；14个项目列入省重点建设项目。新开工入库项目183个，总投资355亿元。宝万碳纤维、宇越光学膜和建信佳人新材料3个项目被列入2022年省重大产业项目名单，获土地奖励指标1934亩，居全省第一。

（一）聚焦"招大引强"，跑出产业集群发展新动能

围绕建链强链补链，推进全产业链招商，打造先进制造业集群高地。

第一，紧盯头部企业。围绕"世界500强""中国500强""纺企30强"，靶向出击、精准招商，全力引进头部项目、"链主型"企业；大力实施"老绍兴回归工程"，召开第二届乡贤大会，举行重大项目集中签约活动，带动总部回归、产业回归、技术回归和人才回归，吸引宝武、华昌、申洲国际等头部企业投资柯桥。

第二，紧盯新兴产业。抢抓国家战略性新兴产业发展"风口"，全域搭建中国轻纺城、柯桥经开区（金柯桥科技城）、临空示范区、兰亭度假区、鉴湖度假区五大发展平台，推行"平台为主、镇街协同"的大招商机制，每月开展实绩比赛，有力推动新兴产业项目集聚。依托国家级开发区，高标准出台生物医药、泛半导体产业政策，打造数智港、健康岛、新材料园三大集群；抓住杭绍临空经济一体化发展示范区绍兴片区获批机遇，全面布局光电信息产业，打造新的增长级。

第三，紧盯外资项目。深度融入"一带一路"、RCEP贸易通道，提升国投平台信用评级，通过在境外设立子公司，发行首单美元债3亿美元；依托基金招商、驻点招商、以商引商方式，引进美国新宜、宇越新材料、豪微科技等重大外资项目；借助山海协作飞地模式，引进、落地华天光学膜项目，该项目被列入省重大

外资项目。1—7月，实到外资录报4.31亿美元、纳统3.62亿美元。

2022年5月17日，中国·绍兴第七届海内外高层次人才创新创业大赛在柯桥区启动。

（二）聚焦"招才引智"，跑出产业人才融合新动能

坚持人才创新首位战略，加快产业链创新链人才链"三链融合"，全面提升产业核心竞争力。1—7月，战略性新兴产业、高技术制造业、装备制造业增加值分别增长10.7%、13.2%、35.6%。新增企业研发投入31亿元、专利授权3152件、标准359项。

第一，加速集聚一流平台。以省现代纺织技术创新中心成立为契机，加强与浙江理工大学合作共建，一期已建成投运，签约引进3名院士及领军型团队，入驻全职高层次人才50余人；依托工程师协同创新中心，深化"浙里工程师""织造印染产业大脑"

应用场景，线上线下协同4.7万余名工程师，解决技术需求2000余个；依托新材料和生物医药集群优势，主动出击、成功签约科大绍兴新材料产业技术研究院、重庆医科大学绍兴医学检验技术研究院等科创平台。

第二，加速引聚一流人才。坚持以赛引才，启动第7届"海创大赛"，引才足迹遍布20多个国家地区，前6届共有94个项目获奖、资助2.5亿元。瞄准高端人才，主动对接重点高校院所，签约落户高端人才项目31个，其中全职院士2名，新引进大学生1.66万名。

第三，加速营造一流生态。迭代升级人才新政4.0版，最高支持额度达2000万元；加强与中科创星、光大金控合作，设立总规模4亿元的人才创业基金，有效破解人才融资难题；探索推广"花样数治"应用，率先开展国家首批知识产权纠纷快速处理试点，启动建设浙大二院未来医学中心、国际社区，持续优化创新生态。

（三）聚焦"最优环境"，跑出投资环境保障新动能

强化"营商环境就是竞争力"理念，打造全省营商环境最优区。

第一，强化服务保障。建立重大项目专班攻坚制，推行并联审批、容缺受理，确保重大项目"拿地即开工"；开展"走企业、优服务、提信心"活动，推动领导干部下沉镇（街道）开展挂联服务，累计走访企业1458家次，解决问题769个；全力应对两轮突发疫情，创新"三区"企业闭环生产模式，做到疫情防控和经

济发展"两不误"。比如"百亿级"宝武碳纤维项目，原本意向落户外省，在市、区两级主要领导持续数月、锲而不舍的努力下，项目最终落户柯桥区，并于3月正式开工建设。

第二，强化政策保障。发布49项区级稳经济政策，总额达10.27亿元；顶格承接中央和省市各类惠企政策，资金兑现率超过100%；落实减免退缓税费61.74亿元，其中留抵退税39.1亿元，有力为企业健康发展营造良好环境。持续深化营商环境"10+N"便利化行动，试行"极简审批许可、便利开办登记"制度，率先在全绍兴市实现企业上市合法合规证明"一件事"集成改革，2022年以来新增市场主体1.68万家、"小升规"企业52家、上市1家。

第三，强化要素保障。深化"腾笼换鸟、凤凰涅槃"行动，全域提升印染产业，五大印染组团跨域集聚圆满收官；狠抓专项债"快发快达"，建立"周督查、周通报"机制，储备政府专项债220亿元，已确定发行51亿元，目前已全部支出；大力推进城市有机更新、低效土地"二次开发"，新增做地1800亩、供地5751亩，为项目落地提供有力保障。

三、经验启示

疫情防控和发展生产是一道必须兼顾的必答题。招商引资是一项内涵丰富的系统工程，做好新形势下招商引资工作，必须主动研究经济发展形势、疫情发展趋势、产业发展规律以及自身长短板，以最优质的资源、最优惠的政策、最高效的服务，招引最合适的项目，做到精准发力。

（一）明确招引方向，创新招引方式

方向决定成败。对地方政府来说，招什么商、引哪类才，需要结合战略态势、产业形势、本地优势，进行精准选择。柯桥区聚焦自身融杭接沪的比较优势和发展潜力，紧紧围绕国家战略决策部署，深入研究国际、国内产业政策和投资动向、最新态势，对重点产业、重点企业进行产业链细分，以建链强链补链延链为抓手，着力抓重大战略项目、细分领域龙头和现代服务业项目，形成产业集群。同时，综合运用和探索并购招商、基金招商引才、驻点招商引才、海外授权招商引才、飞地招商、以商引商、引才招商等灵活多样的方式，进一步提高招商引才的实效性。

（二）注重绩效考评，强化招引机制

科学有效的奖惩机制是持续加强招商引资工作的关键，有利于调动方方面面的积极性和创造性。柯桥区推行以"平台为主、镇街协同"的"大平台大招商招大商"新机制，重点考核招商引资、扩大投资、要素保障、营商环境四项共性重点工作，并根据各平台实际情况，确定差异化的量化目标任务。根据完成进度，采取"月通报、季督导、年考核"的方式进行比赛，对平台进行综合得分排名，并将结果运用到年度工作目标责任制考核中，有力激发了比赛斗志。

（三）抓后续服务，优化要素保障

项目签约只是开篇，落地实施才见结果。柯桥区健全项目服务机制，全面实行项目从签约、落地、开工、入库、建设、投产到竣工验收的全过程全生命周期管理，优化用地政策和资源配置，推动政策、资源和要素向最有优势的重点项目倾斜。同时，健全政策兑现和帮扶壮大机制，实行一般政策线上即时兑现和专项政策线下高效兑现，并围绕企业实际需要量身定制个性化扶持方案，做到"喷灌""滴灌"，发挥政策最大效益，助力企业不断做大做强。

思考题

1.如何围绕建链强链补链，推进全产业链招商，打造先进制造业集群高地？

2.后疫情时代下，聚焦做优营商环境，从项目签约、项目落地前到项目落地后，地方政府分别应该怎么做？

绍兴市委组织部 推荐

"邻避产业"蝶变"美丽经济"

——绍兴市上虞区"五化协同"打造安全环保智慧监管体系

摘要 安全事故易发频发,是困扰化工企业生产发展的难题之一。如何将"谈化色变"的"邻避产业"引育为绿色安全的"美丽经济",一直是各地积极探索的重大课题。近年来,绍兴市上虞区坚持标准化引领、智能化改造、高端化提升、集成化管控、一体化配套"五化协同",深入打好以化工为重点的传统产业改造提升"组合拳",全省生态环境质量公众满意度测评结果连年上升,近六年来未发生较大或以上安全生产事故,形成了传统产业改造提升的"上虞样板",得到国家部委和省委、省政府领导肯定。目前,该区化工行业拥有10家上市公司、3家国家级专精特新"小巨人"企业、3家国家级单项冠军企业、1家国家技术创新示范企业、5家省级隐形冠军企业。

关键词 化工产业改造提升 智慧监管 数智改造

一、背景情况

化工产业是绍兴市上虞区的支柱产业，产值、税收均占全区1/3以上。长期以来，化工产业在支撑全区经济发展的同时，也饱受环境之痛、隐患之忧、民生之怨，被列入全省十大重点整治行业。2017年，浙江省印发《浙江省全面改造提升传统制造业行动计划（2017—2020年）》，上虞区列入全省第一批传统制造业改造提升分行业试点县（市、区）。2019年1月，以道墟化工小区整体关停退出为标志，全区化工产业基本实现杭州湾经开区"一园式"集聚，改造提升1.0版实现历史性突破。

2019年7月，根据省领导来虞调研指示精神，全区迅速部署实施以数字化、智慧化为重点的化工行业改造2.0版，全面实施"跨域整合"，改造提升工作做法先后获省有关领导批示肯定，2020年获省政府督查激励。2021年，全区化工产业亩均增加值为164.52万元、亩均税收为33万元，全员劳动生产率达到61.78万元/人，分别较改造前提高了1.9倍、1.7倍、1.63倍。同时，全区统筹推进疫情防控和经济社会发展，紧盯安全环保隐患"风险点"，逐岗逐层压实复工复产安全生产责任，严格按照辖区企业开复工审批操作规程进行分类审批，严格落实化工企业复工复产一份复工台账、一次安全检查、一轮教育培训、一套应急准备"四个一"要求，有效确保了疫情防控坚决、企业复工有序、社会秩序平稳。

二、主要做法

（一）标准化引领，助推"跨域整合"发展

从全国聘请智能化、安全、环保、特种设备等领域专家团队，对全区所有化工企业开展"地毯式"排查，充分结合本区实际，制定出台国内首个精细化工改造提升57条工作标准，以最严标准和措施坚决向落后产能、落后工艺"开刀"。2016年，按照"集聚提升一批、兼并重组一批、关停淘汰一批"的思路，对173家化工生产企业制定"三个一批"整治提升分类处置方案，对规模较小、安全环保隐患大的企业实施关闭淘汰、停产整治，对具有一定规模、安全环保管理相对规范、符合搬迁入园条件的企业，鼓励入园提升发展。同时，投入近50亿元，扎实推进园区企业"停产并转一批、停产整改一批、边生产边整改一批、培育发展一批"，至目前已累计关停、退出、搬迁园区外化工企业91家，

多部门联合办公的安全环保应急指挥中心。

腾退化工企业用地约3000亩，完成26家企业停产并转、69家企业对标提升。

（二）智能化改造，推进改造提升2.0版

2019年，在化工产业提升改造1.0版的基础上，将企业数字化、智能化改造作为提升行业本质安全和企业综合效益的最重要抓手，深化实施化工产业整治提升2.0版，优化制定化工2.0版"57＋5"条标准，对标承接越城区化工搬迁和园内企业对标二轮提升，加速推进企业智能化改造，推动智慧化生产。现已实现企业智能化诊断、DCS集散控制系统改造全覆盖，99家化工企业完成智能化改造提升方案，主要涉及企业生产、安全、环保、能源、消防、管理等改造内容535项，投入14亿元左右。同时，在2.0版过程中推进企业微反应、管式反应等先进工艺改造，以及无人车间、以推倒重建为主的"六新"改造等，切实提升企业本质安全。

（三）集成化管控，强化园区整体智治

坚持科学"治"，针对化工异味监测难、监管难、评价难等问题，在全国首创空气异味评价体系，配置走航监测车，实时监测园区臭气、VOCs排放水平和时空分布状况，精准界定异味污染责任主体，实现精准溯源、精准治理。强化智慧"管"，重塑安全环保监管机制，构建以安全环保智慧监管平台为核心的"4＋2"综合监管体系，把覆盖杭州湾经开区的全部化工企业、主要路网河

道近21万个前端即时感知数据接入平台，实现全域可视监管、即时预警，巡查时间从32天锐减至5分钟，监管力量从50人减少到10人，大大提高了监管效率。

（四）集群化发展，延伸产业发展链条

持续巩固传统化工细分领域在全国乃至全球的领先优势，积极引导化工产业向新材料、现代医药方向转型延伸。2017年，启动实施以新材料、现代医药等为主的八大产业集群培育，按照一个产业集群、一名联系区领导、一个行业协会、一个配套政策、一个产业创新服务综合体"五个一"标准推进集群培育。2019年，在全省率先扩面推进产业链"链长制"，明确"十个一"建设要求，由区委、区政府主要领导分别任新材料、现代医疗产业链"链长"。连续三年成功举办中国（曹娥江）新材料产业创新发展论坛，新材料产业区域影响力得到有效提升，杭州湾经开区被评为浙江省开发区产业链"链长制"试点示范单位，先进高分子材料产业平台成功入选"万亩千亿"新产业平台培育名单。

（五）高端化配套，完善产业发展生态

以化工产业发展需求为导向，加快完善产业生态发展重点配套工程。产业创新承载功能不断提高，产业协同创新中心建成投用，一期入驻创新项目19个；强化与中科院、天津大学等的合作，全面投运国内首家国家级"技能人才示范实训基地建设单位"——杭州湾（上虞）绿色化工人才公共实训基地；产业协同创

新中心二期、危化品运输车辆停车场、绿色安全创新中试平台等一大批公共配套项目相继完成建设，为整个产业提升注入新的动力。

三、经验启示

（一）社会共识是改造提升的必要基础

作为党委、政府的重要历史使命和重大历史责任，传统行业改造提升事关企业生存与发展、社会民生福祉。上虞区通过大量实地调研，充分认清做好化工行业改造提升既是行业发展的内在需求，更是改善民生的迫切需要。通过加强舆论引导、人大政协广泛发声，有效形成社会共识，凝聚社会力量。政府层面，始终将化工改造提升作为年度工作重点，一任接着一任干；企业层面，彻底扭转"要我改"为"我要改"，发挥企业能动性；社会民众层面，形成强有力的社会监督，有效构筑外部推动力。

（二）标准先行是改造提升的必要前提

行业整治改造必须有的放矢、有章可循，这样才能少走弯路，提升改造质效。一直以来，行业层面缺少一整套系统化的改造提升标准。上虞区对化工行业实施两轮改造提升，始终践行标准先行，聘请行业顶级专家为上虞区化工产业把脉问诊，精准聚焦"企业效益、本质安全、环境保护"等行业发展症结，制定极具针对性的精细化工改造提升标准，对症下药，让政府在工作推进中明确了目标、把握了节点，改出了新成效；让企业在改造过程中明确了方向、用对了方法，改出了一片新天地。

（三）专班运作是改造提升的必要保障

改造提升工作涉及面广，牵涉部门多，工作推进难度大，必须集中力量攻坚，把有限的力量用在刀刃上。上虞区成立区委、区政府主要领导任双组长的工作领导小组，专门抽调经信、生态环境、应急、市场监管、属地综管办等单位人员组建工作专班，实体化、常态化运作，建立健全部门会商、工作清单、领导督查、专家聘用等工作机制，较好地保障了改造提升工作有序推进。

（四）集聚发展是改造提升的必然选择

传统产业企业个体的发展，往往是从家庭作坊起步，"低、小、散、乱"企业大量存在，安全隐患极大，环保问题引发冲突矛盾不断。上虞区通过行业入园集聚，既有效解决了企业散落问题，所有化工企业实现"一园式"发展，更有利于资源集中配置，园区监管设施建设及改造提升扶持政策力度不断加大，平台服务能级有效提升。

（五）数智改造是改造提升的必然趋势

当前，数字化、智能化已逐渐成为破解传统产业工艺技术、本质安全、环境保护、节能减排、降低成本等问题瓶颈的有效抓手。上虞区从智慧园区的顶层设计到以数字化、智能化改造为重点的企业2.0版，均有效体现了数智化改造对园区监管和企业发展的强大作用。

思考题

1.区域安全、环保监管的数字化、协同化对区域经济发展、产业重构、社会稳定带来怎样的影响？如何抓住全省数字化改革的契机，推动区域安全工作提升？

2.上虞区化工产业数字化、智能化改造的经验，对其他地方、其他产业改造提升有怎样的经验和启示，有哪些需要注意的地方？

绍兴市委组织部　推荐

打好"感情牌"　服务"全周期"

——嵊州市比亚迪项目成为"唐诗之路"新风景

　　摘要　近年来，嵊州市紧盯经济稳进提质目标，创新"乡贤招商"模式，通过夯实"引商"保障、打造"亲商"环境、提升"安商"服务，打造重点项目全周期服务保障体系，千方百计"招大引强"，抢抓机遇逆势发力。其中，比亚迪新能源动力电池项目是典型代表。该项目是绍兴市重点项目"晒比"高分项目，也是比亚迪集团在浙江单体投资最大、建设速度最快的项目，更是义甬舟开放大通道建设中极具标志性成果的项目。项目总投资130亿元，2个月完成洽谈签约，10个月完成落地投产，2022年6月通线以来已实现产值13.93亿元、带动就业5000余人，并吸引60余家新能源、新材料及其关联企业，形成超500亿元产值规模的产业集群，成为"唐诗之路"上一道亮丽的风景线。

　　关键词　乡贤架桥　"一把手"带队　专班化推进　全周期服务

一、背景情况

嵊州市进入"高铁时代"后，区位条件和发展格局发生了翻天覆地的变化，迎来了厚积薄发、跨越发展、大有可为的黄金期。先进制造业是县域高质量发展的中流砥柱，在优化稳定产业链体系中占据重要地位，为此，嵊州市一直将招引先进制造业重大项目摆在突出位置，从链接乡贤资源、组建招引专班、升级服务链条等方面入手，以"大好优"项目的增量促进产业升级，为开拓新产业链、布局新兴产业和未来产业寻找良好机遇。

二、主要做法

（一）多方联动"筑巢引凤"，增强企业投资信心

第一，"乡贤做媒"。嵊州市乡贤资源丰富，共有在外乡贤企业1.3万家，其中，上市企业18家，经济总量是嵊州现有经济总量的4倍。近年来，嵊州市高度注重"乡贤招商"，将"乡贤回归"作为实现经济高质量发展的重要手段之一，建立乡贤日常联络机制，举办"嵊州越商大会"，聘请嵊籍在外知名人士作为招商顾问。嵊州与比亚迪结缘，正是依托"乡贤招商"顾问团资源，通过一位嵊籍比亚迪集团高管牵线搭桥的，是"乡贤回归"引领"产业回归"的典例。

第二，"一把手"访亲。与比亚迪集团建立初步联系之后，嵊州市委、市政府主要领导先后11次带队赴比亚迪总部沟通对接，开展各类调研活动32次，接待比亚迪团队实地考察活动13次，通过线下洽谈、线上展示、实地考察等多种方式沟通对接。市主要领导亲自"挂帅"的招商队伍，通过细致入微的政策解读和答疑解惑，充分展示了嵊州的招引诚意，打消了企业的投资顾虑，该项目从正式洽谈到签约引进仅用时2个月。

第三，最大诚意"迎亲"。出台加快推进工业经济高质量发展若干政策等系列惠企政策，强化项目建设、生产经营、科技研发等六个方面的支持，以百分百的诚意和实打实的政策，为双方深入合作建立了互信、夯实了基础。同时，优化"市长直通车""政企早茶会"等政企沟通机制，全面打造"亲商安商"环境，实施重点项目蹲引解难机制，先后派驻3名招商干部蹲点办公，实现项目从信息收集、分析筛选到签约落地、人才到岗落户的全流程跟踪服务，实时清扫招引对接中的"绊脚石"。

（二）精准定制"一企一策"，加速项目落地投产

第一，专班化推进项目。成立由市委、市政府主要领导担任组长的项目推进专班，下设综合协调、政策兑现、市场推广等7个工作组，抽调53名干部配套组建助企服务团，与企业干在一起、拼在一起。创设"日晒进展＋周晒小结＋半月会商"工作机制，定期汇报项目进展、重点工作、滞后工作、需紧盯事项，对项目签约、落地、施工等各个阶段进行量化考评。比亚迪项目仅用时

28天就完成项目预赋码，23天完成一期590亩土地政策处理。

第二，个性化定制服务。聚焦项目具体需求，注重优化全流程配套服务机制。在招商"21条"新政基础上，为比亚迪打造个性化"一企一策"。全程陪同摸排企业技术人才缺岗情况，办理施工临时用电、110千伏变电站、施工预许可等事项；为年薪20万元以上外地来嵊企业员工，提供子女就学、人才公寓等贴心保障；放活项目建设、生产经营等六方面资金支持，建立高新技术企业评定奖励、招聘补贴、基础研究创新扶持、高级人才专项补助、项目建设税费优惠、入园奖励等配套政策，全方位消除企业后顾之忧。

第三，全要素倾力保障。针对项目落地的堵点、难点、痛点问题，从政策、服务、改革等方面入手，整合力量攻坚破难。比如，针对能耗、土地指标等问题，市委、市政府主要领导多次积极帮助申报省特别重大产业项目，主动协调能耗单列等问题，确保项目顺利通过能评批复，争取土地指标近500亩；创新"边评估、边清表、边勘探"方式，完成项目北侧地块政策处理，有效加快进度，项目耗时减少约50%。比亚迪项目从签约到投产仅用时10个月，比协议投产时间提前了6个半月。

（三）围绕龙头"补链强链"，优化协同发展生态

第一，培育产业链生态。为使项目落地后，比亚迪能迅速步入发展的"快车道"，避免"水土不服"，通过精准的"链式招商"不断"补链强链"，努力营造企业集群协同开展技术攻关、平

台共享、供需对接的发展生态。一方面，加大比亚迪上下游产业链企业的走访招引力度，如赴深圳招引比亚迪的上游企业诺德股份，同步招引广吉科技，促成敏特汽配等4家企业与比亚迪开展业务合作。同时，带动项目周边新增餐饮住宿等各类经营户126家，有效完善周边基础设施和配套体系。

第二，招引专业化人才。为解决项目落地后的用工难题，嵊州市打通政企双向通道，整合宣传、发改、人社等部门专业力量，搭建人才招聘平台，千方百计为企业招才引智。开行"比亚迪引才专列"，赴湖北、江西等地10余所高职院校开展校企合作洽谈与专场招聘，邀请绍兴6所职业院校来嵊与比亚迪开展产业工人培养输送校企合作现场对接；推出"才聚嵊州·矩阵引才"云计划，成功组织"比亚迪直播带岗专场招聘"，在嵊州人才网开通比亚迪招

2022年6月14日比亚迪新能源动力电池项目（一期）通线仪式。

聘专区，实现24小时线上智能匹配，成功为比亚迪招工5000余人。

第三，放大虹吸式效应。以比亚迪项目为"龙头引领"，以点带面打造"产业延链"，着力构建上下协同、左右互补的产业格局。发挥杭绍台高铁、杭绍台高速嵊州段等重大项目建成优势，相继引进晶越半导体、长鸿高科、长科新材料等领军项目，形成超500亿元产值规模的产业集群。目前，已有新能源企业及关联企业33家，项目10个，预计产值达250亿元；拥有新材料企业及关联企业28家，项目10个，预计产值达290亿元。

三、经验启示

第一，要深挖乡贤"富矿"，激活"招大引强"资源库。乡贤是一座城市的宝贵财富，是撬动城市招商引资工作的重要"支点"。深入挖掘乡贤资源，找到"关键人物"链接重点领域和优质企业，能为"招大引强"提供强大助力。嵊州市的实践表明，只要搭好乡贤平台，建强联络机制，写好乡情文章，积极当好组织员、联络员、服务员，就能凝聚起广大乡贤能量，找到"招大引强"的突破口。

第二，要"一把手"带头上阵，汇聚"极速落地"强动能。主要领导冲锋在前，既能充分调动整支招商队伍的工作积极性，增强工作信心，又能让企业感受到地方招商的最强决心和最大诚意。嵊州的经验表明，如果党政主要领导做到重大项目亲自出面、重要客商亲自洽谈、关键问题亲自协调解决，就能形成自上而下、齐心协力招商的强大合力，减少沟通成本，实现"极速招引"。

第三，要"要素集成"协同推进，打造"全周期"服务链。对于企业的投资意向，营商环境是重要影响因素，其核心是政府对企业的优质服务。要坚持当好"店小二"，打造"全周期"服务链条，提供精准高效的政策服务、高效快捷的审批服务和政企联络的管家服务。嵊州市的经验启示，通过成立由主要领导牵头的专班，能使各部门快速打破壁垒、进行"要素集成"，开展高效协同，用"闭环式""一站式"的精准集成服务，为项目保驾护航。

第四，要注重"产业链招商"，"以点带面"优化产业格局。对于"链主型"企业的引进，不仅要针对项目本身提供服务，更要瞄准上下游进行"产业延链"，通过延长产业链条，提供完备的配套。嵊州市深谙"产业链招商"之道，以重大项目招引为契机，紧盯产业链区域化、全链化、精深化方向，补强龙头企业所在产业链的高端环节和关键缺失环节，形成重点突出、优势互补、链条完整的产业格局，增强重大项目长远发展的动力。

思考题

1. 多个重大项目同时启动时，"一企一策""专班化推进"可能面临人手、资源不足等问题，是否存在普遍适用的推进机制？

2. 如何从为"龙头企业"主动配套上下游企业，转换到通过"链主型"企业的势能批量引入其合作的关联企业，发挥"招大引强"中的规模效应？

绍兴市委组织部　推荐

"四全"发力　打造化工产业安全发展平台

——金华市系统推进化工园区安全风险整治

摘要　2022年，按照国家统一部署，浙江省开展危化品安全风险集中治理行动。金华市坚决做到"总书记有号令，党中央、省委有部署，金华见行动"，聚焦"打造本质安全样板，争当全国市域社会治理示范"目标，围绕市域5个化工园区规划布局不合理、发展定位不清晰、非化工劳动密集型企业混杂于园区、安全基础差、问题隐患多、整治任务重等现状及历史遗留问题，由市委亲自谋划、专题研究，常务副市长挂帅攻坚、现场督查督办，建立园区安全风险整治"四张清单"，媒体公示，倒排计划，挂图作战，打好统筹攻坚战、合力推进战、监管智慧战、发展提质战"四大攻坚战"。

关键词　化工园区　整治攻坚　"金华战法"

一、背景情况

2019年，江苏响水"3·21"特别重大爆炸事故给人民的生命财产造成重大损失，党中央、国务院高度重视，习近平总书记多次作出重要指示，强调各地和有关部门要深刻吸取教训，加强安全隐患排查并亲自审定了全国危化品安全风险集中治理方案，要求针对化工园区等重大安全风险开展治理。金华市共有5个省级认定化工园区，单个规划面积从1.33平方千米到3.92平方千米不等，园区内原有村庄15个、企业71家，其中化工企业35家，普遍存在因企设园、规划布局不合理、混杂非化工劳动密集型企业多、物理封闭困难等问题，安全基础差、整治任务重。为坚决贯彻落实党中央、国务院和省委、省政府关于危化品安全风险集中治理部署要求，金华市坚持统筹发展和安全，聚焦除险保安、本质安全，坚决推进化工园区安全整治提升工作。

二、主要做法

（一）高位推动、带头带领，全面压实整改提升责任

针对化工园区整治提升过程中存在的责任难以压实、部分整治提升项目推进缓慢等问题，由市委、市政府主要领导带头，全面压实各方责任。一是领导挂帅。市委、市政府主要领导同志亲

自谋划推动，市委常委会、市政府常务会议6次专题研究，市委主要领导多次作出指示批示，要求担当负责、强化督办，加快推进化工园区整治提升。建立园区安全风险整治问题、举措、责任、时限"四张清单"，相关县（市、区）主要负责人一线挂帅攻坚，制定战术、把关方案，指导抓好各阶段具体工作。二是加压倒逼。2022年3月，主动将"金华市化工园区安全风险问题较多"纳入省、市两级"七张问题清单"。5月初又将"化工园区安全风险整治提升推进不快，属地政府整治不够坚决"问题，纳入2022年安全生产、防汛防台风险隐患整治"四张清单"内容，在《金华日报》等媒体公布，以"把自己逼到墙角"的决心意志，推动市、县两级尽锐出战、攻坚克难、夺取全胜。三是严实督导。常务副市长作为第一责任人，携市安委办常态化开展实地督导。组建攻坚群，建立"日报表、周督查、旬例会、月通报"机制，2021年12月，"一对一"约谈了4名工作推进缓慢的分管副县（市、区）长，层层压实责任。比如，某市化工园区内A区块周边村庄距离近、非化工企业多、配套设施不完善、现有化工企业工艺落后、设备陈旧、产品附加值低、经济贡献度小、企业本质安全投入少，整改难度很大。约谈后，市长专题调研园区整体规划和布局调整，提出建设绿色安全高质量园区。分管工业的副市长先后6次召开专题会议，带队赴省经信厅、应急管理厅对接规划调整方案，得到了省厅的认可和支持。

（二）锚定目标、系统施治，全速规范园区建设管理

针对金华市 5 个化工园区受历史遗留问题影响，依托现状因企设园，化工园区风险隐患多、全面摸清难度大等问题，市里落实"一园一策"，组织专家对园区风险进行不留死角的全面摸排。一是风险排查到边到底。动态跟进安全风险评估标准调整，在园区自评基础上，多次组织省、市专家逐一对照排查、逐园建档立册，确保风险零遗漏、问题无死角。2022 年新评估标准出台后，针对省应急管理厅安全风险复核评估专家组提出的 57 个风险问题，市应急管理局明确在 24 个主要问题整改到位前，不得新建（改、扩）涉及重点监管危险工艺或重大危险源危化品项目。二是"一园一策"落实落细。市经信局、市生态环境局和市应急管理局联合印发《关于加快推进化工园区提升改造的指导意见》，各园区聚焦省应急管理厅安全风险复核评估提出的问题，动态调整"一园一策"整治提升方案，刚性落实专业人员配备、产业定位、规划调整、整体安全风险评估等举措 91 项。比如，金华市克服婺城"4·15"、兰溪"4·19"疫情影响，综合运用选调、直通车招录等多种方式，45 天时间内完成 21 名专业人员录用，园区专业监管力量配足配强。三是服务指导用心用情。运用中介服务机构"集中进驻、上门服务"和"专家出意见、园区抓落实"等服务模式，悉心解决整改提升技术难题。注重政策宣讲和温情感召，发动园区企业主动参与，政企一条心、协同抓整改。比如，金华市应急管理局两次组织专家，对金华开发区化工园区内的 18 家企业开展全

覆盖排查；东阳市邀请省级专家对园区危化品停车场、应急事故池、公共管廊等瓶颈问题"问诊把脉"。同时，指导园区编制集企业信息、四至范围及安全控制线等内容于一体的"一图一表"，达到了园区监管目视化，该创新做法获省厅肯定和推广。

（三）聚焦难点、攻坚突破，全力化解重大风险隐患

针对园区整治过程中规划布局不合理、园区内村庄搬迁、劳动密集型非化工企业腾退难等重难点问题，集中攻破、全力化解重大风险隐患。一是科学规划园区布局。综合考虑环境容量、安全保障、产业基础等因素，衔接"多规合一"，分类调整园区规划，优化产业布局。比如对整改难度大、风险高的，坚决予以关停，推进空间置换；对工艺落后、发展潜力不足的，调整园区红线、实行萎缩化管理；对不符合主导产业方向的小微创业园、商务用地，坚决移出规划，以壮士断腕的决心坚决守护群众安全。二是稳步推进园区内村庄搬迁。比如，金华开发区化工园区搬迁村庄8个，建成安置房25.7万平方米，安置人口2300余人；武义县化工园区搬迁村庄2个，其中，胡处村征迁历时20天攻坚，完成34户集体土地100%签约，建成安置房2.2万平方米，安置人口240余人。三是加快非化工企业腾退。坚持全面腾退不动摇，综合运用货币补偿、收储置换等方式，全面出清园区内劳动密集型非化工企业21家，腾出三类工业用地近46.67万平方米。东阳市结合低效用地整治推动园区有机更新，完成了六歌园区内旺鑫印染、凤山麻纺、卫源石材厂等一系列企业的收储。

（四）以点带面、引领撬动，全域提升产业发展水平

针对智慧化园区建设难度大、产业转型发展推动力低等问题，以点带面，构建"化工产业大脑＋园区智慧平台"，全域提升产业发展水平，推动转型发展。一是严格项目准入。出台危险化学品建设项目进区入园指导意见，建立多部门联合审查机制，制定实施十大项、175种危化品"禁限控"目录，优先引入化工新材料、创新化学药等细分领域项目，控制油漆、涂料、胶水等常规产品规模，加快打造特色鲜明、安全可控的化工产业园区。二是推动转型发展。结合全市低效工业用地整治，加大园区"低散乱"企业整治提升力度。比如，东阳市六歌生物产业园东区块共有工业企业33家，总面积611亩，其中，低效工业用地31家，面积260亩，平均亩产税收不足3万元，片区平均容积率不足1.0，亟须通过出台连片整治政策、构建市场化运作平台，强化与8家金融机构的融资合作，以国资撬动低效工业用地清理整治和开发再运用。同时，加快腾出用地的项目招引进度，华芯电子材料、博康光刻胶、普洛制药等一批总投资约30亿元的新引进和技改项目正在推进落地。三是提升安全智控。以横店化工园区入选全省首批化工产业大脑试点为契机，统筹推进"化工产业大脑＋园区智慧平台"建设，打通政府、园区、企业端数据壁垒，建立园区三维倾斜摄影模型，系统重塑重点场所、重点设施在线监测和异常数据联动预警等功能场景，数字赋能提升化工园区安全监管水平。比如，在重大危险源实时监控方面，通过接入企业温度、压

企业自发完成有毒储罐封闭化建设。

力、液位、有毒可燃气体实时在线检测数据以及关键岗位视频监控、安全仪表异常报警等数据，实现园区对重点场所、重点设施在线检测、风险动态评估和自动预警处置。

三、经验启示

（一）要紧密围绕"发展要安全"的要求

安全是发展的前提，发展是安全的保障。要认真学习贯彻习近平总书记关于安全生产重要论述，切实统筹发展和安全，不能只重发展不顾安全，更不能在不具备安全条件的情况下盲目发展化工项目。

（二）要建立健全高效联动工作机制

一是强化属地主体责任落实。属地政府要对整治提升工作负总责，按照"一园一策一专班"要求，加强对园区规划及扩园、村庄或非化工企业搬迁等重大问题的统筹协调，落实各项保障措施。二是建立部门联合攻坚机制。化工园区整治提升是一个系统性工程，需多部门合力攻坚。应当建立市级安委办统筹、多部门参与的联合推进工作机制。三是强化督察督办。建立园区安全风险整治问题、举措、责任、时限"四张清单"，倒排计划，挂图作战。实行"日报表、周督查、旬例会、月通报"机制，综合运用通报、警示约谈、现场督导、专家指导等方式全力推进。

（三）要夯实专业人才支撑

为深入推进化工园区安全整治提升，强化安全监管力量，需要招录培养一批有专业、懂技术、会管理的化工专业人才。比如，金华市各级组织部门通过下沉、选调、招录、招聘等多种方式，解决化工专业人员增配问题。

（四）要强化资金要素保障

化工园区整治提升是一项系统性工程，无论是智慧园区建设、劳动密集型企业搬迁、园区内村庄拆迁还是危险化学品专用停车场等基础配套建设，均需要大笔资金的投入。比如，金华市化工园区整治提升工作累计投入资金达7.9亿元。

思考题

1.安全是发展的前提，发展是安全的保障。在化工园区建设、化工项目的招引过程中，如何统筹好发展与安全的关系？

2.在统筹推进"化工产业大脑＋园区智慧平台"建设过程中，如何打通部门、园区、企业端数据壁垒，系统重塑风险识别、隐患排查、监测预警、应急处置、打非治违等功能场景，数字赋能提升化工园区安全监管水平？

省应急管理厅　推荐

以龙头项目为引领 打造百亿产业集群

——兰溪市招大引强走活产业发展棋局

摘要 在常态化疫情防控情况下，大部分企业面临着供应链不畅的问题。同时，客商进不来、招商出不去，招商引资工作无法正常开展。特别是2022年3月、4月兰溪先后发生两次疫情，对工业经济稳步发展造成了较为严重的影响。为此，兰溪市在统筹疫情防控和工业经济发展上出实招，在防疫大考下稳住经济发展基本盘，培育壮大创新发展新动能，不断优化项目招引"算法"。以欣旺达锂离子电池项目为龙头，不断招引产业链上下游项目，产业链条不断延伸、项目不断落地，从无到有、从有到优，兰溪新能源新材料产业百亿集群的发展动能正在不断积蓄，杀出了一条产业转型升级发展的"血路"。

关键词 招商引资 疫情防控 产业转型 要素保障

一、背景情况

2020年3月25日，总投资52亿元的欣旺达电子股份有限公司浙江锂威锂离子电池项目（以下简称"欣旺达浙江锂威电池项目"）落地兰溪，为兰溪史上单体投资规模最大的智慧制造业项目，项目总建筑面积约40万平方米，建成后年产锂离子电芯2.4亿只、锂离子电池模组2.4亿只，可实现年产值超百亿元，新增就业岗位1.2万个。欣旺达浙江锂威电池项目开工建设以来，兰溪市克服疫情的影响，75天首栋单体厂房封顶、173天完成约40万平方米主体建筑、一年时间顺利量产（2021年8月28日正式量产），创造了"兰溪速度"和"欣旺达纪录"，为兰溪高质量发展写下浓重绚丽的一笔。以其为中心开启产业链招商新模式，在兰溪乡贤——欣旺达电子股份有限公司首席运营官项海标的推动下，新能源、新材料产业的集群正在迅速形成。

二、主要做法

（一）从无到有，做产业延伸加法

第一，提前梳理，精细谋划。改变以往漫天撒网、大海捞针的粗放招商模式，按照产业链条梳理项目清单并开展有针对性的招引和配套。以欣旺达产业链项目招引为例，充分发挥欣旺达

"链主"企业的作用，挖掘"链主"的"朋友圈"，发挥其强大的吸引力。尤其在受疫情影响难出家门之时，这种以商招商的方式作用更加凸显。自欣旺达浙江锂威电池项目落地兰溪以来，一批产业链上下游项目相继落户，产业链项目总投资达283.5亿元，预期年产值达324.5亿元，带动就业超3万人。其中，欣旺达电子股份有限公司直接投资项目4个，投资总额105亿元，2022年该公司直接投资项目预计产值60亿元。通过在强链补链上做"加法"，一个以欣旺达浙江锂威电池项目为龙头的百亿产业集群正在加速形成。这批项目将成为兰溪经济社会发展的"新引擎"，推动兰溪跑出再创工业辉煌的"加速度"。

第二，延链补链，打造集群。加速形成龙头产业项目配套，以产业链条做依托，让企业抱团发展，增强经济稳定性。通过实践，在确立核心龙头项目以后，明确了项目招引方向，项目招引和项目质量效益大大提升。以怡钛积等光学膜企业为龙头，对接行业龙头弘信集团和拓米国际，进一步延伸光学膜链条企业；以康鹏半导体为核心，成功招引上游株洲半导体和下游半导体外延项目，并以此带动乾照光电、安芯基金等外来资本投资兰溪；以盘毂动力为纽带，吸引国内动力电池巨头宁德时代10亿元定向投入，带动新能源车部件项目不断落地。通过努力，几大新兴产业集群将向着百亿规模大踏步前进。兰溪招商引资考核连续三年居金华市前列（2020年列第1位，2019年列第2位，2018年列第1位）。

（二）攻坚克难，做项目落地乘法

"想不到项目建设得这么快！更想不到产业园可以建设得这么漂亮！"对于只用短短一年时间就打造出欣旺达浙江锂威电池项目，欣旺达电子股份有限公司创始人给出了这样的评价。

第一，靠前指挥，全力攻坚。自欣旺达浙江锂威电池项目落户兰溪以来，为更好地服务项目，加快项目落地进程，兰溪市委、市政府成立了项目推进工作领导小组，专班专人统筹推进项目落户前期各项工作。尤其在项目前期工作中，通过现场办公，由市领导牵头，一线调度、督促、协调，破解难题，做到精准预判、提前谋划。一个个数据均体现出"兰溪速度"：项目从开工建设到顺利量产仅用一年时间；总投资20亿元的欣旺达电子股份有限公司投资的欣动能源子项目，从签约到投产仅用59天，实现了当年招商、当年投产、当年"上规"；总投资13.3亿元的上游产业链锂威电子基膜涂覆项目，克服疫情的反复冲击，从2021年10月进行土地平整到2022年1月初开工再到主厂房顺利封顶用时70天，7月完成二次装修和机电安装，9月初正式量产。

第二，提振作风，入企服务。2022年疫情防控期间，为了保障欣旺达浙江锂威产业园的正常运行，市政府相关领导亲自关注、靠前服务，为企业招工、疫情防控、打通物流进行协调，保障了产业园的正常运行，换来了企业的点赞。同时，在全市面上开展"千名干部联千企"行动，强化干部作风建设，以企业实际问题为导向，收集企业诉求，实行限时交办，解决了一大批企业的实际问题。2022年5月，经过全力争取，兰溪最终打败强劲对手，成功签约总投资20.5亿元的致德新材料项目（欣旺达上游产业链项目之一）。项目落地前，需要进行安全环保风险审查，但受疫情影响，专家组无法来到兰溪。兰溪市招商投资服务中心第一时间视频连线专家组、项目方及有关部门负责人，举行线上评审会，助力项目快速落地。

（三）招商选商，项目招引做减法

深入实施"智造强市"战略，开展制造业转型升级大会战，落实新一轮制造业"腾笼换鸟、凤凰涅槃"攻坚行动，全力打造"3＋3＋X"产业体系。前一个"3"即纺织、水泥、化工三大传统产业的提档升级，鼓励现有企业改造提升，在项目招引上做"减法"，将有限的空间资源留给新兴产业。后一个"3"即围绕新能源产业、新材料产业、光电信息产业三大新兴产业强链、建链、延链，招商选商，优中选优。2022年5月31日，兰溪举行先进制造业"云招商"暨重大项目集中签约仪式，14个项目成功签约，总投资153亿元。其中，欣旺达高性能圆柱锂离子电池项目投资额达23亿元、"源网荷储"一体化项目投资额达30亿元，总投资共53亿元，一并助力兰溪打造全国新能源新材料的重要生产基地。"X"即空间集聚、数字化提升、畅通融资渠道、夯实安全生产等X项措施。通过低效用地连片整治，为新兴产业落地腾出发展空间，市低效指挥部下沉，与开发区指挥部合二为一，整合力量编成三个攻坚小组，分别负责新桥山背、雁洲路南侧、丹溪大道两

兰溪市先进制造业"云招商"暨重大项目集中签约仪式。

侧三个片区的连片整治，2022年力争完成5000亩低效工业用地的整治工作。同时，结合化工园区整合提升，推动新桥山背、光膜小镇、女埠B区化工产业整合集聚，为新能源和化合物半导体产业链中的化工类项目留足发展空间。

三、经验启示

（一）精准招引抓龙头抓项目持续招引

龙头项目招引成功与否对一个地区的产业结构有着巨大的促进作用，尤其在现如今竞争激烈的情况下，一旦松懈，项目就将花落他家。兰溪的实践表明，要结合当地主导产业，聚焦打造高端产业链，积极谋划强链补链延链，同时紧紧抓住乡贤及上市企业、行业龙头企业等重点资源和重点对象，持续精准招引，促使"金凤凰"项目落户，并形成产业发展的联动集聚效应。

（二）强化领导抓作风抓服务持续加速

项目落地快不快，关键在政府服务好不好，尤其是疫情冲击下，发展的机会稍纵即逝，企业拖不起也等不起。欣旺达浙江锂威电池项目能落户，兰溪市"一把手"带头招商起了至关重要的作用，但项目的快速健康发展，比拼的是兰溪干部的作风和营商环境。项目从开始对接到最终落户，从开工建设到顺利投产，无不体现着兰溪干部的优良作风和贴心服务。项目要入驻，企业要落户，"根"都要扎在土地和厂房上。项目建设期间，管理人员和施工人员最多时超2600人。这些案例说明要持续全面深化"三服务"，以高度的责任感推进产业项目的全生命周期和关键环节上的体制机制创新，持续不断地提高政府服务效能，让一流的作风成为推动项目落地投产建设的强力引擎。

（三）拓展空间抓低效抓要素持续保障

欣旺达浙江锂威电池项目能够顺利落户兰溪，虎口夺食、乡情牵线固然重要，但本质还是兰溪发展战略、工业基础、平台能级、要素供给与产业布局需求的相匹配，尤其是推进低效用地整治，强势腾出发展空间至关重要。欣旺达浙江锂威电池项目的落户地块为原金鹤车业闲置地块，在此之前闲置多年，造成资源浪费，项目的落户对闲置土地资源再利用起到较大的作用。因此要持续推进低效用地整治尤其是连片整治工作，综合运用司法拍卖、协议转让等方式，加快收储，加快"腾笼换鸟"进度，腾出发展空间，同时完善"政府代建＋企业后期赎回"建设模式，抢抓时间，助力产业项目建设提速增效。

思考题

1.常态化疫情防控下，如何有效地挖掘招商信息，高质量地推动产业转型，将有限的土地资源、政策资源供给优势产业项目？

2.在围绕新兴产业培育的同时，如何更好地平衡传统产业改造提升？

金华市委组织部　推荐

优环境　稳就业　激发消费活力

——东阳市紧跟时势精准施策促进消费逆势上扬

摘要　现阶段经济发展面临着需求收缩、供给冲击、预期转弱三重压力，如何有效保持消费市场活力，提升市民消费能力，发挥消费对经济的持久拉动力，是必须破解的难题。东阳市从组建高层级专班、高效运用政策和织密供应链网络三方面入手，营造良好的消费环境；通过兑现就业政策、监测就业市场供需和送就业关怀等举措，提振各类群体的消费信心；以多元化的消费场景和更新迭代的线上消费刺激民众的消费欲望，促进消费逆势上扬。2022年1—6月，全社会零售总额162.46亿元，同比增长4.3%；限额以上餐饮业营业额1.17亿元，同比增长57.6%；限额以上零售业商品销售总额42.63亿元，同比增长11.6%。东阳市被评为浙江省推进促消费工作督查激励成效明显的县（市、区）及促消费和批发零售业改造提升成绩突出集体。

关键词　政策运用　消费场景　文旅消费

一、背景情况

东阳市地处浙江省中部，常住人口108.8万人，是著名的教育之乡、建筑之乡、工艺美术之乡、影视文化名城，既有较为广阔的消费市场，又有较强的消费承载力。全市共有AAAAA级旅游景区1家、AAAA级旅游景区4家、AAA级旅游景区2家，是浙江高等级景区最多的县（市、区）之一。近年来，东阳市依托横店影视城的天然优势，全力拓展影视产业链，包括影视剧组拍摄、横漂人群、住宿餐饮、文化旅游等，持续集聚人气。2021年，全市接待游客1067.8万人次，比上年增长12％；实现旅游收入180.9亿元，比上年增长15.7％；流动人口增加至40万人。同时，全市拥有15家大中型商超，人均商超拥有面积高于全省平均水平。

但在新冠肺炎疫情叠加百年变局的大背景下，文旅、住餐行业首当其冲，几乎停滞不前。2022年1—6月，东阳共接待游客409.3万人次，同比下降27.8％，限额以上住宿业同比下降55.1％，流动人口锐减至20万人，消费市场面临极其严峻的考验。为此，东阳市迭代促消费系列政策，推动供给侧和需求端共同发力，全力稳消费、稳市场、稳发展。

二、主要做法

（一）拓宽就业渠道，保障群众收入，让市民能消费

促消费，收入是基础，因此，扩大消费最根本的是促进就业。东阳市打出兑现就业政策、匹配市场供需、送就业关怀"组合拳"，稳定群众收入，为消费提供"信心支撑"。

第一，顶格兑现稳就业政策。按全面顶格、能出尽出、精准高效的原则，东阳出台并宣传好相关政策，不断精简兑现环节、压缩兑现周期、提高兑现便捷度，用真金白银助力各市场主体渡过难关、留住"青山"，让各类群体安心就业。截至 2022 年 6 月底，累计为 8552 家企业稳岗返还 4198 万元，为各类市场主体落实留工补助 6113 万元，为 1.67 万家企业累计减征失业、工伤保险费 6011 万元，发放高校毕业生创业担保贷款 2368 万元。

第二，有效匹配保就业供需。打通市发改、市经信、市人社数据库，加强企业用工监测体系、样本、类目的全面升级，迭代升级用工监测系统（3.0 版），并扩大监测覆盖面，将 921 家企业的用工、培训、招聘、员工工资保障等要素纳入监测，为就业市场供需匹配提供技术保障。截至 2022 年 6 月底，累计开展用工监测 44 期，监测企业 3.3 万家次，监测各类项目 148.5 万项，共享员工 2800 人次，预防 9 次群体性失业，解决 12 件欠薪隐患。

第三，积极引导促行业用工。延伸本地影视文化产业链，依

托全国劳务品牌"横店演员公会",累计为3500多个剧组提供700余万人次的群众演员和特约演员服务,为众多低收入群体开辟就业增收通道。综合考虑省外人员农忙、照顾孩子的需要,指导企业弹性用工,帮助1802家企业5700余名脱贫人口稳岗在东,确保其有持续稳定的收入来源。完成对受疫情影响较大的影视、旅游服务行业6482人次的"以训稳岗",实现影视服务行业"零裁员"。

(二)丰富供给形式,构建特色场景,让市民愿消费

在提振消费上积极出实招,努力探索多样化的消费形式,推动消费场景升级和线上消费迭代更新,进一步释放消费潜力,提升消费景气度。

第一,丰富促销活动,线下消费有生气。一方面,积极引导和鼓励商贸企业开展节假日促销、主题促销等活动。2022年上半年,全市共开展大型线下促消费活动10余场,依托发放消费券拉动消费超25.8亿元。比如,举办东阳惠民车展、夏季新能源汽车嘉年华等活动,结合消费券补贴,撬动消费杠杆29倍,拉动汽车消费超25亿元。另一方面,引导大型商贸企业与影视、旅游等行业跨界线下联动,全面提档升级文旅展会。比如,在横店梦外滩景区内承办全省首个全国性展会,集聚10余个省市200余家老字号品牌、上千种老字号产品,吸引游客超6万人次,实现现场销售351.6万元、意向订单超5200万元。

第二,打造多元场景,文旅消费有人气。优化提升卢宅"非遗夜市"、振兴路"夜美食"、万盛映象街区等10个夜间消费项

目，推动夜间消费商圈"点—团"式连片发展。推出"金华人游东阳""过夜游"等惠民旅游产品，安排200万元专项资金用于奖补，截至2022年6月底，该活动已接待59个团6500余人次。推出一系列以横店影视IP为原型设计的"剧中人"沉浸体验项目、以经典演艺秀为蓝本设计的"印象横店"等影视文创产品。截至2022年6月底，已有3000余种文创产品面市。

第三，迭代线上服务，新型消费有朝气。推动民生多领域"互联网＋"改革全覆盖，实现消费场景"数字化"转化。以数字商贸为重点，打造云上好乐多、医保码等一批数字生活服务新平台，重点推动今明后三好鲜生、吉合家政等一批网上超市、菜场建设。培育电商跨境扩销，抓好箱包皮具、渔具渔线等省级产业集群跨境电商试点建设，引导企业开展跨境电商B2C、B2B等业务。截至2022年6月底，跨境电商销售额约1.25亿美元。大力发

2022年7月15日，东阳市巍山镇夜市开业，首天人流量过万。

展直播电商，组织开展"美好生活·浙播季"系列活动，开展"东白严选"直播、电商网红直播节等30余项活动。截至2022年6月底，电商网红直播节累计740万人次观看，直播带货销售额超过2300万元。

（三）用好政策工具，打造优质环境，让市民敢消费

优化消费环境，是释放消费活力的基础。东阳市通过专班化运作，出台一系列政策积极引导消费，持续强化供应链保障，营造放心消费氛围，统筹加快推进全市促消费工作。

第一，搭建高能级专班。成立以分管副市长为组长的高能级消费专班，成员包括21个市级部门单位、18个镇（乡、街道），下设综合协调推进、流通消费促进、文旅消费促进、消费环境保障、数据统计分析5个小组，并建立小组组长会议制度和联络员制度，保证专班常态化运行。以推动项目建设为抓手，全面完善商贸流通供应体系，为重点商贸企业培育消费新增长点。2022年1—6月，完成商贸项目投资额5.5亿元，新增入库限额以上商贸企业6家，提前超额完成指标任务。

第二，做实放心消费。深入开展"放心消费在东阳"行动，针对普通消费者关注度较高的领域，组织开展"放心计量""开放实验室""买红木到东阳"等专项行动，在创建"放心消费单位"中规范经营户经营行为，完善村级消费联络站、消费维权服务站，积极构建安全放心、质量放心、价格放心、服务放心、维权放心的放心消费五维体系，提振消费信心。截至2022年6月底，

培育放心消费单位3297家；办理食品安全类、价格类等案件750余件，受理消费投诉举报6400余件，为消费者挽回经济损失440.19万元。

第三，织密供应链条。出台《东阳市促进商贸流通业高质量发展的若干政策意见》，从培育发展商贸流通主体、支持企业拓宽营销渠道等四个方面进行大力支持和培育。比如，该市商超龙头企业好乐多商贸有限公司于2021年底新开3家贝特惠折扣店，联手"居物社"品牌推出多彩集装箱风格美陈设计，为消费者带来精致购物体验，截至2022年6月底，销售额已达977.38万元，有效拉动公司销售额同比增长29.17%。深化农业、商贸联动发展，合理布局供应网点，紧密消费上下游关系，做好消费基础保障。作为省级供应链试点城市，东阳市已培育省级供应链企业4家、金华市级供应链企业5家。

三、经验启示

（一）在就业上企稳，保障收入夯实消费根基

如果没有稳定的收入，消费就是无源之水、无根之木。东阳市在稳就业政策兑现、匹配就业市场供需、引导行业用工方面下足功夫，稳住群众收入预期，提振安全消费的信心，保障大家"有钱花"。由此可见，只有保障就业让消费者的腰包不瘪下去，稳住他们的消费能力和消费意愿，才能让市场主体继续有收入、

有活力。

（二）在形式上创新，丰富场景挖掘消费潜力

要提升消费热情，激发消费潜力也必不可少。东阳市一方面着力布局多样化的促销活动，不断丰富新型消费产品和服务供给，培育"夜间经济""国货消费"等新型消费形态；另一方面着力加快新型信息基础设施建设，加快大数据、云计算等技术开发和应用能力建设，建设"数字化平台"，拥抱"电商＋直播"模式，为促消费增添新动力。从实践看，营造丰富多样的促消费活动，特别是打造出新消费业态，做大新消费场景，可以有效提振消费信心和消费意愿，有事半功倍的效果。

（三）从供给端发力，用好各项政策刺激消费

消费要发力，供给端必须稳定。东阳市将短期支持与中长期政策促进相结合，一方面继续扩大汽车和家具家电等大宗商品消费，促进消费热度持续提升；另一方面有效地为商贸企业纾困，促进经济供给端的复苏，激活供给端和销售端，形成增加消费力的良性循环，将其对经济复苏的乘数效应最大化。事实证明，拼经济、抓发展、促消费需要政策先行，抓政策落地见效是经济稳增长的关键钥匙。

思考题

1.提振消费最需要的是汇聚人气，但是应对疫情又需要尽量减

少集聚性活动，在这种两难的境地下如何有效地激活消费活力？

2.消费靠的是人民群众的消费力，消费力靠的是人民群众的钱袋子，在整体经济下行的趋势下如何保住钱袋子和提振消费信心？

金华市委组织部　推荐

保稳提质　稳舵奋楫

——义乌市聚焦"贸易＋物流"优化外贸全链条发展

摘要　义乌市是我国外贸的晴雨表、风向标，外贸是义乌最具标志性、最有辨识度的城市特质，习近平总书记亲自为义乌锚定了"世界小商品之都"的战略定位。2022年以来，面对严峻复杂的国内外形势，我国外贸发展面临前所未有的压力。为此，义乌市认真贯彻落实党中央、国务院和浙江省委、省政府的决策部署，围绕高水平建设内陆开放枢纽中心城市的目标，全面深化改革创新，扎实推动物流保畅，充分激发贸易主体活力，全力以赴稳住外贸基本盘。2022年1—7月，全市实现进出口总值2681.7亿元，增长33.8％；其中出口2444.4亿元，增长29.1％，在全省县（市、区）中规模第一，增量第一。

关键词　经济稳进提质　外贸　改革创新　物流畅通

一、背景情况

2022年以来，我国经济发展面临多年未见的需求收缩、供给冲击、预期转弱三重压力，加上突如其来的疫情和俄乌冲突爆发，国内国际环境更趋复杂和不确定性，外贸出口面临前所未有的压力。

（一）国际市场需求下降、订单减少

2022年，美联储进入加息周期，拉美、日韩、非洲等地区通胀压力加大，产生了购买力不足、需求下降等不良预期，全球经济和贸易增长预期减弱。4月，世贸组织将2022年全球经济和贸易增速预期分别下调1.3%和1.7%。俄乌冲突爆发后，直接影响东欧市场订单，导致义乌对乌克兰、俄罗斯等东欧国家贸易下降明显。疫情带来的全球供需错配和物流阻隔，导致订单前移；国外生产恢复、订单回撤，越南、土耳其等地制造业逐步恢复，又造成我国外贸订单或外贸加工环节向相关地区转移。据外贸企业问卷反馈，有25.5%的企业存在订单转移。

（二）国内疫情冲击外贸供应链

受上海疫情、义乌"8·2"疫情等影响，不少企业接单节奏打乱，交货周期延长，影响外贸跟单。据调查，疫情期间工厂平均交货周期延长半个月到1个月，少部分延长2个月。同时，义乌2/3的外贸货源来自外地，疫情区域封控造成物流不畅、组货受限，外贸货源来义集聚受阻，大量进口商品滞留港口。据企业反馈，上海疫情曾导致义乌约1亿美元的进口商品滞留上海，延迟清关，不仅产生高额滞港费用，还导致部分企业货源断档、无货可卖。

（三）贸易风险上升

2022年以来，美元不断走强，欧元、英镑、日元等货币贬值幅度较大，人民币对美元汇率从4月起快速贬值至6.7附近。据外贸问卷反馈，76%的企业有遭遇汇兑损失。受俄乌冲突影响，俄罗斯主要金融机构被踢出SWIFT体系，对俄贸易使用美元收付款受制，跨境结算通道不畅；客户汇款周期拉长，原先客户汇款周期基本在1—2个月，现账期延长至3个月以上，一些企业还面临俄乌冲突带来的客户破产风险等。

面对国内外疫情、俄乌冲突和美元加息等带来的种种影响，义乌市立足小商品贸易枢纽新场景，积极推动贸易改革、通道建设、政策赋能等环节实现新突破，有效稳住外贸企业发展信心，为全省稳外贸大盘作出较大贡献，争当内陆开放枢纽中心城市建设的主力军。5月20日，商务部副部长盛秋平在中共中央宣传部举行的"中国这十年"系列主题新闻发布会上，专门分享了义乌"打通内外贸构建双循环"的典型案例。

二、主要做法

（一）迭代升级，释放贸易改革红利

抢抓数字贸易机遇，持续深化市场采购2.0改革，实现市场采购增量发展，2022年1—7月出口1821.49亿元，占出口总量的

74.5％，同比增长21.59％，约占全国市场采购总量的1/3。

第一，做足"市场采购＋跨境电商"文章。针对跨境电商货物小而杂、无发票等痛点，义乌市依托市场采购贸易方式无票免税、简化申报等优势，充分发挥贸易和物流通道叠加优势，创新"市场采购＋跨境电商"出口模式，为跨境电商碎片化订单提供了便捷的拼箱出口履约服务。"市场采购＋跨境电商"出口连续三年迅猛增长，2022年1—7月实现出口203亿元，同比增长167％。

第二，构建数字贸易全链条服务生态。推动系统平台整合，义乌小商品城（chinagoods）平台已打通数字交易、数字履约、数字金融三大环节，规划建设采购宝、环球义达、货款宝、外商管理等20项数字化服务。截至目前，小商品撮合交易场景已直联1000多家外贸公司，归集市场5.5万个商户，服务在线交易超300亿元。

第三，率先推广境外代参展新模式。在疫情防控背景下，支持企业以"线下展品展示＋线上实时洽谈"代参展方式参加国外恢复举办的线下展会，开拓国际市场的效果更加明显。2022年已组织105家次企业参加，设立国际标准展位131个，接洽客户近1万个。比如，义乌塞尼工艺品有限公司反映，通过"代参展"模式参加美国拉斯维加斯国际服装及面料展会，现场收集名片120多张，高质量询盘占40％以上。

第四，拓展海外展销网络。2022年以来新增布局海外仓21个，海外仓累计数量达到166个，运营总面积达120万平方米，覆盖五大洲超52个国家103个城市。在德国、捷克、西班牙、卢旺达等国家布局15个"带你到中国"贸易服务中心，展示近千家企业超2.1万个SKU。一米供应链等海外仓企业通过"海外仓＋展厅＋境外地推团队"，实现展销前移海外，直接触达当地批发市场。总投资10.6亿元、占地20万平方米的迪拜义乌商贸城于2022年6月底正式开业。

（二）互联互通，畅通国际贸易通道

加快建设"义新欧""义甬舟"等标志性平台，全力打通外贸运输通道，积极打造双循环节点城市。

第一，稳定"义新欧"班列运行。义新欧与人保签署战略合作协议，为国际局势动荡下"义新欧"班列稳定运营提供保障。2022年以来"义新欧"班列义乌平台开行突破1000列，目前保持日均常态化开行4列以上，最高单日往返开行13列，面对疫情对国际航运业的严重冲击，大力承接海运、空运转移货物，在稳定国际供应链产业链中发挥关键作用。

第二，加快建设"第六港区"。畅通"义乌—宁波舟山港"海铁联运通道，投用海铁专用监管卡口。通过第六港区建设，宁波港的关务、港务、船务功能前移到义乌，使客户在家门口就能享受口岸服务，跨境电商集拼出口服务效率更高、成本更低。全市1—7月海铁联运发运重箱超4.6万标箱，同比增长超42％。筹建航运服务中心，新增1家船公司签署订舱一代协议，新引入7家企业开展订舱业务合作，有效提升海运订舱服务能力。

第三，谋划打造小商品集拼中心。目前已落地"义陆航"卡航集拼中心项目，打通"义乌—新疆—欧洲/俄罗斯/中亚"三条国际"卡航"公路运输线路，为"义乌—欧亚"开辟了贸易新通道，有效放大了义乌市场和贸易优势，对义乌建设国际贸易枢纽具有重要意义。3月30日上午，义乌首个卡航集拼中心项目——义陆航国际供应链有限责任公司正式开业，9辆满载价值约680万元日用百货、电子产品的卡车航班从义乌保税物流园出发，从新疆巴克图口岸以市场采购、跨境电商等贸易方式拼箱出口，最终运往英国、法国、德国等欧洲国家。

6月30日上午，义新欧第808列铁路出境快速通关专列。

（三）政策赋能，激发外贸主体活力

全力落实省政府"5＋4"政策礼包，加大外贸企业减负纾困力度。先后出台开放型经济发展、促进进口贸易发展等外贸扶持政策，2022年已兑现超6亿元，全年保障资金将超10亿元。

第一，率先开通国际采购商包机。义乌市创新突破、勇于担当，以商务包机方式接回外籍采购商，打开了外商来义新通道，为义乌市场带来了新客户、新订单，提振外界对义乌世界小商品之都信心。目前，已落地3架外商包机，接回巴基斯坦、印度及韩国外商共计433名。隔离期间举办"云采洽"活动64场，隔离结束第一时间组织包机外商进市场采购下单，预计带动采购额2.2亿美元。国内得到央视等主流媒体报道，国外得到韩国SBS电视台等知名媒体报道。

第二，用足用好RCEP自贸协定政策。积极开展"RCEP扬帆起航"系列专题活动，开展RCEP线上线下培训20余场次，覆盖企业超2000家，率先在全省发布首个地方性RCEP行动纲要、RCEP经贸合作指南，签发全省首份RCEP背对背原产地证明。1月10日，义乌市容兴进出口有限公司从澳大利亚进口的900箱奶粉抵达义乌综合保税区，其中200箱将采用"1039＋6033"方式集拼到RCEP国家新加坡和马来西亚，700箱通过一般贸易进口和跨境电商销售到国内。"原来去原产国购买，需要整柜进口。现在义乌综合保税区建成进口商品集散展示中心，外商就可以按需求一站式零散采购到位，转口到RCEP其他国家时，成本等同于在原产国购买"，公司负责人吴庆介绍。

第三，落实金融支持稳外贸举措。升级贸易保障体系，市场采购出口信保升级为45％、80％两档，基本实现小商品市场全覆盖。2022年一般贸易小微统保承保企业1303家，同比增长14％，覆盖企业数量位列全省各县（市、区）第一。创新推出"免抵押、低费率、快速贷、有保障"的海运贷数字融资产品，已为72家货代企业授信2.01亿元，循环放款620笔3.44亿元。落地"义担·汇率避险保"担保业务方案，2022年以来已签约企业333家，已办理汇率避险业务1611笔，金额6.74亿美元。义乌市珐欣电子商务商行负责人张女士成功办理全省首笔政府性融资担保项下远期结汇业务3万美元，免缴保证金1500美元。该笔业务的成功落地，也标志着义乌政府性融资担保支持汇率避险服务对象从小微企业拓展到个体工商户。

三、经验启示

（一）改革创新为外贸发展提供持续动力

借助国际综合贸易改革试点，义乌市首创市场采购贸易方式，为小微企业打开了低成本、便利化出口通道，推动外贸快速腾飞。但随着市场采购贸易政策在全国复制推广，义乌外贸先发优势不复存在。为此，义乌加快融入浙江自贸区建设，通过深化国际贸易综合改革、市场采购2.0等改革红利，促进市场采购贸易从"人无我有"向"人有我优"转变，推动了义乌外贸增长保持稳定。启示是，地方政府需要因地制宜，充分发挥自贸试验区等改革红利，在制约外贸发展的难点痛点上加大创新力度，继而形成可推广和复制的经验。

（二）物流畅通为外贸发展提供高速跑道

义乌市通过构筑"铁公机、海网邮、义新欧、义甬舟"物流"八路军"体系，全力打造国际陆港城市和东方孟菲斯。陆上，开辟"义新欧"班列线路共17条，联通50个国家和地区，6次获得习近平总书记点赞，被称为共建"一带一路"的早期收获。海上，积极推进义甬舟开放大通道建设，连通"海上丝绸之路"，推进与宁波舟山港关务、港务、船务一体化，实现"一次申报、一次查验、一次放行"。启示是，物流是国际贸易的工具和桥梁，要聚焦保畅通促循环，积极打造陆海联运体系，进一步保障物流畅通和外贸稳定发展。

（三）政策赋能为外贸发展提供强劲续航

在俄乌冲突以及国内突发疫情背景下，外贸企业生产经营面临订单减少、成本上升等困难，自身造血能力明显不足。为此，义乌市迅速出台稳外贸扶持政策，从促开放、拓市场、提质量、防风险、融资创新等方面全方位帮助外贸企业纾困解难，竭力打造"放心接单、平安出货"的外贸营商环境。启示是，政府需要在顶层设计方面有更多作为，尤其是在新型监管制度的构建上，要更多体现包容审慎的理念，探索制定供应链升级的自由贸易政策。

思考题

1. 当前俄乌冲突持续，全球经济通胀加剧，国际市场需求减弱，政府部门应如何帮助企业把握建设国内统一大市场的契机，推动内外贸一体化发展？

2. 面对全球通胀带来的贸易风险加大、成本上升等问题，政府部门应如何发挥自贸试验区先行先试优势，支持企业开展供应链模式创新，打造新时代外贸竞争新优势？

金华市委组织部　推荐

打造保链稳链工程　搭建助企纾困通道

——衢州市衢江区构建"三个三"维护"双链"安全稳定

摘要　衢州"3·13"新冠肺炎疫情发生后，衢江启动I级应急响应，区内企业停产、项目停工，人流物流商流受阻，产业链供应链出现短期不畅，甚至出现局部性断裂的现象。为进一步稳住经济运行，衢江在保证疫情防控"科学精准、动态清零"的前提下，聚焦关键卡口、关键物资、关键人员，全力以赴畅通物流配送"大动脉"，优化政策集成、金融保障、挂联服务机制，靠前服务保障企业稳运转，搭建战疫求助、闭环处置、社会参与三大平台，织密民生托底"保障网"，有效实现"不外溢、降总量、早清零"的目标，保障了重点产业链供应链运转顺畅，稳步有序恢复企业生产活力。2022年一季度，衢江固定资产投资同比增长32.0%，省"4＋1""六个千亿"、省重点重大项目开工入库率达100%。

关键词　疫情防控　纾困解难　民生保障　畅通物流

一、背景情况

习近平总书记强调"疫情要防住、经济要稳住、发展要安全"。省委提出要全力保障重点行业、重点企业正常运转和产业链供应链稳定。2022年3月，衢江遭遇了复杂严峻的"3·13"疫情，经历了近百例的疫情实战考验，首例病例居住地为衢江廿里镇。廿里镇内设工业功能区，有注册企业90余家、规模以上企业21家，集镇居民1.8万人，属城郊接合部，毗邻智造新城产业平台、衢州巨化等工业园区，集镇超半数居民为外来务工人员，日均人流量超万人。为阻止疫情传播蔓延，I级应急响应下，廿里镇及周边21家规模以上工业企业停产约13天，当月减产约1.1亿元，企业压力倍增。稳企业就是稳经济、稳民生、稳社会，衢江从机制、改革、平台入手保链稳链，通过政策倾斜、资金保障、驻企服务，为企业发展打下"强心剂"、按下"恢复键"。

二、主要做法

（一）聚焦三个关键，畅通物流配送"大动脉"

第一，聚焦关键卡口，守牢"通衢大门"。实行货车"三色"管理（对来自非中高风险地区的，贴绿标放行；对来自中高风险地区的，贴蓝标由企业接回管控；对核酸检测证明超48小时的，贴红标进行"核酸＋抗原"双检后闭环管控），守好区内衢州东高速出口、上方高速出口、太真高速出口、上方建德交界四个交通卡口，保障生产生活物资的持续供应。以衢州新农都为例，其作为区内一家辐射浙闽赣皖四省九市的农副产品集散中心，日均车流量1.9万辆、交易量4400多吨，承担着食品安全、保供稳价等重要责任，通过货车"三色"管理，保障了新农都在"3·13"疫情期间正常运转，解决了40余起新农都外地货车滞留卡点事件，及时有效阻断1起市外新冠肺炎复阳病例进入市场。全区累计检测车辆11.5万辆，放行11.2万辆，落实重点人员闭环管控388名。

第二，聚焦关键物资，打通"交通动脉"。疫情影响下，衢江部分企业双链受阻，遭遇"原材料进不来、成品货出不去"的困境。比如，区内大型制造业企业开山铸造所生产的半成品无法运往上海分工厂加工，导致正常生产无法维持，订单流失严重。了解企业困难后，3月23日，衢江成立由区发改、区经信、区公安、区交通等部门组成的双链运输保障工作组，组织开展运输保障工作，通过主动上门了解，协调打通影响衢江"白名单"企业生产、运输的堵点。两天时间为开山铸造、浙江圣效等企业解决货车运输卡点滞留问题。此外，打通水、陆、空、铁"四位一体"多式联运大动脉，实现货物运输"零阻碍"。2022年一季度，累计解决运输问题150余个，衢江港区硫铵、纸浆完成装卸量15万吨，同比增长40％。

第三，聚焦关键人员，保障"停走无忧"。设立司乘人员服务站，配备客房、停车位及防疫人员，提供核酸检测、餐饮住宿、健康监测、心理关怀等一站式服务，对执行往返中高风险地区、重点物资运输任务的省内货车司机，按照隔离点规范实行全过程闭环管理。"我们承担往返中高风险地区运输任务的司机，有专门休息的地方，还有全套的防疫服务，既减轻了我们企业的负担，也让司机吃了颗'定心丸'。'3·13'疫情以来，我们服务企业物流运输的业务还有所提升。"衢州广富物流公司负责人说。服务站已累计为执行上海运输任务的司机提供暖心服务80余人次。

衢江港区。

（二）优化三项机制，开出企业帮扶"好药方"

第一，优化政策集成机制。加快推进惠企政策兑现"一件事"改革，共梳理涉企政策86条，其中"即申即享""免申即享"政策占比74.41%。浙江圣效化学品公司通过"免申即享"方式获得10万元政策资金，有效缓解运行成本上涨、资金链短缺的燃眉之急。累计兑现惠企资金2.19亿元，近1700家企业主体受惠。同时，优化物流审批机制，开通物流绿色通道，对重点企业采取提前申报、属地核准、专班发证、卡点管控等措施，实行"一车一证"编号管理。累计办理工业企业物流绿色通行证60余份，重点企业物流进港出港时间缩短18%。

第二，优化金融保障机制。开展"一起益企"中小企业服务专项行动，设立疫情防控专项信贷资金5亿元，缓解产业链资金紧张问题。衢州龙威新材料公司产品出口俄罗斯、美国等国家和地区，面对海外订单减少的压力，公司亟须转型开拓国内市场，区金融服务中心联合衢江农商行，在两个工作日内为其发放信贷4800万元，同时结合企业碳积分下调贷款利率30个BP，顺利帮助企业开拓国内市场。累计帮助1064位客户完成线上申贷，发放贷款5436万元。

第三，优化联系服务机制。落实"27＋1＋1＋N"企业服务网格机制，即划定27个企业社区、每个社区由1名区领导担任社区长、每个区级单位至少挂联1个社区、由N支专业服务小分队提供服务。浙江鑫丰特纸公司因资金流问题拖欠电费达149万元，电力部门将对其进行拉闸停电，而一旦停产，企业将直接面临"死亡"。区招商中心主任、东港东社区网格长走访了解情况后，立即联系相关部门协调会商，最终通过区工业企业月结电费帮扶周转金政策，为企业解决了50万元的周转电费，确保企业正常生产。累计解决企业双链问题280余个，解决率达98%。

（三）搭建三大平台，织密民生托底"保障网"

第一，搭建"战疫求助平台"。在"e览衢江"App上线"战疫求助平台"，整合通衢问政、无线衢州等平台诉求，确保各类群众诉求"一个口子进、一个口子出"。Ⅰ级应急响应后，全区实施交通管制，区内15名血透病人有的在管控区，有的需跨区就医，出现就医难的紧急情况，经衢江"战役求助平台"线上联系协调，为病人开通绿色通道，实现闭环就医。累计接收问题4156件，办结3845件，答复率达92.5%。

第二，搭建闭环处置平台。建立"信息上报—分级研判—分类汇总—数据上报—事件回访"全周期事件处置闭环，简单问题由区疫情防控专班工作人员即时电联回复；一般问题由联系部门、乡镇、乡村网格协同处置，1小时内交办；疑难问题经专班汇总研判后，2小时内交办相关单位进行销号管理。"一日一清"机制推动防疫工作高效运转，共处置完成各级交办件369件。

第三，搭建社会参与平台。发挥党员、网格员、志愿者在畅通供给侧和需求端物流配送"最后一百米"作用，解决隔离点、交通卡口等重点场所的物资供应诉求。全区1700余名机关党员干部下沉至一线，1.3万余名农村党员回党组织所在地报到，累计提供防疫服务5000余小时。区委组织部、区委宣传部、团区委召集社会志愿者数千人，衢江爱心联盟协会、衢江区绿洲红十字应急救援队、衢江关爱退役军人协会志愿者火速进入封控区开展核酸检测、搬运物资、隔离管控等服务，累计配送食物、药品等物资

2000余次。

三、经验启示

（一）要坚持集成改革，激发市场主体活力

疫情冲击下，部分企业恢复生产和持续经营面临巨大挑战，及时有效的"助企纾困"政策如同春风送暖。衢江聚焦政策集成改革，打通部门"数据壁垒"，建立政策兑现信息集成共享平台，形成"免申即享"类政策零审批、零材料、零环节，"即时即享"类政策3个工作日内完成兑现，"快审快兑"类政策材料最少、环节最少、时间最少的"三零三最"精准直达兑现模式，推动"企业找政策"转变为"政策找企业"，快速有效为企业"输血减负"。

（二）要坚持集成服务，快速响应应急需求

政府服务好不好直接关系到企业生产，尤其是在疫情冲击下发展的机会稍纵即逝，企业拖不起也等不起。衢江集成部门力量，推进"包企清厂"和"无疫企业"创建，提前谋划、演练，确保在面对疫情时大型企业、龙头企业不停工不停产；聚焦企业"急难愁盼"，提供企业困难诉求"一箩筐"打包、部门协同"一站式"解决等服务，把工作和服务做到企业的心坎上，激发企业的生机活力。

（三）要凝聚社会力量，锻造社会治理共同体

抗疫的背后有党员干部、网格员、志愿者、群众等，全民参与对疫情防控、经济发展至关重要。衢江精准快速组建志愿服务体系，发布抗疫志愿者招募令，上线"战疫求助平台"，成立了362个抗疫临时党支部和"红色服务队"，建立64个部门包干负责84个小区，1000余名干部组成"一村一战役团"，实现服务民生"零距离"，凝聚力量共渡难关。

（四）要坚持项目为王、投资为要，增强发展后劲

投资是稳增长、调结构的重要方式，也是扩大内需的关键因素。衢江注重前期招商谋划，聚全区之力提起项目工作的"领子"，聚焦节点推进、清单化服务拉开项目工作的"链子"，开展专项护航行动，为企业填好项目工作的"清单"，凝心聚力推进项目建设，紧盯投资结构均衡增长、固定资产投资稳健增长，守牢发展路径，增强发展后劲。2022年以来，共储备项目712个，12个"102"项目列入国家库。

思考题

1.如何细化企业发展、项目进度等关键指标，细化最小颗粒度，通过数字化手段更加全面直观系统展示经济运行情况，做到自动提醒预警和有针对性的上门帮扶？

2.在当前严峻的经济形势下，让中小微企业特别是其中的互联网企业"活下来"，政府部门应该怎样发挥作用？

衢州市委组织部　推荐

"共富果园" 托起山区百姓共富梦

——常山县聚焦山区共同富裕助农增收

摘要 衢州市常山县地处浙西山区，是传统农业县，享有"中国常山胡柚之乡""中国油茶之乡"等美誉。全县有胡柚、油茶、蔬菜等各类特色作物46万亩，其中80%分散在农户手中，生产经营方式传统低效。2021年以来，常山县创新开展"共富果园"试点工作，围绕"两柚一茶"及农林牧渔特色产业发展，统筹经营主体、"两山合作社"、村集体（强村公司）等，高效盘活农业闲置资产资源，全力打造以村强、富民、企赢共富机制为框架的成果展示园，在共建共享共富的大背景下，计划通过三年实践，创建"共富果园"50个以上，新增年经营性收入50万元以上的村50个以上，低收入农民就业覆盖率50%以上。截至2022年6月底，全县30家"共富果园"已累计带动农户就业3507人，其中低收入农户514人，总用工量12.03万人次，农民通过土地流转与务工两项收入就达到2687万元；打造了飞碓、新村柚园、郭塘月季园、新昌早富丝瓜络、狮东民创农业等标杆性"共富果园"，成为乡村振兴推动农民共同富裕的细胞工程、示范工程、创新工程、品牌工程。

关键词　共富果园　强村富民　资源盘活

一、背景情况

常山县地处浙西山区，是传统农业县，享有"中国常山胡柚之乡""中国油茶之乡"等美誉，乡村人口22.9万。全县有胡柚、油茶、蔬菜等各类特色作物46万亩，其中80%分散在农户手中，生产经营方式传统低效。随着城镇化的不断推进，部分柚园、茶园等果园开始处于半失管状态，闲置低产低效问题随之而来。

为重点破题，2021年，常山县青石镇飞碓村作为首个"共富果园"建设试点村，成立强村公司，中国银行结对助力，构建"中国银行＋村集体（红星旅游开发有限公司）＋农户"密切联结机制，集中流转农户分散经营的胡柚林地317亩，以统一技术标准、统一生产管理、统一采收仓储、统一品牌销售"四统一"闭环管理，实现精品果率、产量双提升。同时，通过农户土地流转、劳务工资收入的一次分配，生产利润再分配的二次分配，低边农户共富慰问红包的三次分配，辐射带动161户农户平均每亩增收3600元以上，村集体当年度通过农产品销售利润分红，经营性收入也顺利突破50万元。

在总结飞碓村创建经验的基础上，常山县全面开展"共富果园"创建工作，以"一把手"工程顶格推进，充分鼓励村集体发挥引领带动作用，让村集体在产业发展中"挑大梁"，构建农民、村集体与企业联结利益共同体，走多方共赢产业绿色富民之路。

二、主要做法

（一）党建引领，组团共建，"一村致富"变"村村共富"

"新昌乡地处大山深处，生态资源得天独厚，但10个村集体普遍底子薄、基础差，一度'捧着金饭碗没饭吃'。"这是最初新昌乡干部对自身的认识。

怎么立足生态优势，将产业做起来、让百姓富起来，是新昌乡亟须破解的关键问题。近年来，新昌乡立足山海协作资源优势，以共建产业项目为纽带，聚焦慈溪丝瓜络产业原材料缺口机遇，经过考察研究，与宁波界哲日用品有限公司达成合作，共同建设千亩丝瓜络"共富果园"，并于2022年1月签署了战略合作协议。

果园发展之初，就遇到了资金、土地问题，当时部分村集体经济薄弱，土地资源分散，"十指"间的单打独斗根本解决不了问题。为此，新昌乡党委、政府召集10个村书记开展大讨论，统一思想，"握指成拳"，共同探索"党建联建＋两山合作社＋富好公司＋社会资本"的片区组团发展机制，全乡10个村集体联合浙农集团、"两山合作社"，分别出资100万元成立常山县（富好）生态资源开发有限公司（强村公司），并由强村公司负责丝瓜络"共富果园"的具体运作。在结成"共富果园党建联建"的基础上，通过实行组织联建、实事联商、规划联定、阵地联建、资源联用、保障联筹"六联"工作机制，围绕产业规划、土地流转、日常管理等议题，定期组织共建村社党支部书记、党员召开联盟联席会议，构建共商共建共享新格局。通过联建共商果园以10亩土地为一个微网格，确定"党员＋网格"管理模式，短短7天时间完成乡域内1280多亩连片土地的规范化流转工作。2022年3月以来，新昌乡将1000余亩丝瓜络的种子分发给乡内10个行政村，预计种子成熟后亩产能达到200斤，可产出丝瓜络超120吨。目前已经带动剩余劳动力230余人在家门口就业，预计2022年每个行政村的村集体经济收入可突破100万元，全乡可达1000余万元。

"丝瓜藤上绕满绳，瓜藤绕着绳架伸。绳长藤伸瓜儿长，绳粗藤壮瓜儿沉，赚得口袋甸沉沉。"这是新昌乡百姓中流传的一个顺口溜，总结的是种植技术，织就的是百姓的共富梦想。

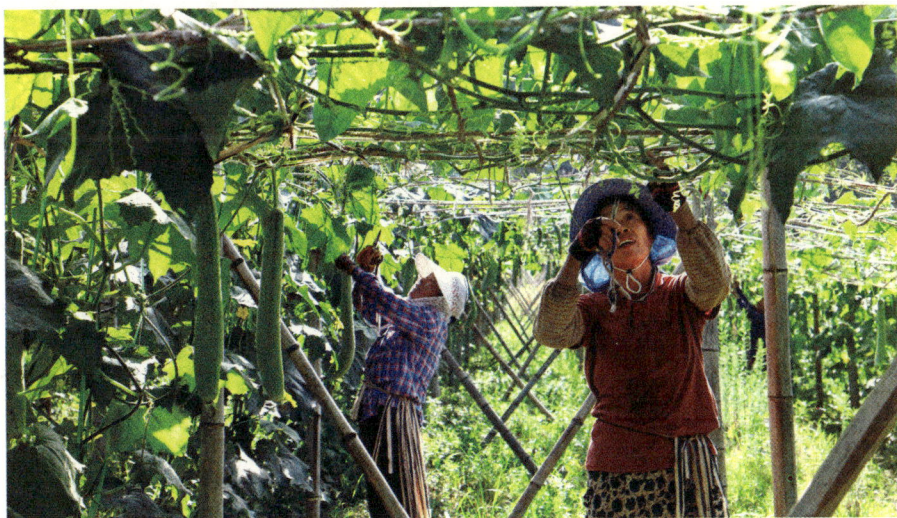

新昌乡"千亩丝瓜络共富果园"。

（二）以民为本，共建共享，"参与管理"变"自家管理"

"种田一辈子，粒粒兴也苦""种田更像是我们心里的寄托""像稻苗一样，把脚扎进泥土里""田在哪儿，家在哪儿"……天马街道天安村"父亲的水稻田"共富果园以稻为媒，以秧苗作笔，牵起了50名父亲的心。

一位常山籍作家说，田地产出微薄，传统的农耕文化已经后继乏人，创建"父亲的水稻田"共富果园的初衷，是为了恢复生态种植，挽留传统文化，让土地更有价值，更重要的是在保障农民经济收益的前提下，激发农民对土地的情感，牵起农民的心。看到父亲在稻田里耕耘劳作、丰收喜悦的样子，他更加坚定了"父亲的水稻田"创建的初心。2021年，"父亲的水稻田"在保障农民土地流转收入、劳务工资收入的前提下，通过利润再分配、生产奖励二次分配方式，成功签约50位当地农民父亲以劳务输出入股500亩水稻种植基地，并对测产超过600斤的，按照每亩500元进行奖励分红，共奖励支出25万元。

"我是一个庄稼人，种了一辈子庄稼了，插秧、收割、晒谷这些工作其实早就印在我心里了，以前以为土地流转出去就可以收收田租了，其实时间久了，心里还是放不下的。'父亲的水稻田'我是第一批报名的，一个人负责管理10亩水稻，每年的收入也有5万—6万元。对我而言，这应该叫'爷爷的水稻田'，因为我分给我孙子0.1亩，让他空了来插插秧，知道粒粒皆辛苦。现在啊，这些水稻田就像我们的孩子，一天一个样。种田的时候，我每天都很踏实。"这片位于五联村的水稻田,已经成为两片:一片在地里,一片在父亲的心里。

乡村振兴要相信广大农民、依靠广大农民。农民不仅对农村有着深厚情结,还熟悉农业生产发展规律,他们是美好生活的创造者和乡村振兴战略的参与者。"共富果园"通过构建"经营主体＋两山合作社＋村集体(强村公司)＋农户"四方联动共富机制,打造土地入股、劳务参与、产品购销、利益分配新型利益共同体,创新"三次分配"促进收益合理分配,提高中低农户收入,实现村强民富企赢。"一次分配"即支付农户土地流转等财产性收入及劳务工资性收入;"二次分配"即鼓励经营主体根据利润对参与农户及村集体实行奖励、分红;"三次分配"即鼓励经营主体捐赠共富基金,帮扶低收入农户或资助属地村开展公益性事业建设。目前,全县"共富果园"收益分配总额累计达2788.9万元。

(三)创新改革,赋能升级,"单方自建"变"多方助建"

2021年5月,柚香谷"共富果园"基地的一场及时雨滋润了香柚产业的发展。香柚树生长周期长,种植前五年几乎没有任何收益,资金周转成为企业发展的一大难题。就在此时,常山"两山合作社"通过发挥农业产业投资银行的作用,投资2500万元收购了"柚香谷"30万株香柚树后返租给"柚香谷"经营,为企业发展注入了资金"活水"。"两山合作社"依托金融扶持属性,通过提供担保、资源收储等方式,为"共富果园"增信贷款,打通融资堵点,累计为6家"共富果园"提供融资3600万元,极大地缓解了前期成本投入的压力。

同时，坚持高位推动，建立由书记、县长任双组长，乡镇、部门主要领导为成员，村书记直接参与的县、乡、村三级"一把手"联动工作机制。坚持政策推动，制定"等级嘉奖＋单项激励＋综合奖励"的政策体系，创新"1＋N"政策包，做到分类施策、精准滴灌。坚持技术引领，建立"本土＋浙大"专家团，开展"一对一"结对服务，定向指导"共富果园"建设工作。2022年，计划总投资将达到近亿元，各项扶持资金3000万元以上，有效吸引激励社会主体、村集体（强村公司）、农户参与共建。

三、经验启示

（一）因地制宜找准产业牵引

结合县情实际，立足市场需求，秉持数字化理念及改革创新思路，以"共富果园"为载体，快速盘活农村闲置低效资产，重新激发土地等生产要素活力，打造见效快、效益好的联农富农产业，开辟村企合作共赢新路径，让共富果园"金果银果"真正成为农民群众"金山银山"。

（二）缔结多方利益联结新机制

通过"共富果园"创建，加快企业、集体、农户之间资源要素的流动，缔结土地入股、劳务关系、产品购销、利益分配等联结机制，同时依托利益三次分配方式，进一步推动了生产方式的转变，让村、企、民共享果园建设这杯"羹"。

（三）发挥村集体战斗堡垒作用

村民富不富，关键看干部；村子强不强，关键看"头羊"。常山县充分发挥党建引领优势，由村书记挑担，在产业引导、技术支撑、资金保障等方面率先示范，既当村里"一把手"，又是共富CEO，既抓治理，又管经济，带着村民一起干，真正构建起共建共享格局。

思考题

1.目前，有些农民拥有闲置失管的田地但又不愿流转，与经营主体流转田地的意愿存在较大的供需矛盾。如何创新方式方法让这些土地、园地得到最大化利用，更好助推农民、村集体、企业走出互赢互惠之路？

2."共富果园"的管理主体一般为强村公司，负责人多为村干部。不同村具备的产业资源与人力资源背景不同，如何在资金人才、市场经验、管理机制等方面都存在一定不足的情况下，让"共富果园"具备强大的"造血功能"，保障持续稳定发展？

衢州市委组织部　推荐

攻坚克难　优化服务
全力破解原油保供难题
——舟山市倾力服务保障绿色石化基地产业链安全供给

摘要　舟山市鱼山绿色石化基地年产4000万吨炼化一体化项目一期于2017年7月开工、2019年底投产，二期于2021年底建成、2022年全面投产。五年来，基地创造了一个又一个"鱼山速度"，其中一些纪录在石化项目建设史上绝无仅有。受当地码头前沿水深、航道等自然条件限制，石化基地无法建设大型泊位接卸原油。作为一个世界级"超级工厂"，绿色石化基地投产以来，原油供应成为制约企业稳定发展、安全运行的最大瓶颈。为此，舟山市勇挑重担、主动作为、攻坚克难、多措并举快速实现原油保供。同时，制定长期保供方案，为基地石化全产业链发展保驾护航。

关键词　绿色石化　原油保供　全产业链发展　工业经济

一、背景情况

2014年，我国提出"国家规划确定的石化基地炼化一体化项目向社会资本开放"，绿色石化基地项目应运而生。油气产业是浙江自贸区的核心特色产业，绿色石化基地是舟山市自觉承担国家战略，推进新区开发和自贸区建设的标志性项目。"十三五"期间，在习近平新时代中国特色社会主义思想指引下，在党中央、国务院的关心支持下，在省委、省政府的统一部署下，舟山市贯彻新发展理念，积极谋划，绿色石化基地顺利实现了从0到1的跨越。

众所周知，原油是化工的基础性原料，一旦原油出现断供，就可能给基地带来系统性风险。绿色石化基地位于岱山县鱼山岛，是一个交通不便的海上孤岛。考虑到安全因素，基地原油运输方式以海运和管道运输为主。点对点的管道运输有不少"中梗阻"需要打通，海运所需要的专业码头也亟须增加。随着基地一期项目全面投产、二期项目加快推进，如何有效破解基地原油保供难题？在新冠肺炎疫情的严重冲击下，企业不能等、舟山经济不能等、自贸区油气全产业链发展更不能等，必须要以最快、最有效的方式去协调解决这个问题。

二、主要做法

在舟山市委、市政府的果断决策部署下，在相关部门的充分调研分析基础上，工作专班迅速成立，实施挂图作战、跟踪帮扶，形成了保供三大途径，并进行了一系列攻坚克难，为基地石化全产业链发展保驾护航。2021年，浙石化累计加工原油2652万吨，实现产值1390亿元，同比分别增长14.8%、85.8%，舟山工业历史上首个年产值千亿级企业就此诞生。2022年一季度，舟山市实现地区生产总值440.9亿元，按可比价格计算，同比增长10.6%，取得"开门红"，增速位列全省首位，与2019年一季度相比，三年以来年平均增长12.9%。其中，油气全产业链高质量发展，绿色石化基地原油加工量同比增长39%。同时，浙石化的大股东——荣盛石化发布2022年一季度业绩公告，报告期内，公司营收约686.01亿元，同比增加98.38%。

（一）专班运作、动态跟踪、精准落实

根据舟山市政府工作安排，成立舟山绿色石化基地保供原油码头规划建设协同推进工作市级专班，统筹解决鱼山石化基地原油保供问题，持续性开展帮扶指导。针对原油保供问题清单，明确专人定期沟通，及时对接企业，掌握现实困难，并研究提出解决方案进行协调处理。原油保供涉及港口规划调整、岸线审批、码头建设和安全管理等众多事项，每一事项又涉及不同层级和不

同部门，沟通协调难度很大。为提高服务精准性和高效性，指定专人对每一事项一对一指导，并进行动态跟踪，确保件件有方案、事事有落实。

鱼山绿色石化一期项目灯光璀璨。

（二）系统谋划、挖潜扩能、共享共用

受码头前沿水深、航道等自然条件限制，鱼山绿色石化基地无法建设大型泊位接卸原油。为此，专班系统谋划，充分依托现有设施，最大限度地挖潜扩能。针对鱼山石化基地近远期原油供应需求，制定了系统性的原油保供方案，2021年完成原油保供3200万吨。一是启用外钓码头应急疏港。发挥港口应急办职能，在确保安全的前提下，大胆启用外钓码头应急疏港，全力提升码头接卸能力。2021年，外钓码头接卸原油2320万吨，远超1385万

吨的设计能力，成为鱼山基地最大的原油保供节点。截至2022年5月底，已接卸原油940万吨。二是打通中化岙山—中石化册子—浙石化马目管道。由于管道建设涉及大量政策处理和册子油库内支线建设协调工作，舟山市港航和口岸局多次与相关单位沟通协调，并致函对接寻求中石化总部、镇海炼化支持。经多方努力，册子油库支线最终得以进场施工。2021年，该管线为基地接卸原油300余万吨，截至2022年5月底，接卸原油445.4万吨，有效缓解外钓码头保供压力。三是推动油气设施共享共用。成立舟山港口协会油气储运行业分会，建立油气储运基础设施共享调度平台，打破油气码头、储罐、管网等基础设施各自为政的局面，整合油气运输系统，有效提升输送效率。

（三）抓住关键、进京跑"部"、合力推进

金塘原油储运基地建设是彻底解决石化基地原油保供的重大关键项目。由于作业区规划调整与环评等诸多原因，项目前期久攻不破、久拖未决。对此，相关部门以推进金塘原油储运基地建设为主轴，落实远期保供任务，扎实推进金塘港区规划调整，解决原油储运基地规划符合性问题。多次进京汇报工作，千方百计争取支持，最终取得积极进展。一是基本解决金塘原油储运基地港口规划报批障碍。对接交通运输部、生态环境部，争取到生态环境部同意项目纳入总规、统筹开展规划环评报批，为尽快推进原油储运基地项目建设创造了有利条件。二是有效解决企业产品安全输出问题。及时启用浙石化7号码头加大疏港力度，有效解决

产品"胀库"问题。同时，推进完成金塘危化品滚装码头建设和老塘山港作码头改造，完成金塘大桥改造和七姊八妹列岛建设码头方案论证比选报告，着力谋划和提升当前及今后的成品输出能力。

三、经验启示

（一）干部敢于攻坚克难的担当精神是解决发展问题的强大动力

在舟山建设现代海洋城市的关键期，发展永远是主旋律。在向上对接和处理问题的过程中，涉及很多部门与专业知识，时间紧任务重，还受到新冠肺炎疫情影响，但干部们总是冲锋在前，牢固树立了"没有走在前列也是一种风险"的忧患意识，体现出敢于攻坚克难的担当精神。正是靠着这种强大精神力量的推动，才迅速破解了绿色石化基地原油保供的难题。

（二）优质的营商环境是支撑产业高质量发展的肥沃土壤

当前我国经济社会发展仍面临诸多挑战，持续优化营商环境对应对经济下行压力、稳住经济大盘具有重要意义。营商环境是企业生存发展的土壤，虽说受到新冠肺炎疫情冲击，但有了政府做坚强后盾，浙石化这几年在舟山的发展有目共睹，其产生的澎湃动力也扩大了中国石化产业的国际影响力。绿色石化基地相关人士表示，二期投产后，将实现4000万吨/年炼油能力、1040万吨/年芳烃和280万吨/年乙烯生产能力，能从根本上缓解我国乙烯、PX等产品对外依存度高的问题，彻底打破日韩垄断PX国际市场的局面，将进一步增强大宗化工原料价格话语权，有效保障我国石化产业供应链安全。

（三）企业留得住、能发展、再投资是政府最有效的招商方式

由于舟山市在原油保供等方面的努力，在2022年"项目攻坚年"里，浙石化又在舟山投资了绿色石化技术创新中心项目、浙石化高密度聚乙烯等项目。浙石化执行董事在接受媒体采访时表示，这几年，在舟山各级政府的帮助下，浙石化克服了疫情等不利因素的影响，项目建设与生产进展顺利。签约的绿色石化技术创新中心将聚焦碳捕捉与利用、高端石化新材料等领域的研究开发。未来五年，浙石化将争创国家级的技术创新中心，打造高效协同的创新生态圈，进一步做大石化板块，精心布局新材料领域，不断提升安全环保水平，积极打造绿色示范企业。

思考题

1.贯彻落实"三个要"要求，优化营商环境促进产业高质量发展，当前政府的着力点在哪里？

2.在向上对接和处理问题的过程中，涉及哪些难点痛点？如何解决？

舟山市委组织部　推荐

守好海上"东大门" 畅通物流"大动脉"

——舟山市科学应对疫情保障国家战略物资运输安全畅通

摘要 舟山是我国重要的大宗商品江海联运枢纽,肩负保障国家战略物资运输安全的重任。2022年以来,国内外疫情不断反复,港口面临着环节增加、效率降低、成本上升、人手不足等现实问题,物流运输安全通畅面临着前所未有的挑战。舟山市坚决有力地落实了上级决策部署,加强联防联控,顶住风险压力,科学精准施策,急企业所急,办企业所需,全力破解物流运输痛点、难点和堵点,保障港口有序运转,护航畅通物流"大动脉"。

关键词 疫情防控 精准施策 保通保畅

一、背景情况

港口作为海上"外防输入"的前沿阵地,确保海上防疫"大门"的安全通畅,是国家重要物资保供的"生命线"。舟山市地处我国南北海运大通道和长江黄金水道的交汇处,是大宗商品内外双循环的战略枢纽,长期以来保障着长江沿线钢厂、炼油厂和粮油加工企业的原材料供给。2022年以来，舟山日均在港国际航行船舶超过350艘，在船船员超过7000人，平均每日进出港外轮近30艘，高峰期保障国际船员换班超400人。面对严峻复杂的疫情形势，舟山市既要严格落实船舶的安全防疫管理，全力保障港口生产的正常高效运行，又要为国际船员换班、就医和补给及时提供服务保障，时刻面临着海上防疫安全和国际船员服务需求的双重压力。

面对这一情况，舟山市坚决落实习近平总书记关于"疫情要防住、经济要稳住、发展要安全"的重要指示精神，始终把防疫保畅作为重要政治任务，科学防疫、精准施策、靠前服务，全力保障港口运转有序，畅通物流"大动脉"，交出了"两手抓、两手硬、船岸零感染"的优异答卷。2022年上半年，舟山完成港口货物吞吐量3.09亿吨，同比增长1.94%，其中粮食和铁矿石的吞吐量分别同比增长30.77%和3.97%；保障国际船员正常换班17494人次。

二、主要做法

（一）科学精准防控，确保港口安全生产

为有效落实高风险人员的闭环管控，确保生产和防疫精准化管理，舟山市建立了由港航、卫健等专业人员组成的口岸驻点指导组，深入一线指导企业全面梳理和排查作业环节风险隐患点，

及时补齐短板、堵住漏洞，建立健全疫情防控体系，制定精准防控工作方案，确保防控措施落实到位，提升港口疫情防控效率和精准化管理水平。研究制定《高风险人群集中居住点工作规范》，指导企业按标准设立集中居住、防护用品穿脱准备、医废处置等区域，合理规划高风险人员进出通道，确保"两点一线"闭环管理，严防风险外溢。指导企业建立疫情防控应急预案，编印疫情防控应急处置指南，细化明确企业在前期准备、发现报告、先期处置、配合处置四个阶段的流程和要求，指导开展应急演练，在全省率先出台《涉疫装卸作业船舶快处置工作指引》，帮助企业快速恢复生产，保障港口正常作业。舟山市疫情船舶处置机制得到国务院督查组的充分肯定。

（二）优化服务体系，保障船货高效进港

国际航行船舶情况复杂，对到港外轮提前实施疫情综合研判，是确保引航、通关、作业等流程顺畅高效的关键。一方面，舟山市建立船舶远端防控机制，根据境外国家（地区）疫情风险等级，每月定期发布各货种航线疫情风险提示单，同时通过船舶AIS等系统比对核查来港船舶航行轨迹和前10港靠离泊信息，及时将船舶风险"预警"信息推送给口岸单位和企业，提前落实针对性防控措施；另一方面，舟山市上线"江海联运在线"应用，联动国际贸易"单一窗口"，研发进出港一体化申报功能，实现船、货、人等口岸通关、进港作业手续一次申报，审批结果线上统一反馈，解决企业多头申报、数据重复录入、多次跑窗口等难

题，提高了通关效率。2022年上半年，企业申报数据项从1206项压缩到371项，取消了47类、70余种合计150多页纸质材料，船舶进出港审批时间由原来的16小时缩短至2小时，预计年内可为企业节省船舶租金和代理费约13亿元。

（三）数字应用赋能，筑牢海上防输入屏障

围绕国际船员换班、入境隔离等风险管控难题，舟山市以数字化改革破题，于2021年8月率先在全省上线"平安归航"应用，通过"一表提醒、一端受理、一屏感知"实现船员应换尽换、应管尽管，保障船舶安全运营。一方面，构建"船员换班申报"场景，实现快捷审批。针对舟山港口码头分散、交通不便、业务办理流转慢、人员接触风险大等问题，通过数据共享和流程再造，取消所有纸质材料，实现船员上下船"一次提交、一端受理、联审快批"。另一方面，构建"船员入境隔离"场景，严防脱管漏管。汇集船舶、船员、换班点、隔离点四类数据，实现入境船员审批、转运、隔离、纳管情况一屏感知，实时汇总各县（区）隔离点的可容纳人数和现有隔离人数，预测每周船员隔离需求，形成隔离点预分配计划，保障船员有序换班。应用上线以来，共接入32家港口码头企业、23家船厂的1200多路作业点监控视频，实行24小时视频巡查，严防无关人员上下船、个人防护不到位等问题发生；累计完成船员换班超3.3万人次，船员换班办理时间从原来的1天以上压缩至2小时之内，每年可为企业节约交通、食宿、人力等办理费用800万元。

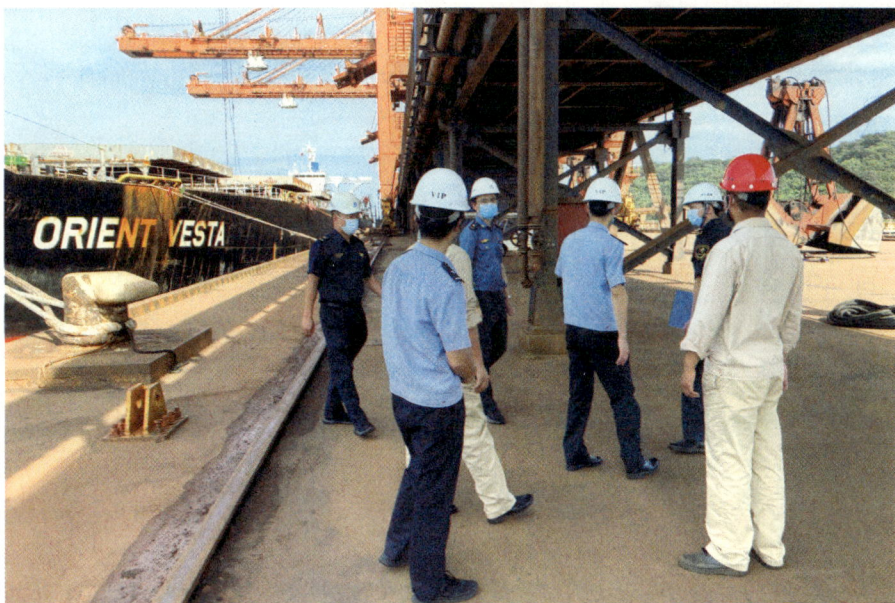

六横港航、海事、海关、边检等部门联合指导检查港口码头企业疫情防控工作。

（四）开辟绿色通道，确保伤病船员应救尽救

疫情期间国际船员救助风险大、涉及部门多、信息共享弱、协同效率低，船舶航行中出现的染疫和伤病船员到港后需要进行紧急救助。舟山市精细谋划、明确职责，建立国际航行船舶伤病船员应急救助机制，推动口岸部门开辟船员救治审批特殊通道。船代企业通过"平安归航"应用"救助申报"模块，填报船舶近14天轨迹、当前船位、船员伤病情况等信息；市防控办牵头指挥，卫生健康部门确定收治医院，海事部门安排海上转运船舶，港航部门落实应急靠泊码头和上岸通道，属地安排救护车辆、负责运输工具和通道消毒，医院开辟救治"绿色通道"，各环节高效

衔接，确保伤病船员应救尽救。2020年4月以来，舟山市累计妥善处置抵港涉疫船舶61艘，救治染疫船员175人次，救助伤病船员1773人次，积极履行人道主义救助义务，切实保障船员基本权益。

三、经验启示

（一）牢牢把精准施策作为科学统筹应对的基本前提

为正确处理好疫情防控和推进经济社会发展的关系，舟山市牢牢把握"预防""处置"两大关键，在策略调整精准、防控措施到位、应急准备充分的前提下，积极指导支持企业系统、精准推进生产生活，既有效防控疫情，又因势利导、化危为机，形成新的经济增长点。

（二）牢牢把心系企业作为担当作为的力量源泉

舟山作为双循环物流枢纽，港口运作正常是保障供应链和物流链畅通的关键。疫情当下，企业困难增多，舟山市各级部门坚持服务与管理并重、服务靠前，主动纾难解困、保驾护航，千方百计支持企业发展，全力以赴保障物流高效畅通，在稳定产业链、供应链中展现政府担当。

（三）牢牢把数字赋能作为精准高效服务的不二法宝

舟山属海岛地区，各类港口码头、修造船厂、货物仓库、隔离地点等分散在不同岛屿，交通不便。"平安归航"线上平台的启用为疫情期间船员下地建立了"绿色通道"，既有效解决企业办事往返跑带来的耗时长、费用高、防疫风险大等难题，又降低了企业办事成本，及时保障了船员换班需求，增强了企业对舟山政府服务的满意度和获得感。

思考题

1.如何做到"抗疫情"与"保通畅"的统筹兼顾，解决物流运输中的堵点、难点问题？

2.物流企业如何在当前多重复杂考验交织的背景下实现降本增效？

舟山市委组织部　推荐

战疫强肌塑机制　优服暖企拾信心
全力以赴助企纾困解难题

——舟山市定海区量身定制"暖企服务工程"

摘要　在国内外环境多变、新冠肺炎疫情反复、经济持续稳定增长面临下行压力的情况下，企业发展环境日益严峻，不少企业出现的用工荒、融资难、供应链短缺等现实困难得不到有效缓解。现阶段如何帮助企业渡过难关，不仅是一个经济发展问题，更关乎未来各项事业的长远发展。舟山市定海区坚决贯彻"疫情要防住、经济要稳住、发展要安全"重大要求，量身定制"暖企服务工程"，通过推行"暖企专员"驻企服务、创新实施企业家MBA研修计划、推广企业轻微问题容错机制等举措，确保惠企政策精准直达，企业发展压力有效缓解，营商环境持续优化，为"稳经济保增长促发展"注入了强劲动力。

关键词　"暖企服务工程"　"暖企专员"　企业家研修　容错机制

一、背景情况

2022 年以来，疫情形势跌宕反复，国际环境复杂严峻，在内外因素交织影响下，舟山市定海区经济争先赶超的压力不断增大。全区现有工业企业 2000 余家，其中规模以上工业企业 141 家，不少企业发展面临着资金难、用工难、配套难等问题。例如，定海作为港口城市，受新冠肺炎疫情影响，港口航运受限、陆路运输承压，造成中小企业普遍面临原材料价格上涨、运输成本增加、供应链断链等难题，叠加产业结构相对单一、自身规模小、企业实力弱、缺乏高素质人才等，抗市场风险能力总体较弱。政府部门在提供高质量涉企服务上也存在一些短板、漏洞，一定程度上制约了企业进一步发展壮大。例如，政府在暖企惠企政策宣传力度上不够有力、兑现时效上不够及时；政府在解决企业用工难、融资难、引才难等问题上还不够精准有效，个性化服务供给不足，个别职能部门在服务企业上存在不作为、慢作为等衙门作风。4 月 29 日，习近平总书记主持召开的中共中央政治局会议分析研究了经济形势和经济工作，强调"疫情要防住、经济要稳住、发展要安全，这是党中央的明确要求"。定海围绕贯彻落实习近平总书记的重要讲话精神，牢固树立"企业至上、企业家至上"的理念，结合实际、审时度势提出产业革新"145"计划，以"暖企服务工程"为关键举措，在精准助企纾困上出实招。

二、主要做法

为坚决改变本地企业服务弱化现状，定海以疫情之危寻求企业发展之机、服务企业发展之策，突出企业实际需求，通过选派专员助企、实施研修助学、推行企业容错等举措，不断完善工作机制，重塑制度链接，补强服务弱项，持续推动组织工作优势转换，解决了一批企业"急难愁盼"的现实问题，得到企业的一致好评。2022年上半年实施"暖企服务工程"以来，定海实现规模以上工业总产值增长15.6%，固定资产投资增长31%，连续两个季度获得省级投资"赛马"激励，同时集中签约15个重大项目，总投资超135亿元，营商环境不断优化。

（一）专员驻企，提升服务质效，破解经营难题

第一，推行"暖企专员"驻企服务。摸清企业的痛点、堵点和难点，是解决好企业的诉求和问题的关键所在。定海区委组织部牵头，会同区发改、区经信等部门，向工作经验丰富、热心帮助企业的退职科级干部发出"暖企专员"招募令，按照"供需匹配、双向选择、协调选派"原则统筹选派，目前，已成功选派14名退职科级干部担任"暖企专员"。同时，深化"万名干部助万企"精准服务活动，从涉经平台、法律岗位择优选派助企服务员27名，提供政策解读、代跑办理、政府作风督导等服务，在实干争先中持续提升暖企质效。

第二，建立问题清单销号督办机制。暖企制度诞生的同时衍生出一套督办体系。开展驻企服务以来，对企业反映的问题由"暖企专员"梳理形成清单，建立问题收集、分办交办、销号管理等工作台账，并提交"暖企服务工程"领导小组办公室，开具问题限时解决交办单，明确问题责任单位、责任人和办理时限，实行挂号、销号制度，解决一件销号一件，确保企业问题"有回音、有着落"。例如，驻群岛新区旅游公司专员以"流程导览法"帮助企业打通政策盲点，使各项政策需找哪些部门办理、办理顺序等做到"一次可知"，现已会同区住建部门帮助企业顺利完成环城东路产权出租前的安全评估事宜；驻长虹国际船舶修造公司专员通过促成区住建、区资规等部门共同成立工作专班，加快长宏国际海域报批工作进程。目前，"暖企专员"已为企业解决各类难题30余项。

第三，配套出台专员暖心保障举措。针对"暖企专员"在开展服务期间与原单位工作脱离的实际情况，规范补贴发放，将"暖企专员"列入年度暖促名单，明确暖企期间参照农村工作指导员补助标准给予出勤补贴。一方面，加强能力提升，由区发改、区经信、区商务、区招商四个部门组成业务辅导小组，围绕政策、审批流程等企业关注点先后举办4期暖企业务培训班，下发《惠企政策汇编》200余册；另一方面，完善考评激励机制，对"暖企专员"实施考核单列，对实绩明显、企业公认的优秀暖企指导员，在评优评先、职级晋升中予以倾斜。

（二）研修助学，抓实机制创新，赋能企业人才

第一，健全人才培育机制。为着力培养一批兼具创造力、领导力和国际视野的商业领袖，积蓄企业高质量转型发展的能量，制定出台《企业经营管理人才培养若干举措》，举办"强化政治引领　凝聚优秀人才""弘扬新时代企业家精神，提升企业家创新能力"等专题研修班、座谈会5期，以及人才"交流营"活动2期，全面提升企业经营管理人才综合素质。

第二，创新培优领头人才。为培育一批具有开放学习思维的"掌舵人"，高水平打造产才融合人才方阵，营造"爱商惜才"的浓厚氛围，实施定海企业家MBA研修计划，细选企业转型需求迫切、发展潜力较大、科技含量较高的重点企业主要负责人，优先纳入研修计划支持范围，明确专项资金，实现就学全程覆盖，目前，共有24名企业经营管理人才入选区级推荐报考名单。

第三，打造产业人才新高地。为了提升招才引智服务质效，以远洋渔业特色产业工程师协同创新中心为基点，依托"院校—中心协同创新、中心—企业协同攻坚"的"双协同"模式，汇聚远洋渔业产业头部工程师近20人，其中8名为省部级以上人才，集聚特色工程师超50人，以产业工程师为桥梁打通院校—企业产学研转化堵点，加快创新成果向企业输送，助推本土企业发展提质增效，目前，已承接"揭榜挂帅"项目10项，经费超3000万元。

企业家学员赴远洋渔业产业工程师协同创新中心参观研学。

（三）精准发力，优化政策供给，提升惠企效能

第一，细致梳理产业政策。聚焦制造业及中小微市场主体，第一时间出台进一步减负纾困助力中小微企业发展的"31条"，在降本减负、金融服务、营商环境等方面重点优化，加大创新主体培育等领域的财政支持力度，努力为企业营造一流营商环境，2022年上半年累计完成企业留抵退税11.15亿元，实现市场新设主体2539家，同比增长9.3%。

第二，深入贯通惠企场景。宣传普及"一指减负"省级数字化改革场景应用，将企业个性化需求与各类政策资源精准匹配，有效解决企业获取政策信息不及时、服务资源不共享等共性问题。用足用好市级惠企兑付平台上线的27项奖补政策，引导企业

及时开展线上申报，精简兑付流程。截至2022年8月，累计应用线上平台兑付各级资金3.6亿元。

第三，创新推行容错机制。本着"以帮代罚"的原则，进一步转变执法理念、加强前置服务，在工业领域实施轻微违法行为告知承诺制，对企业主体首次、轻微且没有造成明显危害后果的违法行为，启动容错机制，给予企业当事人改正的机会，引导帮助企业及时发现在生产经营和发展过程中的苗头性问题。同时，由执法部门在规定时间内进行核查，视情况采取必要的监管措施，做到动态跟踪、到期回访，督促企业加快问题整改。截至目前，定海区已排查发现苗头性或轻微问题32起，并全部予以整改。

三、经验启示

（一）坚持无事少扰，注重集中企业精力

企业的核心功能是生产经营，让企业腾出手来集中精力搞生产是"暖企专员"的价值追求。让"暖企专员"与企业"零距离"接触，旨在梳理出企业在日常生产经营中与政府部门对接、审批办理、迎检迎查等往常需要大量时间与人力应对的相关事项，借助专员领导干部经历优势、发挥专员监督作用，负责统一集中接待，有效提高对接效率，分担企业压力，为企业专心生产经营提供便利条件，塑造优良营商环境。

（二）坚持重塑链接，注重政企良性互动

定海突破传统服务模式，跳出企业有问题找政府难、政府服务企业找不准发力点的"两难"困境，在了解以往企业与党政机关"一对多"链接模式基础上，突出塑造变革，完善工作机制，演变为以"暖企专员"为载体，实现党政机关与企业"多对一"或"多对多"链接模式，"暖企专员"作为政府代表，发挥专员对接"直通车"作用，积极赴市、区相关部门和镇（街道）靠前代跑，促成多部门协同工作专班，做到"应帮尽帮"。

（三）坚持流程闭环，注重建立长效机制

打造一流的营商环境，需要契合企业现实需求。定海坚持以问题为导向，建立健全问题收集、解决、督办考核"三位一体"全流程闭环管理工作机制，把企业满意度和问题化解率作为衡量活动成效的重要标准，使各类惠企政策加速落地、各项暖企服务走心走实，进一步激发市场主体活力，点燃企业高质量发展的新引擎。

（四）坚持主动服务，注重提振发展信心

市场经济环境中，信心是最关键的非制度性因素。对企业的服务效率越高，企业就越有活力。定海突出"服务必须让企业可感"，从服务维度出发想实招，推行"暖企专员"驻企服务、创新实施企业家MBA研修计划、推广企业轻微问题容错机制等举措，目的在于千方百计解难点、破痛点、疏堵点，切实当好民营企业

发展和企业家成长的坚强后盾，不断强化政企良性互动，这些举措极大提振了企业发展的信心。

思考题

1.在推进"暖企服务工程"背景下，政府、资本、企业和高校该形成什么样的合作机制，着力优化营商环境？

2.在推进"暖企服务工程"中，如何确保政府暖企举措公平公正，进一步释放暖企惠企政策红利？

舟山市委组织部　推荐

发挥金融活水作用　助企纾困稳经济

——台州市路桥区打通小微金融支持民营经济的"毛细血管"

摘要　在新冠肺炎疫情点多面广频发的大环境下，台州市路桥区委、区政府坚持把"防疫情、稳经济"作为重点工作来抓，充分发挥区域小微金融"精准、普惠、灵活"的优势，狠抓惠企政策落地，提升金融服务质效，通过稳步投放贷款、加大减费让利、特色金融帮扶等措施，切实做到"民营企业困难在哪里，小微金融精准跟进到哪里"，全面打通小微金融支持民营经济的"毛细血管"，助力民营企业减负纾困，渡过难关。截至2022年第一季度末，各项贷款余额1340.43亿元，同比增加223.04亿元，增幅19.96%；发放支农支小再贷款32.22亿元，惠及2939笔小微企业贷款。与年初相比，新增小微企业贷款30.28亿元，新增信用贷款39.09亿元，新增外贸企业贷款9.14亿元，新增农户贷款136.26亿元，新增首贷户1195户。

关键词　小微金融　助企纾困　金融帮扶　创新驱动

一、背景情况

习近平总书记强调："金融活，经济活；金融稳，经济稳。经济兴，金融兴；经济强，金融强。经济是肌体，金融是血脉，两者共生共荣。"台州市路桥区是小微金融普惠民营经济的先行区，金融机构网点遍布市郊、乡镇，普惠金融业务实现全覆盖，其管理模式、业务流程、风险管控相对成熟，信用融资、产品创新、数字金融方面创新较强，这些年助推民营企业共享发展成果，走出了一条浙江特色的金融路子。新冠肺炎疫情暴发以来，各地民营经济相继遭受巨大冲击，民营企业遭到了不同程度的打击，部分小微企业更是举步维艰。路桥区充分发挥小微金融普惠民营经济的先行区优势，聚焦民营经济"保企业、稳当下"，将助企纾困作为中心工作来抓，多次组织召开专题研讨会、工作推动会，研究制定"纾困帮扶十二条措施"，以扎实有力的举措，精准浇灌各类困难企业，最大限度减少疫情对民营企业的影响，为解决民营企业融资难、融资贵问题提供了路桥经验。

二、主要做法

（一）用好减费让利实招，降低成本让企安心

第一，各类手续费"应免尽免"。对受疫情影响较重的民营企

业按照"第一时间＋顶格优惠"原则给予贷款利率下浮及费用减免，通过免除服务费、发放低息贷款及利息抵用券等方式，为企业提供全方位支持。比如，台州银行减费让利项目多达42项，减免各类手续费31.61亿元，发放利息抵用券7121.91万元。区内银行平均融资利率5.15%，较以往下降0.3个百分点，通过贷款减息、降息等为企业让利近3611.06万元。

第二，信贷资金"应投尽投"。引导小微金融机构加大信贷投放力度，全力解决企业资金压力，助力全区稳企业、稳经济、稳发展。截至2022年3月末，各项贷款余额1340.43亿元，同比增加223.04亿元，增幅达19.96%。比如，泰隆银行推出20亿元政策性贷款资金和20亿元专项贷款池资金，实现低利率资金全面"开花"，降低了民营企业的融资成本。尤其针对小微外贸企业，泰隆银行进一步推动外币融资利率下行，美元融资利率最低可至1.8%，欧元融资可至1.5%，有效减轻小微外贸企业融资负担。

（二）用好分类施策硬招，精准服务强企信心

第一，延期还本付息"应延尽延"。推行"连续贷＋灵活贷"机制，扩大民营企业首贷、信用贷和无还本续贷规模，推广随借随还模式，对资金周转困难的市场主体，开通绿色服务通道，最大限度缓解企业还贷的现金流压力；区域内各金融机构相继推出"连连贷""战疫接力贷""续贷通""循环贷"等信贷产品，创新还款方式，将还款频率、金额的设置与客户资金回笼周期匹配，实现"一次授信循环使用"，大幅度降低企业成本。截至2022年3

月末，全区新增企业中长期贷款 22.73 亿元，办理无本续贷、展期、延期业务 46.5 亿元，发放贷款 6866 笔。

第二，客户征信信息"应保尽保"。加强银担和保险合作，缓解民营企业担保、保险难题，充分发挥政府性担保融资增信、保险风险分担优势，为民营企业提供效率高、成本低的融资担保和保险等服务。担保上，对外贸民营企业实行汇率避险增信政策，推出"外汇保"业务，扩大出口信用保险覆盖面，企业可享受最高额 1000 万元担保、保费全免等优惠。对初创期科技民营企业推出"数融担"，目前已为 8 家企业提供 1150 万元信保担保；对服务业民营企业实行保费再优惠政策，保费费率从原来的 0.75% 下降至 0.6%。截至 2022 年 4 月末，信保在保余额 16.53 亿元，在保户数 2116 户。保险上，一方面创新农业保险产品和服务，进一步满足农业领域的保险需求，2022 年为地方特色农险累计赔付 16.9 万元；另一方面加大项目风险保障，借力新《安全生产法》继续在八大高危行业推行安全生产责任险，提高企业抗风险能力。截至目前，危化行业安责险项目有效在保企业 27 家，累计提供风险保障超 3.4 亿元。

第三，企业主体分类"应帮尽帮"。牢固树立"服务企业就是服务经济大局"的理念，深入开展"滴灌式"助企帮扶活动，针对不同市场主体、行业，分级分类出台不同的金融政策，确保实现"全面覆盖＋精准滴灌"。比如，针对绿色行业，深化绿色金融差异政策，通过对绿色信贷结构转型升级，加大对美丽乡村建设、绿色农业、重点绿色项目、企业节能减排等的扶持力度。截至目前，发放绿色贷款53.55亿元，绿色贷款占全区贷款比重上升1.3个百分点。针对"专精特新""科创""外贸"等优质重点企业，实施分类建档、优化审查审批时效等机制，推行一户一策专属服务包，联合银行开展清单式走访和精准化服务，出台"小微·专新贷""科创贷"等产品，适度下浮贷款利率，最大程度打通企业融资难关，为107家初创期科技企业融资2.92亿元，融资获得率86.81％。此外，针对有潜力、有前景的受困企业，以"双保应急"常态化帮扶。

（三）用好数字赋能妙招，便捷服务帮企暖心

第一，借助金融科技手段，保障金融服务畅通运行。鼓励金融机构加强线上业务服务，推行"无接触"融资，提升金融服务的便捷性和可得性。引导企业和居民通过互联网、手机App等线上方式办理业务，如泰隆银行、台州银行等运用金融科技优势，大力宣传金融业务线上办理，通过手机银行、"泰隆网店"等方式，为广大客户提供便捷、安全、优质、高效的线上金融服务，客户足不出户即可"逛"银行，助力线上业务简办、快办。企业注册到开户业务，从原来的"2个手续，1日办结"升级为"1个手续，0.5天办结"。

第二，搭建助企惠民平台，拓展全新推广渠道。充分发挥地方银行体制机制灵活、创新进取的优势，促进区域供应链、产业链发展，推出商户联盟、"鲤想会"平台、"两圈"平台、"行长直播"等政银企合作平台，多渠道助力企业线上化经营，帮助企业

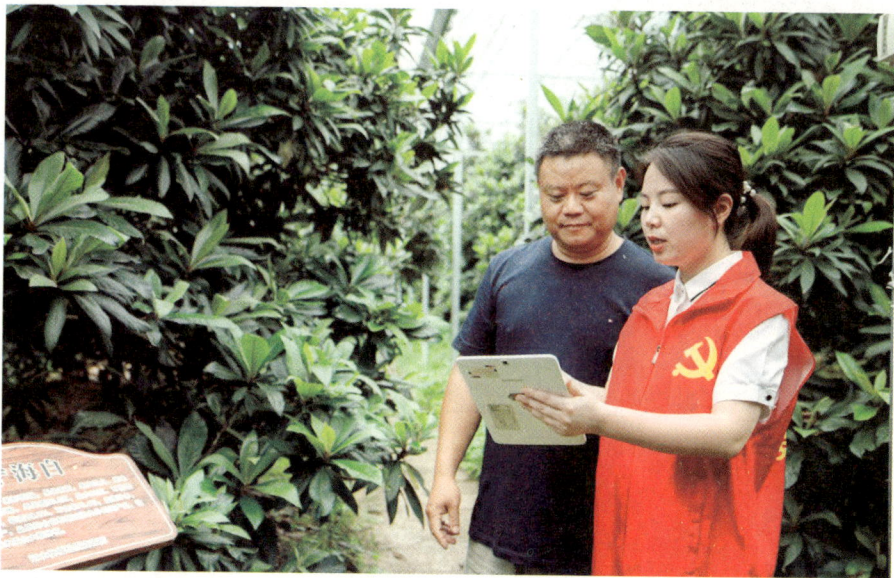

数字惠普信贷员到枇杷种植企业现场演示"掌上办"，5分钟完成审批。

连接上下游供应链或周边社区，构建全新的村居金融服务理念。如台州银行搭建了"生意圈"和"生活圈"免费平台，有效帮助小微企业和个体工商户实现企业经营线上化，提高经营效率。截至2022年3月末，路桥片支行已入驻"生意圈"核心企业461户、"生活圈"商户5729家，累计交易笔数23862笔，累计交易金额119.81万元。

三、经验启示

（一）降低融资成本，让民营企业"轻装上阵"

降低民营企业融资成本，一方面是降低民营企业融资的显性成本，包括降低利率水平、降低融资费用支出；另一方面是降低民营企业融资的隐性成本，为企业融资提供更多便利，减少企业在融资过程中的时间和精力投入。

（二）提升服务能力，助市场主体"沉着应战"

深化小微企业金融服务供给侧结构性改革，加快建立长效机制。开展中小微企业金融服务能力提升工程，持续优化金融政策体系，满足小微企业"短、小、频、急"等差异化、个性化融资需求，支持民营企业纾困发展，助力稳市场主体、稳就业创业、稳经济增长。

（三）主动塑造变革，为小微企业"搭台唱戏"

强化金融科技手段运用，推行"无接触"融资，实现金融服务"掌上办""线上办"，缩短办事等待时间。通过数字普惠金融改革，打造"5分钟审批、0元手续费、全天候服务"的最佳体验，提升金融服务获得感。金融行业延伸服务触角，搭建数字平台，金融专员线上带货，手把手帮助小微企业和个体工商户开展线上经营，拓展销售渠道，实现金融行业"搭台"，企业商户"唱戏"。

思考题

1.民营企业稳经济工作面临的情况复杂，困难、需求不同，可以运用哪些方法使金融帮扶更有效果？

2.在国际国内经济下行压力及其他因素的综合影响下，如何更好应对金融发展面临的诸如实体经济供需失衡、金融业内部失衡、结构性问题突出等风险和挑战？

台州市委组织部　推荐

打造"共富工坊"　助农增收奔富

——临海市发挥党建引领作用构建农村全域共富新模式

摘要　2022年，台州市提出要突出强农固本、变革重塑，打造以新农民、新农村、新产业为特点的"三新"农村共富台州模式，推动农业农村发展从"发展型"向"共富型"跃升。临海围绕"共富高地"建设，立足区位优势、产业基础、资源禀赋，发挥党建引领作用，联动村集体、企业和农户，在全市农村建设以"厂房式、车间式、居家式"为主要形式的"共富工坊"，推动实现送项目到村、送就业到户、送技能到人、送政策到家，有力促进了农村产业发展和农民就业增收。

关键词　党建引领　"共富工坊"　高质量就业

一、背景情况

2021年，浙江省高质量发展建设共同富裕示范区开局起步。2022年初，率先提出构建形成共富型的高质量就业体系，打响"创业就业在浙江"品牌。近年来，浙江省在产业转型升级和提质增效方面取得了长足进步，但劳动密集型产业占比仍在20%左右，企业用工需求与闲置劳务力量供需对接不够平衡。据统计，2021年，临海存在用工缺口的企业有2876家，其中彩灯加工、眼镜制造、工艺品制造、缝纫等劳动密集型企业用工缺口达2.4万人，部分生产环节都有外加工需求。同时，临海农村富余劳动力数量庞大，多为留守老人、妇女、残疾人和低收入农户等就业困难群体，是提低致富的重点；农村土地、厂房等闲置资源总量可观，但缺乏产业驱动，资源利用不够充分，142个集体经济相对薄弱的村可持续增收难，相对偏远地区的群众就近就业呼声很高，亟须激活资产资源，建立农村富余劳动力与企业之间的联结机制。另一方面，随着乡村振兴行动的深化，如何发挥组织优势，破解农村带领共富组织数量少、覆盖面不够广，党建引领作用发挥不够充分的问题，以及构建共富型的高质量就业体系亟须探索深化。

二、主要做法

（一）全域化统筹，构建多方联动的组织体系

第一，织密党建引领"覆盖网"。充分发挥党组织引领作用，以产业为核心，首批吸纳休闲用品、彩灯、眼镜等七大优势产业40家龙头企业，深化企业结对、赋能工坊发展；联合市委直属机关工委、市财政局、市经信局、市农业农村局、市人力社保局等23个职能部门党组织，组建"共富工坊帮共体"；以上市公司、规

模企业为龙头，按照行业相近、区位相邻等原则，引导鼓励企业党组织以单个或者产业链等形式，与设有"共富工坊"的村党组织结对，力争2022年底实现100家企业与10000个家庭建立劳动合作关系，推动形成各方资源共享、优势互补、"抱团"打拼、精准服务的协作平台。

第二，集成工坊发展分布图。由市农业农村局和各镇（街道）党委（党工委）牵头，立足本地资源禀赋、产业基础、富余劳动力等实际，统筹辖区工坊定位和承接产业类别，绘制工坊点位分布图，力争年底全市建成"共富工坊"30家以上，培育台州市级示范基地6家以上。

第三，架起供需精准对接"桥"。企业梳理外加工和用工需求，工坊梳理可开发利用的闲置人力资源，列出供需"两张清单"，推动供需信息精准匹配。比如，浙江永强集团梳理出遮阳伞、休闲椅等加工、组装用工需求清单，与6家工坊对接匹配，累计达成订单量26万件，实现产值约610万元，带动300多户农户增收。

（二）多元化整合，构建上下贯通的运行体系

第一，"国资公司"数智管理。由台州市社会事业发展集团牵头，成立台州市乡村振兴发展有限公司，负责全市面上"共富工坊"日常管理服务工作，确保工坊有序发展、有效运营。根据工坊运行管理需要，同步探索搭建"服务、管理、信息、效益"四维融合的数字化运行平台，对接发布企业的用工需求和农户的劳

务供给信息，动态展示订单、供货、加工、产值等信息，实现"人岗适配、一屏智显"。

第二，"镇级经联社"统筹对接。通过"以镇带村、二次分配"的方式，整合镇街辖区内村经济合作社，组建镇级股份经济合作联合社，统筹负责镇域企业对接、工坊经营、农户管理等环节，统一对外合作开发经营，打通工坊上下游对接运行通道。目前，已组建镇街经联社6家，累计盘活闲置用地90余亩，提供租赁房屋7600平方米。

第三，"工坊经纪人"领航带富。以"头雁领航·村村提升"活动为抓手，启动"共富工坊致富头雁"培育计划，聚焦工坊人员吸纳、出货质量把关、车间安全生产、农户结对帮扶等日常管理事务，以村党员干部、待业大学生、乡贤等群体为重点，培养一批有技术、善经营、懂管理的星级"工坊经纪人"。目前，已培育村级"工坊经纪人"43名。

（三）全要素扶持，构建持续长效的保障体系

第一，扶持政策激发驱动力。研究出台"共富工坊扶持政策22条"，每年设立3000万元专项扶持资金，对工坊建设、场地租赁、设备购置、标准化生产和带动低收入农户就业等事项进行奖补，为工坊项目引进、选址建设、用工培训等环节提供便利。联合金融机构开设"共富贷"，以优惠利率为"共富工坊"建设提供贷款以及政策性融资担保等服务，创新定制多主体风险共担的商业保险产品，增强工坊风险抵御能力。截至目前，已落实各项财

政奖补资金近600万元，为首批工坊授信累计超3亿元，为15家工坊及员工免费提供财产险、工伤保险。

第二，技能培训提高内生力。组织企业党员技术人才，围绕彩灯制造、眼镜成品包装、编藤工艺制作等产业工种，对定点工坊农户开展针对性技能培训，加快培育一批岗位业务能手。创建技能人才品牌培训基地，建立技能人才品牌资源库，分行业分工种开展品牌建设指导，引导"工坊经纪人"、农户树立品牌意识。目前，已邀请企业党员人才开展技能培训35场次，2000余人次参加，工坊产品合格率达98%。

第三，组团服务强化保障力。实行"工坊点单、部门服务"工作模式，组织部门党员干部组建服务"帮帮团"，为工坊提供全方位服务。比如，"帮帮团"通过沟通对接，帮助东塍彩灯"共富

临海市永丰镇凤凰桥村及周边30多位留守农户在"共富工坊"利用获赠的35台缝纫机灵活稳定就业。

工坊"制订计划、厘清思路，新引进5家彩灯制造企业入驻工坊。创设由专人担任庭务主任、员额法官担任联系法官的"共富工坊共享法庭"，围绕劳动关系保护、企业合法权益维护等方面提供法律咨询诉讼等服务，为工坊顺畅运行提供法律保障。

第四，比拼晾晒增强聚合力。将党建引领"共富工坊"建设情况纳入镇（街道）、村党组织书记抓基层党建述职的重要内容，采取现场推进会、擂台赛、党建巡查等形式，定期对各镇（街道）党建引领"共富工坊"建设情况进行评比晾晒，并按照标准进行星级评定，对评分为三星级以上（80分以上）的"共富工坊"，推荐申报台州市级"共富工坊"示范基地，推动形成政府、社会、企业、农户共建"共富工坊"的合力。

三、经验启示

（一）要突出党建引领作用，搭好协作平台

"共富工坊"的打造，重点在于发挥党建引领作用，有效整合企业、行业协会、农合联、村集体等组织资源、发展要素，全面激发带富致富效能。打造的工坊体系，有效对接企业、农村两端供需，科学配置和集约利用土地、资金、人才、技术、信息等发展资源，加快实现服务链与产业链、资金链、供应链深度融合，将党的政治优势、组织优势成功转化为强村富民的竞争优势、发展优势。

（二）要着眼重塑供需关系，推动模式创新

"共富工坊"采用"企业＋村集体＋农户"新模式，剥离生产加工中间环节，打破原先层层外包的"来料加工"模式，有效盘活村集体闲置资源，并同步将部分熟悉经营管理的来料加工经纪人吸纳成为工坊管理者，重构供给侧（农户）和需求侧（企业）的生产关系，破解了农村富余劳动力就业难问题，实现了企业、村集体和农户三方共赢。

（三）要强化先锋引领示范，做优服务保障

"共富工坊"的长效运行，离不开各方强有力的要素支持和服务保障。要充分发挥金融机构、行业协会、企业中党员的先锋模范作用，引导他们立足单位职能和优势，主动参与、加强对接，精准融入工坊生产经营、资金保障、人员管理、风险防范、权益保护等日常运行的全过程，推动形成各方共建的工作合力和良好氛围，进一步增强工坊生命力。

思考题

1.乡村振兴背景下，产业转型升级如何高质量带动农村富余劳动力就近就业？党建引领重点在哪些环节发挥作用？

2.农村基层党组织在共同富裕示范区建设过程中如何找准定位，以及如何促进集体经济创收和农民就业增收致富？

台州市委组织部 推荐

集聚创新资源　提升科技服务能力

——温岭市坚持创新制胜激活经济高质量发展强引擎

摘要　科技引领创新，创新驱动发展。对于温岭市来说，勇于创新、善于创新是民营经济的活力之源，是区域发展的关键所在。近年来，温岭市坚持大力实施创新驱动战略，积极构建特色鲜明的区域创新体系，在你追我赶、不断创新的活跃氛围中汇聚创新势能，激活工业强市向2000亿元地区生产总值奋进的最强引擎。2022年上半年，地区生产总值达606.88亿元，同比增长2.6%，实现"高于省均、领跑全市"；全市规模以上工业企业研发费用占营业收入的比重达3.77%，分别比全省和台州市平均水平高1.04个和0.88个百分点；高新技术产业增加值占规模以上工业增加值的比重达71.7%，分别高于全省、台州市平均水平8.5个、9.1个百分点，规模以上企业有研发活动企业覆盖率达93.3%，居全省前列并在全省作典型经验介绍。

关键词　创新　科创平台　科创主体　科创服务

一、背景情况

科技创新是高质量发展的强大动能，近年来，科技创新始终被摆在发展全局的核心位置。浙江省第十五次党代会强调，要突出把握创新制胜的工作导向，牢牢把握实施创新驱动发展战略的要求，着力推动全面转入创新驱动发展模式。2022年7月，浙江省召开科技创新大会，再次强调要推动经济社会发展全面转入创新驱动发展模式，以创新制胜为"两个先行"提供持久动力。温岭是民营经济先发地、股份合作诞生地，经济活跃度高，与此同时，也面临产业结构不优、科创链条不全、创新氛围不浓等问题。为此，温岭全力搭建科创平台、加强精准服务、育强企业主体，进一步优化创新生态，提升自主创新能力，全力锻造高端制胜的核心竞争力。

二、主要做法

温岭市坚持走好科技新长征不动摇，全力打造高能级创新平台、高质量创新服务、高水准创新主体，勇当践行创新制胜战略示范市。

（一）内外联动搭平台，汇集创新要素

第一，建强高端项目集聚地。依托主导产业集群优势，建成

高端装备高新技术产业园区，加快高端泵与电机、新能源汽车与关键零部件、激光电子等项目集聚。该园区于2021年10月被列入省级创建名单，引进产业化项目272个，高新技术产业增加值占规模以上工业增加值的比重达91%，培育发展以万象、利欧集团、热刺激光等为代表的行业龙头企业，建成落地省级泵业产业大脑、台州市级汽摩配产业创新服务综合体等精准契合产业的科创载体，力争2026年实现年产值超千亿元的目标。

第二，建强"飞地"项目孵化器。依托杭州、上海以及德国伍珀塔尔市等地优质资源，聚焦泵与电机、工业机器人等智能制造领域，建成科创"飞地"集群，打通项目大城市孵化与本地产业协同发展渠道。截至2022年7月底，上海、杭州两家"飞地"孵化器新引进激光表面制造及再制造产业化项目等科技项目34个，其中，3个项目成功落地并实现产业化，温岭（德国）海外创新孵化中心被列入省级培育名单，累计建成省级数字经济"飞地"示范基地3家，居台州首位。

第三，建强"双创"项目培育库。完善"创业苗圃—众创空间—孵化器—加速器"全流程培育体系，以省级人才创业园、省级科技企业孵化器、省级工程师协同创新中心、众创空间等平台为主要载体，为人才创业创新提供全链条式服务，助推企业成长。截至2022年7月底，累计引进培育高端以上人才创业企业23家、"500精英计划"创业企业18家，其中，12家企业共获得台州天使梦想基金投资2010万元。

（二）分类施策解难题，加强精准服务

第一，专业化服务，解决行业共性难题。突出强链补链，围绕各行业在技术突破中的发展"堵点"，2022年，制定泵与电机、机床工具等6张创新链图谱，研究梳理技术发展需求，提炼行业关键共性技术难题22项，其中，针对泵与电机领域永磁技术突破难、技术人才短缺等问题，支持江苏大学、清华大学开展"泵用开关磁阻电机驱动系统研发"等16项技术攻关，举办高校泵与电机科技成果展，展出40余项技术成果，与57家企业达成合作意向。针对温岭市鞋业性能提升难、设计人才引进难等问题，发挥中轻检验认证（温岭）有限公司、温岭（晋江）鞋业研发中心等平台的作用，截至2022年6月，开发新样品1340余款，其中735款投入生产，助力该市鞋业会员企业提升产值1.56亿元。

第二，一站式服务，解决发展关键问题。聚焦企业创新发展中的关键要素，汇聚链条式创新资源，实现检验检测、技术开发、知识产权、创业孵化、科技金融等一站式服务。截至2022年7月底，已集聚华频电子科技等27家科技服务机构与浙江工业大学等16家高校院所共建温岭研发机构，累计提供全链式服务超4200家次，解决企业难题316项，签订合同金额超1.9亿元，如华中数控（温岭）研究院中标台州首个工业互联网设备物联项目，可连接3000台套机床相关设备，其温岭特色数控系统已应用于北平机床、东部数控等15家温岭企业，解决企业在数控系统中热误差补偿、自动断屑等方面的关键难题。

第三，一对一服务，解决企业个性问题。落实技术攻关项目"揭榜挂帅"机制，企业发布技术攻关需求榜单，各类创新服务平台、高校院所一对一揭榜破题，实现借智共赢。2021年，入选省重点研发计划项目4项，其中，万邦德医药与杭州三叠纪生物联合开发的"鼻喷重组新城疫载体新冠疫苗"研发项目入选省科技厅应急攻关项目，为全省入选的七个项目之一；2022年1—6月，企业发布"揭榜挂帅"技术需求16项，发榜金额达2014万元，其中成功签约10项，合作金额达1014万元，居台州首位。

（三）培大扶小育主体，激活创新源头

第一，推动科技企业成长。实施科技企业"双倍增"计划和高新技术企业"育苗造林"行动，通过创新券等载体加大政府奖补力度，推动科技企业"微成长、小升高、高壮大、大变强"梯次培育。截至2022年7月底，培育国家高新技术企业363家、省级科技型中小企业1702家，均居台州首位；科技创新券发放额达1998.46万元，服务批次4147次，居全省各县（市、区）首位。

第二，实现中小企业升级。鼓励中小企业专注细分领域，走"专精特新"发展道路，着力打造一批行业小巨人、单项冠军。截至2022年7月底，拥有国家级"小巨人"7家、省级隐形冠军及"专精特新"中小企业42家，数量均居台州首位，"专精特新"工作在全省新一轮"腾笼换鸟、凤凰涅槃"攻坚推进会上作了经验分享，并被评为全省八大最佳实践案例。

第三，发挥龙头企业引领作用。突出行业领军企业引领作

2021年11月，北平机床（浙江）股份有限公司入选国家级专精特新"小巨人"。

用，联合上下游产业链、高校科研院所部署建设一批创新联合体。累计建有省级国际科技合作载体2家、省级企业研究院31家、省级高新技术企业研发中心49家，2022年1—7月，力锋精密工具、宏业装备、大元泵业3个企业项目获2021年度省科技进步奖。

三、经验启示

（一）企业是科技创新的活力源头

企业是市场的主体，更是科技创新的主体，提升创新能力必须要突出企业的主体地位。按照"一家龙头企业带动一条创新链"的理念，温岭市突出"扶优育强"，深入实施上市企业裂变、亿元企业倍增、"专精特新"培育、"上规"升级攻坚的四大计划，立足科技企业"双倍增"、高新技术企业"育苗造林"等行动，加快构建以科技型中小企业、专精特新"小巨人"企业和隐形冠军企业、单项冠军企业、高市值上市企业、领军企业为主体的"五企"培育体系，培育了一批领军企业和"专精特新"企业，打造了一批细分领域的"单项冠军""隐形冠军"。

（二）平台是科技创新的重要载体

创新平台作为集聚创新资源、推动企业创新、促进成果转化的重要载体，在创新发展中具有基础性、先导性作用。2022年以来，温岭积极构建"两城两湖"新格局，在大三角"品质新城"，重点建设九龙湖科创中心，打造城市未来创新枢纽；在东部"滨海新城"，依托省级高新园区，提升海洋科创平台能级，全面融入台州临港产业带建设。对接长三角等地资源，优化布局市外孵化器、域外创新中心等高能级科创"飞地"，畅通"飞地"回流对接机制，实现"借梯登高"。

（三）环境是科技创新的核心要素

科技创新离不开好的环境。温岭全力构建"产学研用金、财政介美云"十联动创新创业生态。比如推广"揭榜挂帅"等攻关新模式，持续加强产学研合作，有力增强创新需求与科研供给之间的融通对接，有效推动主导产业共性技术和关键技术整体突破。充分发挥财政政策导向和财政资金杠杆作用，持续提高财政科技投入水平，财政科技投入年均增长30%以上。

思考题

1.加大推动产业链和创新链精准对接、双向融合迫在眉睫，同时也是实现经济高质量发展的必然选择，政府通过哪些措施能更大力度地加速产业链、创新链的"双链"融合？

2.人才是创新的根基，创新驱动实质上是人才驱动，但县域人才引不进、留不住的问题仍然突出，该如何破解？

台州市委组织部　推荐

重大项目攻坚落地的"仙居速度"

——仙居县"四招"成就比亚迪百亿元项目落地

摘要 重大项目是经济发展的"压舱石",是撬动地方GDP的"动力源",更是推动山区县高质量发展的"加速器"。特别是在当前稳进提质和疫情防控的双重背景下,招大项目难、要素保障难、落地投产难是地方政府面临的共性难题。2022年以来,仙居县坚持把重大项目现场作为激励干部担当作为的"考场",创新"联动式作战、专班化破难、'妈妈式'服务、常态化考评"的"四招",重塑干部精气神,激发干事内驱力,锻造沸腾好状态。前后仅用21天,就全面完成3个村1007户3799人、1760亩土地的征地补偿安置协议签订工作,促成总投资100.2亿元的比亚迪电池项目落地仙居,创造了土地征用、用地审批、项目落地、项目建设的"仙居速度",并在台州市半年度经济工作"三比三看"督评会中综合排名第一,为全省稳进提质攻坚破难提供了"仙居经验"。

关键词 重大项目 "四招"攻坚 仙居速度

一、背景情况

2022年4月3日,比亚迪新能源刀片电池项目正式落户仙居,该项目是推动台州市建设新能源汽车产业发展高地和仙居县打造共同富裕示范区山区样板的标志性项目,是近年来仙居县征地面积最大、用时最短、投资项目最大、项目落地最快的制造业项目之一。该项目达产后预计年产值约200亿元,能为该县提供6000个以上的就业岗位。

根据该项目协议要求,仙居县须在2022年6月一次性完成1500亩的供地,加上道路及配套设施的供地,总面积达1760亩。此次供地涉及利益主体多元,牵扯面广,征地时间紧、任务重、体量大、情形复杂。从确定项目用地范围图到项目投产共有72个节点任务,涉及下各镇和17个部门。其中,下各镇须在1个月内完成土地征地补偿安置协议签订工作。

二、主要做法

(一)联动式作战,让项目推进的合力"聚起来"

第一,四级联动"抢"项目。成立市、县、乡、村四级联动机制,合力推动项目落地。市级层面,统筹全市资源,帮助仙居解决土地指标、资金配套、能耗指标等问题,集全市之力助推项目落地仙居。县级层面，建立快速响应联动机制，成立项目推进专班和领导小组，下设资金保障组、供地保障组、项目推进组、立项审批组、产业引导组和项目保障组6个工作组，每组由分管副县长为责任领导，相关部门负责人为工作小组组长，共同推进项目落地。镇村层面，建立快速抓落实机制，组织精干力量，实行新老结对组团攻坚，通过乡镇"点单"、部门"接单"、干群"联动"，形成工作合力。

第二，支部联动"推"项目。成立项目攻坚临时党支部，下设政策处理组、协作对接组、综合保障组3个党小组，组建3支党员突击队，依托30个"红色网格"走代表、走户，由易到难逐个突破。延伸"三会一课"到征地一线，深化"党建统领网格智治"，通过网格来畅通说事、议事、办事的渠道，从而充分发挥党员先锋模范作用。每月召开专题主题党日，坚持开展一次学习、认领一批任务、协商一些难题，组织涉征党员集中签字、党员先锋认领包干等活动。比如，102名党员第一批次带头签字，张店村第一小组组长张某以点带片，打好"感情牌"层层动员，啃下最后3户"硬骨头"。

（二）专班化破难，让项目攻坚的堵点"通起来"

第一，专班比拼破难点。第一时间建立项目工作专班，并与企业同地办公，同挂一张作战图，互相比进度，切实做到"政策精准落地、环境安心舒心、服务跑着代办、要素及时跟进"，全力加快重点项目落地开工。专班每周召开比拼会，推行"三色榜"

预警机制，各组对照节点任务晒绩争锋，对连续三天落后的小组予以通报，要求其查摆问题、分析原因并限期追赶。

第二，压实责任疏堵点。实行"1＋3＋5＋N"包片责任制，以下各镇西办事处为中枢，3名联村领导以上率下，5名驻村干部各负其责，46名村干部挂组包干，倒排工期，压实项目责任清单。建立"一日两会"工作商讨机制，早上召开工作部署会，晚上召开工作研讨会，对问题进行集中会诊、专题研究，做到问题不过夜、改进不停步。

（三）"妈妈式"服务，让项目审批的速度"快起来"

第一，创新审批服务"三个六"模式。整合审批窗口负责人、专职代办员、审批业务骨干等人员组成服务团全程联系包干，创新构建项目审批"联审联办"机制，梳理政府投资项目审批事项21项、企业投资项目审批事项29项。尤其在比亚迪项目上，政府提速、企业同步，项目进入绿色审批通道，省、市、县用地报批比约定时间快了近一个月，展现了仙居速度、服务温度、工作力度。

第二，创新要素保障"组团式"服务机制。为实现比亚迪项目落地，一方面，县主要领导亲自带队要素攻坚小队，每周会商、"跑省进厅"、争取指标，顺利争取到新增建设用地指标1107亩、水田指标883亩，实现了项目顺利开工建设。另一方面，派驻专人蹲点省厅，积极沟通对接，挤入省级项目盘子，使比亚迪项目入选2022年第二批省制造业重大项目名单，实现了历史性突破。

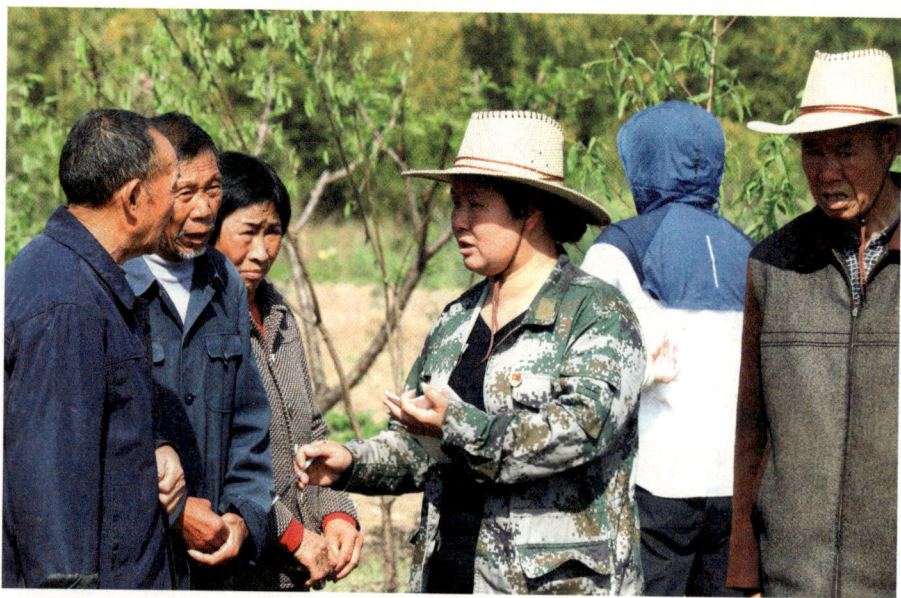

在比亚迪项目土地丈量和青苗清点现场，张店村专职女委员、网格员在田间地头向村民讲解征地补偿政策。

（四）常态化考评，让项目比拼的激情"燃起来"

第一，项目一线考干部。仙居县将项目攻坚作为检验干部的重要战场，有针对性地开展经常性考察，向比亚迪项目推进全过程派驻考察专员，实行"白天实地走访＋晚上夜访夜谈"，列席、旁听工作关键环节，一线收集包抓领导、业务关联单位、单位同事、管理服务对象等4个维度的反馈信息，跟踪掌握干部表现鲜活案例，并将项目攻坚贡献值与干部提拔使用、评先评优、职级晋升等挂钩，营造了担当作为、实干争先的浓厚氛围。

第二，现场考评促担当。聚焦副职领导、中层干部、年轻干部、普通干部、村社主职干部等群体，开展"干部现场大考评"

活动，由干部经常性考察组、县党代表等组成评审团，以日常考察了解为基础、现场考评提问为印证，紧扣"岗位、担当、实绩、口碑"四项指数开展测评定档，并以红黑榜的形式在全县通报。比如，下各镇副镇长王某在比亚迪项目推进中发挥了积极作用，被评为先锋干部，受到上级组织的通报表扬。

三、经验启示

（一）以"新"促"新"是制胜之道

山区县要实现弯道超车，关键要瞄准新的赛道。比亚迪项目之所以能在仙居快速落地，彰显的是仙居县委、县政府敏锐的市场嗅觉，体现的是"小县也要创大业、招大商"的决心和定力。项目推进的速度和力度，是仙居县委、县政府对区域经济和产业发展规律的准确把握和精准定位，既抓住了新能源产业发展的"风口"，也是遵循浙江省委书记袁家军"小县也有大作为"的重要指示，证明只要敢想敢做，山区县也能招引大项目，也能有大发展。

（二）以"干"促"干"是用人之道

干在实处，关键要激活干部会干、想干、能干。仙居县通过创新经常性考评、现场考评会、项目擂台赛、三跨交流等举措，推行"一小时工作法""小太阳工作法"，在项目一线考干部、用干部，重塑干部考评新机制，倒逼基层干部主动担当作为，以干部"之干"激活发展"实干"，用红色势能激活发展动能。

（三）以"心"换"心"是治理之道

人心是最大的政治，只有"征"得民心，才能"征"出效率。仙居县将暖心征地与依法征地相结合，"软"与"硬"两手抓，把工作做到了群众心坎里，推行"服务专员法"，根据不同的征迁主体有的放矢，心想到群众的困难上，化解对立、尊重包容，忙帮到群众的需求上，解决失地农民社会保障等切身利益。同时推行"阳光征收法"，坚持公平公正，做到一把尺子量到底、一个政策执行到底。

思考题

1.重大项目落地等是社会普遍关注的重点、热点，如何从事前、事中、事后有效预防和化解工作推进中的矛盾纠纷？

2.征地拆迁作为产业项目、城镇建设的前沿阵地，除了快、准、实地完成政策处理工作，保障土地要素，后续该如何通过项目落地来推动新能源产业集聚发展？

台州市委组织部　推荐

"基金＋飞地"助力招商引资实现新跨越

——丽水经开区打造招商引资"强磁场"

摘要　开展战略性新兴产业的招商引资，最核心的关键是"资本"与"人才"两大要素，与发达地区相比，丽水经开区在招商引资上面临着资金要素保障不足与尖端人才不愿意落户等问题。如何利用现有资源突破资本与人才这一发展瓶颈，助力招商引资，实现新跨越，经开区大胆创新，"基""地"联动，紧紧围绕"项目落地所需、产业发展所缺"，创新出"基金＋飞地"招商新模式，有效提升招商引资竞争力，成功入选浙江省创新招商方式优秀案例，在全国国家级经开区中的排名也从第158位跃升至第80位，跨越式地前进了78位。一方面通过成立自身产业基金、合作成立基金小镇等方式，充分发挥政府引导资金的杠杆作用，以资本注入招商"活水"，解决技术、知识密集型等产业项目所面临的资金要素保障不足的突出问题。另一方面依托"飞地"招商模式打破地域界限，将招商触角直接深入发达地区，共享长三角、京津冀、大湾区科创发展机遇，快速精准承接先进地区的人才资源，弥补经开区高端人才要素资源缺乏的短板，实现高端人才在"飞地"集聚、高新项目在"飞地"研发、研发成果为经开区所用。"基""地"双管齐下，助力经开区招商引资实现新跨越。

关键词　招商引资　基金模式　"飞地"模式　跨越发展

一、背景情况

丽水经开区作为国家级经济技术开发区，是丽水产业发展的主战场、主平台，承载着丽水经济发展的重要历史使命。随着国内国际招商引资形势的白热化，以及受新冠肺炎疫情影响及经济下行冲击，经开区暴露出资本不足及人才紧缺两大招商引资"痛点""难点"。一是优质项目投资信心及资金保障不足，除医药健康、快速消费品等少数产业逆势上扬外，大多数传统产业均遭遇了不同程度的打击，企业方较多采取缩减投资规模、调整投资方向或者取消投资计划等措施。二是市场项目筛选能力不足，在疫情冲击之下，招商引资存在盲目性、急功近利的弊病，招引项目层级较低或者不符合经开区未来发展趋势，在专业尽调方面没有建立起招商引资的"过滤器""防火墙"，财政资金使用效率不高。三是招才引智发展层级不足。高端人才往往更倾向于落户大城市，享受更好的城市资源。丽水作为浙西南山区，物流成本制约技术流、资金流、人才流的有效集聚，对经开区来说招才引才形势严峻。

二、主要做法

（一）基金产业为"媒"，注入强劲资本引擎

第一，打造浙西南首家基金产业园。金融是现代经济的血液，也是丽水高质量绿色发展的重要支撑。丽水经开区打造浙西南首家金融产业园——水街基金产业园，为丽水市以基金串联产业链创新链、优化产业布局，驱动经济高质量绿色发展植入强劲的资本引擎。经开区将"金融＋产业"列为水街基金产业园发展方向，在招引基金、类金融企业入驻，扩大税源，服务实体经济等方面持续发力，为培育基金生态圈、完善金融产业链、助推跨越式高质量发展作出积极贡献。经过两年多的发展，水街基金产业园共引进基金、类金融企业171家，其中，员工持股平台35家，（类）金融机构2家，投资机构134家，入驻企业基金规模达366亿元，实现税收超3.14亿元。

第二，构筑"1＋X"产业基金体系。经丽水市政府审批，由丽水高科金融投资控股有限公司、丽水南城新区投资发展有限公司、丽水金融投资控股有限公司三方共同出资成立的绿色产业基金，在发改委备案，并登记于全国政府出资产业投资基金信用登记系统。绿色产业基金下设丽湖基金、丽水久有基金、金汛基

金、杭州君富基金、丽水绿色易连基金五支子基金，与富浙资本、东方嘉富、上海黑盛、启迪基金、龙庆资本、信隆行、诚和资本、伟高达等金融公司建立交流机制，目前已获得超过20个项目推荐。"我们去年在已落地丽水经开区的中欣晶圆项目招商中运用这一模式招商新模式，中欣晶圆获得资本的投入，满足了项目扩张的资金需求。企业已开始科创板辅导，各路资本将获得丰厚的回报；交通银行则得到一个优质的客户资源。充分发挥了政府产业基金的政策导向性和杠杆效应，体现了专业的资本运作能力，实在是一举多得。"丽水经开区投促部负责人如是说。也正是得益于基金产业政策，航迅科技、晶睿电子等一批重大项目及前沿科技型产业项目的资金保障不足等相关问题得以解决，项目顺利落地。

第三，组建专业招商团队。2020年10月，经开区组建丽水高科金融投资控股有限公司作为绿色产业基金管理人，代表经开区参与各类投资，包括政府性股权投资基金、金融股权投资、资产管理等，搭建起一支懂金融、懂招商、懂业务、懂政治的基金干部队伍。目前有人员14人，全员具有基金从业资质，其中金融类从业人员6人、会计1人、投资管理人员3人、法务2人。"基金运作对专业性要求很高，从业人员一定要具有专业背景、良好道德、从业资质和实操经验。我们拥有良好的公司治理结构和风控制度，执行一整套尽调、立项、决策流程，建立了前置预审环节、基金动态评价机制等全流程基金管理体系，了解项目投资进展，分析研判可能存在的风险，提出触发'对赌'条款后的处理措施，确保基金总体安全。"高科金控负责人表示，"正是得益于专业团队研判筑起的防火墙，我们才能在提高财政资金使用效率的同时，倒逼落地项目良性发展，聚力做大做强。"

浙江丽水中欣晶圆半导体科技有限公司外延项目开工仪式现场。

（二）市外飞地为"引"，搭载人才集聚平台

第一，"产业共育"，创新"研发在沪、生产基地在丽、销售总部在丽"模式。为解决人才不愿意落户开发区、招才引资发展层级不足等相关问题，经开区转换思路，创新运用"问海借力"金钥匙，在上海浦东张江科学城及张江药谷的核心区建设"科创飞地"，总占地面积约18亩，总建筑面积约2.1万平方米，构筑"嵌入式"融入长三角一体化发展模式，让人才"不在经开区，却为经开区服务"。通过这一方法，有效解决高端人才项目不足等相关问题，累计直接从上海引进产业项目87个、总投资额190.746亿元，吸引了纳斯达克、港股和科创板上市企业入驻，引进天境生物、泽璟制药、德琪医药、迈威生物等6家企业，形成了"研发在

沪、生产基地在丽、销售总部在丽"的新模式。

第二，"科创共用"，导入"科技创新链"。依托"飞地"，经开区加强与上海大院名校和科研院所合作，先后与中国科学院院士、复旦大学光电研究院院长合作建设实验室；与中国科学院院士、华东师范大学化学系教授展开产学研合作；与世界化学工业界排名第二的跨国化工公司——陶氏化学（中国）合作共建美国陶氏化学（丽水）水性技术研发中心，导入上海科技资源帮助园区企业建设重点实验室、工程中心、检测中心，可以精准对接前沿科研成果转化的新兴产业。项目孵化成功后到丽水，就变成研发中试和产业化基地，借势借地借人才，逐渐形成一条完整的"孵化—加速—研发—中试—产业化"科技创新链条，最终实现科技人才"为我所用"、生产制造落地丽水。

第三，"人才共引"，构筑"为我所用"人才体系。重点实施赛会引才、以才引才、平台引才，在长三角主办丽水（上海）半导体招商推介会、数字经济招商（招才）推介会；举办"南明英才"选拔赛上海站、苏州站、杭州站及医疗健康专场。两年来，从长三角引进费米善科技、百可半导体、金赋水数字科技、东岸科技等人才项目16个。引进博士124人、硕士164人，获得2021年"全省推进长三角一体化发展先进集体"荣誉，上海"科创飞地"被上海大商汇商学院列为产业培育教学案例。

（三）"基""地"政策联动，厚植最优资本人才衍生沃土

第一，金融惠企，基金业政策助力企业提质增效。自2020年9月成立以来，经开区充分挖掘《关于支持丽水经济技术开发区金融业发展的若干政策》《丽水经济技术开发区金融业奖励资金拨付细则》等相关政策资源优势以及基金注册效率优势，同时整合杭州和北上广深一线城市的优质行业资源、上市公司资源以及丽水的侨商资源，已引进申万宏源营业部，与上海久有合作成立丽水子公司，成功落地嘉立控股、白鹭资产、山水融资租赁丽水总公司等。其中，首批入驻企业申万宏源于2021年9月在丽水经开区设立营业部，截至目前，已新增金融资产达18亿元，为丽水经开区带来近6亿元税收。"丽水经开区已逐步成为金融科技业的'沃土'，对我们金融科技企业有很强的吸引力。"浙江东岸科技有限公司董事长表示，得益于丽水经开区的金融政策、金融服务以及产业基金的参与，自入驻水街基金产业园以来，企业实现跨越式高质量发展，管理超200亿元个人不良资产，沉淀个人用户数据超430余万条，免除利息罚息超过43亿元，计划于2024年申报IPO。

第二，服务共通，"沪丽通"平台推进"飞地"数字赋能。以"飞地"入驻企业需求为导向，以"最多跑一次"改革为牵引，加强"放管服"改革联动，加快网络互通、数据共享和政府数字化转型，经开区搭建的"沪丽通"平台是丽水市首个为产业"飞地"提供数字化赋能服务的全生命周期一站式平台，是丽水国际科创中心招商引资展示的窗口。平台共设产业名片、产业动态、

产业服务和产业大脑四大功能板块，为"飞地"重点培育的生物医药产业提供专业化服务，提供包括城市宣传、园区入驻、政策解读、人才申报、产业服务、商事服务和智慧园区在内的七类服务，进一步将公共服务办理延伸至上海"飞地"，为入驻企业打通产业培育及线上办事的各流程，满足"飞地"企业与丽水当地之间的政企互动、产业连接、资源共享、服务便捷、响应高效等产业服务需求，真正实现"最多跑一次"的"一站式全链条服务"，实现全方位的数字化产业服务支持。

第三，"五池"聚才，建立人才双创全周期服务体系。包括人才基金池、房源池、人才储备池、培育池和子女优待池。重点打造丽水市首个"人才金融港"，为人才项目提供多类型的金融服务。建设全市首个人才创新创业基地，提供高水平国际化人才社区，打造全省首个人才科技法律服务中心，组建人才科技法律服务专员团队，建设人才创新创业服务综合体，提供"一站式全链条服务"，形成"引才、育才、留才、用才"的人才工作体系。"落地丽水之前我们是有担忧的，但这边政府在招才引智方面确实给力，让我们把需求直接列出来，也向我们传达了这边可以给予的人才优惠政策。"高端人才项目浙江容祺智能（无人机）有限公司总经理表示，经开区给予企业的人才扶持政策非常优惠，这份坚定有力的承诺与求贤若渴的诚意，更加坚定容祺在经开区发展的决心。

三、经验启示

（一）思维是招商引资的强劲动力，必须提高招商"首创力"

和发达地区相比，后发地区往往感觉"遥不可及""力不从心"，招商思维总是拘泥于眼前的"一亩三分地"。必须突破自我限制，有决心把"不可能"变为"可能"，敢于把"可能"变为"现实"，有能力把"事事找惯例"变为"大胆创新例"。充分分析本地招商引资存在的短板不足，敢于创新、小心求证，在前进中找到解决问题的办法，最终实现"跨越阶梯式的发展"。

（二）资本是招商引资的源泉活水，必须做大基金"蓄水池"

资本招商日益成为各地政府开展招商引资、聚合社会资本、助推新兴产业、促进经济转型的有力手段。政府基金有一定的"背书效应"，政府的产业基金可以串联社会资本、银行、其他投资机构，打通资本、企业、人才、项目的连接通道，通过"以投带引"招商引资新模式，整合可用可为资源，为欠发达地区招引优质项目、高大上项目打开最优最快速的渠道，实现"弯道超车"。

（三）人才是招商引资的战略支撑，必须延伸引才"创新链"

人才是发展的第一生产力，是招商引资的硬核竞争力，没有人才的集聚就没有产业高质量发展，就没有招商引资的硬核竞争力，可以说人才招引和产业的招商二者紧密相连，高度融合在一起，不分你我。欠发达地区往往面临高端人才不愿意来，掌握关键技术的专业型人才、高端管理型人才短缺的困境，导致高新技术项目落地计划流产，而通过域外"飞地"等形式，转化引才渠道，紧紧围绕产业链构筑人才链，通过人才链提升产业链的做法，能够为欠发达地区发展注入强劲动能。

思考题

1. 根据丽水市"双招双引"会议精神，在当前经济形势下，企业生存与资本扩张成为摆在面前的最棘手问题，政府部门应当如何扩大基金盘子，稳住企业生存与发展？

2. 随着丽水市外"飞地"发挥着越来越重要的作用，经开区应当如何落子布棋，真正释放"飞地"联动效应，推动"飞地经济"扩面升级？

丽水市委组织部　推荐

产业富民　以木玩发展续写下山脱贫"后半篇文章"

——龙泉市安仁镇木玩产业助力下山脱贫

摘要　安仁镇是龙泉市的门户重镇。2005年，安仁镇正式启动异地搬迁工程，推动偏远村庄和紧水滩库区群众脱贫致富，并始终遵循习近平同志到安仁调研"万人下山脱贫"时的"移得出、住得下、稳得住、富得起"的殷殷嘱托，立足特色木玩产业，坚持协同推进新型工业化、新型城镇化，加快推动异地搬迁转移人口向中心集聚，实现"家门口"转产就业，促进以产聚人、以人兴业的双向良性互动。近年来，通过建立工业集聚平台，安仁镇在扩大企业产能、产业转型升级上持续发力，面临生产成本上涨、销售市场疲软的瓶颈时，鼓励企业以科技创新引领高质量发展，以科研经费投入和技术攻坚努力抢抓市场机遇，不断提升木玩产业竞争力。2021年，安仁木玩产业规模以上工业产值达3.3亿元，增速23.53%，已成为安仁工业经济的一大支柱产业，安仁镇也向着"产城融合、领跑共富"的美好目标不断迈进。

关键词　下山脱贫　木玩产业　科技创新　产城融合

一、背景情况

安仁镇位于丽水市龙泉市的东部，为龙泉、云和两地的交界处，是龙泉市对外联系的重要门户。过去，安仁镇辖区内近半数村庄坐落在海拔500米以上的偏远深山，农民生产生活条件艰苦。2005年，由于紧水滩电站建设，龙泉市道太乡的一些农田和土地还有省道丽浦线被淹，库区群众交通不便、生活困难，异地搬迁工程因之而生。为切实写好异地扶贫搬迁的"后半篇文章"，安仁镇紧盯劳动密集型产业，在在外创业的乡贤中开展招引，用宽松的土地政策吸引以浙江恒祥玩具有限公司为首的木制玩具企业陆续回归，并通过强化农民技能培训和提升企业劳动力需求匹配度，逐步带动木制玩具上下游产业链集群化、规模化发展，实现以产聚人、以人促产的双向正循环。

但是受全球新冠肺炎疫情高位运行和国内疫情多点散发的影响，木玩产业上游原材料波动上涨、销售市场疲软、出口需求持续萎缩，再加之物流不畅，导致木玩产业生产成本持续攀升。尤其是2022年云和"4·26"疫情期间，安仁木玩企业与云和企业产品相互配套，务工人员、货物流动往来较多，在云和实行管控后，安仁木玩产业受冲击较大。如何统筹做好疫情防控和经济发展"两手抓、两战赢"，实现地方经济稳进提质，成了下山脱贫保就业稳增收的又一道难题。

二、主要做法

（一）政策"牵线搭桥"，稳住就业"基本盘"

如何实现下山群众搬得下、稳得住、富得起？为打消村民下山无田可种的后顾之忧，安仁镇提出"产业上山、就业在镇"的发展思路。整村搬迁后，村里通过退宅还耕还林，将土地承包给合作社，让其规模化发展中药材、茶叶种植、畜牧业养殖等经济产业，既避免了土地浪费，又增加了村民收入。为解决搬迁群众就业问题，安仁镇通过政府买单、定点培训等方式，让下山农民通过拥有一技之长实现劳动致富，鼓励和动员当地企业优先录用搬迁农民，让数千名下山移民实现"家门口就业"，集镇的木玩企业约六成的员工都是下山移民。异地搬迁前，安仁集镇的常住人口不到5000人，现在已超过15000人，农民人均收入也从之前的3000余元增长到现在的2.5万余元。山区群众奔跑在高质量就业创业的共富路上，"共富梦"正在实现。

（二）产业"内提外拓"，提振致富"新引擎"

为进一步激活集镇活力，安仁镇通过建设工业园区吸引更多山上和周边的乡镇人口来安仁干事创业。先后建成溪西溪东工业园、大窟工业园区、昌文工业园区一期（新规划昌文二期工业平台）等工业集聚平台，全力拓展生态工业发展空间，"两区多点"

的新型产镇融合发展格局初具雏形。一方面，充分发挥龙泉"东门户"区位优势和与云和"木玩之城"相近的地缘优势，坚持把招商引资作为全镇高质量发展"一号工程"的战略定位，激发共同富裕内在动力。截至2021年底，安仁镇共有规模以上企业16家（其中木玩企业6家），产值亿元以上企业3家（其中木玩企业1家），带动4000多人就业，工业产值18.83亿元。另一方面，聚力产业转型升级，鼓励企业加大科研投入，围绕木玩产业"延链补链强链"和"高端化集成"两大目标，推动企业乃至木玩产业从制造环节向价值链两端的研发、设计、销售等服务环节延伸，实现木玩产业的提能升级。鼓励龙头企业在杭州、宁波等地建立研发、营销中心，加强与中国美术学院、浙江工业大学等高校的深层次合作，引进高端人才，聚力技术攻坚，打响自主品牌，稳步走出产品创制之路，以创新驱动提升木玩产业竞争力和产品附加值，助推企业增产增效和百姓增收共富。

（三）民企示范引领，培育带富"金名片"

培育"先富带后富"样板企业，是以产业振兴接续下山脱贫成果、促进产业振兴的关键抓手。从名不见经传的小作坊到安仁木玩产业的龙头民企，浙江恒祥玩具集团有限公司始终秉承"就业一人、脱贫一户、带动一方"的理念，一方面积极发挥"链主型"企业作用，建立"家门口"的生产基地，用"恒祥标准"帮助带领全镇80多家配套个体户手工作坊走上规模化生产之路；另一方面主动接纳下山农民来厂务工，切实做到"培训一人、致富一家"。目前已有800余名下山农民在该企业就业，农村家庭工资性收入稳定增加，实现农户企业"共富双赢"。安仁镇安民村村民吴某一家从2007年搬迁到首期小区以来，通过参加镇里组织的相关培训，他与妻子顺利进入镇工业园区的木玩企业。如今他已是公司车间管理人员，夫妻俩年收入超30万元，日子过得红红火火。谈起搬迁后的变化，他们表示："党的政策真是好，我们安了家，有了稳定的工作，工资待遇还挺好，孩子上学也方便，共同富裕在离我们越来越近！"在安仁镇，像他们这样的夫妻职工还有许多。

下山搬迁群众通过"共富学堂"掌握技术后进入玩具厂上班。

（四）"志智双助"提升，念好强技"致富经"

产业发展，关键在人。"共富学堂"是推动山区群众致富路上

"授人以渔"的重要平台，也是推动农民技能大提升、产业大发展、民心大集聚的新路径。安仁镇立足木制玩具产业发展需求，积极响应技能人才共富能力大提升行动，在浙江恒祥玩具集团有限公司开设"木玩技能共富学堂"。从理论学习到生产实践，从技能课堂到车间一线，通过全方位、全过程、全周期培训，推动农民变"技工"。2022年开设以来，吸引外地务工人员、大学生参加培训400余人，其中顺利入职安仁本地木玩企业的270余人。为乡村振兴、强基共富提供技能人才培养平台和就业岗位。其中值得一提的是，安仁镇变云和"4·26"疫情突发边缘地的危机为生机，积极主动排摸滞留在安仁的务工人员，逐一电话联系，探明就业意向，动员他们参加"木玩技能共富学堂"，用"恒祥标准"教学，促成滞留的120余位务工人员在安仁的木玩企业就业。"共富学堂"把技能教学变得平民化、公开化，引导鼓励群众用技术和汗水赢得脑袋、口袋"双富裕"，真正把人口集聚乡镇激活为人力资源大镇。

三、经验启示

（一）要精准对接

抓住机遇，结合企业用工需求和群众就近务工意愿，组织开展精准"订单稳岗式"培训，确保企业用工需求与脱贫人口就业条件相匹配，进而提高就业质量，促进务工人员和企业用工的双向协同。让企业留得住员工，让地方留得住人才，使城镇化与工业化同步高效推进，形成"以产兴城、以城聚产"的生动局面。

（二）要优化环境

聚力工业园区、木制小微园等集聚平台建设，强化企业创新主体地位，狠抓产业招商、培育产业链条，不断创新招商形式，利用交通区位优势、产业集群优势、投资环境优势等，有针对性地开展延链、补链、强链式精准招商选资，打好招商引资"组合拳"，培育壮大产业集群规模，提升产业能级，逐步实现产业集约化、规范化、制度化发展，促进生态工业提能升级。

（三）要转变思路

面对疫情冲击，安仁镇牢牢把握"疫情要防住、经济要稳住、发展要安全"的总体要求，在保供保畅、政策支持、助企服务、转型升级等方面持续发力，引领企业在危机中自我革新、自我提升，努力实现"两手抓、两战赢"。

鼓励以恒祥玩具集团有限公司为典范的"链主型"企业在危机中育新机，努力做大做强主业，聚力核心技术攻坚，抓好创新驱动"牛鼻子"，实现从产业链到创新链的升级，逐步形成技术优势和成本优势。

（四）要创新路径

立足地方特色优势产业，以"共富学堂"为载体，创新劳动者职业技能培训，鼓励技术能手作为致富带头引路人，以传帮带的方式让"苦劳力"变身"技能人"，储备新型产业工人队伍，厚植人力资源优势，以人力资本水平持续提升为抓手更好地服务产业发展。

思考题

1.劳动密集型产业转型升级后，企业"机器换人"、未来工厂等智能化技术改造与乡镇稳定就业之间的矛盾如何平衡？

2.在不具备区位优势的前提下，如何有效实施"双招双引"，吸引企业落户、人才回归？

丽水市委组织部　推荐

破茧成蝶　小苔藓成就大产业

——景宁畲族自治县毛垟乡全力打造智慧"苔藓小镇"

摘要　毛垟乡是浙西南革命老区乡，距离景宁县城60千米。四面环山，耕地面积0.6万亩，林地面积6.98万亩，山多地少，可利用的土地较分散，是典型的偏远山区。为更好地解决"怎么发展、发展什么"的难题，毛垟乡深入践行"绿水青山就是金山银山"重要理念，大打生态牌，创新引进丽水润生苔藓科技有限公司，通过各村抱团成立"强村公司"，大力发展生态苔藓产业，建成苔藓工厂化培育基地、苔藓种植基地，形成集苔藓育苗、种植、文创产品制作销售、民宿、绿化工程建设于一体的苔藓产业链。在疫情持续冲击下，受区域同质化竞争、运输成本上升的影响，毛垟乡转危为机，建设全国最大的智能化苔藓育苗总部基地，并积极探索苔鱼共生、苔稻共生、土地开发项目边坡种植、林下种植等新模式，实现苔藓扩种、提升产出效能，进一步带动村民增收，村集体收入实现从零到超百万元的突破，并获丽水市"产业兴旺"突出贡献集体等。毛垟以创新改革之力，跑出了偏远乡镇跨越赶超的加速度。

关键词　生态产业　数字化改革　共同富裕

一、背景情况

毛垟是浙西南革命老区乡，省级最美河湖带溪河穿境而过，森林覆盖率86.79％，曾是浙闽边界重要的经济商贸中心。随着城镇化进程的加快，90％的村民外出务工经商，昔日的繁华已不复存在，成了典型的"空心乡"，在家群众多为60岁以上老年人，劳动力严重缺乏，再加上地域偏远、山多地少、交通不便，产业发展极其困难。与此同时，在没有产业支撑的情况下，乡内群众缺乏就业平台，纷纷外出打工、经商，"空心化"日益严重，陷入恶性循环。在全国上下大力推进乡村振兴及共同富裕政策方针的大背景下，毛垟乡因地制宜发展苔藓产业，并取得了一定成效。

但在苔藓产业做大做强的过程中，遇到了瓶颈。在新冠肺炎疫情冲击下，苔藓种苗等生产资料的购置渠道受到一定制约，较大程度地影响了苔藓产量。人员流动受阻，"双招双引"工作难以开展，人才及资金难以驻留，大环境经济不景气导致的产品销售难等问题随之而来，直接影响了苔藓产业良性发展和壮大。与此同时，疫情增加了群众就业难度，返乡群众逐渐增多，解决在家群众就业问题也在此时显得尤为突出。偏远山区乡如何破难突围，成了摆在当地乡党委、乡政府面前的首要问题。

二、主要做法

（一）山城突围解困局，党建联建，产业破题起势

"我们这种偏远乡镇，四周都是山，要地没地，要人没人，要发展产业是不可能的事情。"这是最初毛垟的村干部对这里的认识。

怎样才能在缺地少人的情况下将产业做起来，一直是困扰毛垟乡历届党委、政府的头等难题。鉴于毛垟乡自身的气候特点以及苔藓种植对劳动力需求低、收益高的特点，毛垟乡经多方联系、研究、探讨、决策、试验，将目光放在全国唯一的苔藓专业化培育企业——丽水润生苔藓科技有限公司上，最终在2019年引进该企业并与其开展合作。

苔藓产业发展之初，就遇到了资金问题，当时各村村集体经济非常薄弱，靠每个村单打独斗根本做不了任何事情。为此，乡党委、乡政府召集四个行政村的书记开展大讨论，从思想破冰，决定让全乡四个行政村抱团发展，集中入股成立"强村公司"，由"强村公司"负责苔藓产业发展的具体运作。同时打造"红绿融合"产业发展党建联建品牌，党员带头发展产业，将资金、土地、人力等资源进行"整合打包"，壮大产业发展后备力量。从刚开始的5亩、10亩，到现在的300亩，苔藓种植面积逐步扩大。同时为了迎合市场需求，还相应推出了苔藓文创产品、苔藓绿化工

程、苔藓研学等衍生产品。短短几年，就形成集苔藓育苗和种植、文创产品制作销售、民宿、绿化工程建设于一体的苔藓产业链。苔藓产品走进县城、进入市区、融入长三角。如今，单单苔藓产业就让村集体收入实现零到超百万元的突破。毛垟乡苔藓产业发展案例，被纳入《中国全面小康发展报告·浙江样本》。毛垟乡也被丽水市委、市政府评为"产业兴旺"突出贡献集体，被市委组织部、市农业农村局评为全市村集体增收示范乡镇。

现在毛垟乡父老乡亲中流传着一个顺口溜："苔花如米小，也学牡丹开。苔藓不是草，苔藓是个宝。"

（二）"双招双引"添动力，以干得助，产业做大做强

"我是浙江省丽水市景宁畲族自治县毛垟乡的乡村振兴顾问，能用专业修养为山区发展和乡村振兴出一份力，我颇感自豪。"在"当红生态"大型访谈节目中，中国苔藓学家、中国科学院华南植物研究所的一名博士这样说道。

他是毛垟乡在苔藓产业方面引进的第一位重量级的人才学者、乡村振兴顾问。在苔藓产业发展过程中，毛垟乡不仅仅满足于眼前的一些"小成效"，还将目光投向更长期的产业发展规划。面对苔藓产业发展专利技术研究、产品研发、产品销售、市场建立等方面的短板，毛垟乡充分认识到科研力量和人才支撑的重要性，决定通过"双招双引"为苔藓产业注入发展动能。

"穿上西装、系上领带，这是我人生第一次坐高铁，第一次坐飞机，第一次去深圳，第一次跟着乡里去'双招双引'，心里很激

动也很忐忑，不知道对方会不会跟我们这种小乡村合作。"2021年3月，毛垟乡毛垟村村党支部书记跟着乡里的"双招双引"小分队，踏上了"招商之旅"。

普通到不能再普通的招商小分队，最终以真诚的行动感动了这位博士。他不但答应自己做毛垟乡的乡村振兴顾问，还带着他的一批苔藓学术专家及技术团队13人，为苔藓产业发展及苔藓小镇建设提供智力支持。由于毛垟团队的真诚而大胆，"中国企业500强"之一的传化集团、"中国民营企业500强"之一的万事利集团等也与毛垟乡落地合作，为毛垟乡拓宽了市场，实现了社会效益和经济效益双丰收。

（三）数字化改革化危机，智慧育苗，产业提质增效

毛垟乡发展苔藓产业以来，为村集体带来了可观的收入，周边乡镇纷纷开始效仿，发展苔藓产业。随着周边乡镇同质化竞争加剧，加上疫情防控工作压力持续增大，运输成本不断攀升，毛垟乡地理位置偏远的劣势逐渐显现，遇到了产业发展的危机。

"作为偏远小乡镇，交通和土地狠狠地制约了我们苔藓产业的发展，要把我们的劣势变为优势，那就要抓住核心技术。既然种不过他们，那就换个思路，让大家都为我们种。"经过审慎地思考，毛垟乡主要负责人坚定地作出要建设浙闽最大的苔藓智能化育苗总部基地的决定。

如何在危机中寻找新的突破点和增长极，实现苔藓产业提质增效，是摆在毛垟面前的又一道难题。与其合作的润生苔藓科技

有限公司作为全国唯一的苔藓专业化繁育企业，核心技术就是育苗。毛垟乡以此为切入点，通过多次上门商谈、对接，真心实意打动企业，成功让苔藓育苗总部基地落地毛垟乡，让"苔藓小镇"搭上数字化的快车道。基地参照学习国外育苗先进技术，对整个育苗种植环节的温度、湿度、空气流通量进行智能化精准管控，并采用首个溪水空气交换技术降低能耗。就地生产种苗的模式，将加快推进毛垟乡创新推出的苔鱼共生、苔稻共生、土地开发项目边坡种植、林下种植等种苗供应，还可以以无偿提供种苗的模式，鼓励低收入农户和小农户参与共同致富。预计每年可为村集体增收300余万元。基地建成后，不但能满足乡域苔藓产业发展，也将面向各大市场销售。该育苗基地项目是毛垟数字化改革

苔藓文创产品制作培训。

的重要成果，为全县最大的数字化农业项目，得到了浙江省农业农村厅农业机械与数字化处的认可。

（四）技能学堂促共富，群众参与，产业兴村富民

"在家门口就能工作，天天有钱赚，能管老人能带娃，共产党真好！"这是毛垟乡村民在苔藓文化园干活时与其他村民闲聊时的话语。

村集体增收目标已初步实现，但如何让每一个留守村民的"口袋"都鼓起来，毛垟乡乡、村两级干部更是铆足了劲。他们与丽水润生苔藓科技有限公司签订"共富合伙人"协议，为本乡农户无偿提供苔藓种苗，并免费提供种植技术培训，待其种植完成后按市场价回收销售，鼓励农户参与种植，解决在家农户赖以为生的传统农业受季节限制、对天气依赖性强、收入低等问题。同时带动苔藓民宿、苔藓文创产品、苔藓绿化工程建设等产业链发展，通过开设"强技共富学堂"，为村民提供苔藓产业技能培训，打造妇女文创产品来料加工队、老年苔藓种植队、青年绿化工程施工队，带动200余户农户在家门口实现就业，每年让农户增加收入2.3万元。目前，毛垟乡苔藓种植及苔藓永生画制作两个项目已入选"浙江省专项职业能力考核规范开发项目"，下步将面向全省提供最权威的苔藓种植技术和苔藓文创产品制作技术培训，带动更多的剩余劳动力就业增收，推进高质量绿色发展，助力共同富裕示范区建设。

三、经验启示

从毛垟乡发展的案例可以看出，产业是发展之根本。发展产业要做到以下几点：

（一）要因地制宜

推进产业发展要从自身特色、基础实力等方面条件出发，积极探索符合本地实际的发展路径和方法策略。

（二）要善于整合

善于将土地、资金、人力等资源要素整合利用，抱团发展，解决山区资源小而散的问题。

（三）要敢于创新

要敢于打破规律，敢想敢干、大胆创新，与时代同步，利用科学技术，发展新型农业，跳出本地的自然条件束缚，用全新的思维谋划乡村产业发展。

（四）要勇于借力

通过与企业、人才的合作，通过引进人才、资金流等外部力量，为产业发展注入强劲动能。

（五）要富民利民

发展产业的根本目的就是促进经济社会发展，要积极引导群众参与产业发展，带动群众增收共富，进一步提升群众的幸福感和获得感。

思考题

1.偏远乡镇在资源严重短缺、"空心化"严重的背景下，如何精准实现破题突围、跨越式发展？

2.如何扩大红利，带动偏远乡镇留守群众实现共同富裕？

丽水市委组织部　推荐

后 记

  2022年以来，习近平总书记发表了一系列重要讲话，对做好当前经济工作、疫情防控、安全生产等作出重要指示、提出明确要求。4月29日，习近平总书记主持召开中共中央政治局会议，作出"疫情要防住、经济要稳住、发展要安全"的重要指示。为帮助广大干部全面学习领会习近平新时代中国特色社会主义思想，坚决落实习近平总书记"疫情要防住、经济要稳住、发展要安全"的重要指示要求，进一步磨砺责任担当之勇、科学防控之智、稳进提质之谋、除险保安之能，持续为干部履职担责精准赋能，省委组织部组织编选了本书。

  本书由省委组织部牵头，杭州、宁波、温州、嘉兴、湖州、绍兴、金华、衢州、舟山、台州、丽水市委组织部，省委办公厅、省人大常委会办公厅、省政府办公厅、省政协办公厅、省纪委省监委机关、省委宣传部、省直机关工委、省委党校、省法院、省发展改革委、省经信厅、省教育厅、省司法厅、省财政厅、省自然资源厅、省交通运输厅、省农业农村厅、省商务厅、省应急管理厅、省市场监管局，浙江冶金集团、省交通投资集团、省机场集团、浙江工业大学共同选编，省委政研室、省委改革办、省委党校、省发展改革委、省经信厅、省教育厅、省科技厅、省人力社保厅、省自然资源厅、省生态环境厅、省交通运输厅、省农业农村厅、省商务厅、省应急管理厅、省国资委、省市场监管局、省地方金融监管局、省政府研究室、省防控办审核把关，浙江干部培训教材编审指导委员会审定。参加本书审稿的人员有：刘海波、杨加鸥、张静、施佳、张宇环、刘周洲、尤伟忠、王添琦、马程、陈百生、吴国民、叶旺、吴钟标、刘达、黄凡、翁寿康、方乐、易龙飞、李元、白小虎、屈群苹、唐勇、陈登峰、范森凯、张震、胡超、徐东涛、卜永光。在编选过程中，省委组织部干部教育处负责组织协调工作，浙江人民出版社等单位给予了大力帮助。在此，谨对所有给予本书帮助支持的单位和有关同志表示衷心感谢。

由于水平有限，书中难免有疏漏和错误之处，敬请广大读者批评指正。

编　者

2022 年 11 月

浙江干部培训教材编审指导委员会

主　任：王　成　浙江省委常委、组织部部长
副主任：程来节　浙江省委组织部副部长
　　　　陈柳裕　浙江省委党校（浙江行政学院）
　　　　　　　　常务副校（院）长

图书在版编目（CIP）数据

稳进提质　除险保安　塑造变革　攻坚克难案例选 /
浙江干部培训教材编审指导委员会编. — 杭州 ：浙江人
民出版社，2022.12

ISBN 978-7-213-10793-1

Ⅰ.①稳⋯　Ⅱ.①浙⋯　Ⅲ.①区域经济发展-案例-
浙江　Ⅳ.①F127.55

中国版本图书馆CIP数据核字（2022）第173828号

稳进提质　除险保安　塑造变革　攻坚克难案例选

浙江干部培训教材编审指导委员会　编

出版发行	浙江人民出版社（杭州市体育场路347号　邮编　310006）
	市场部电话：(0571)85061682　85176516
责任编辑	丁谨之　高辰旭　陶辰悦等
责任校对	杨　帆
责任印务	陈　峰
印　　刷	杭州丰源印刷有限公司
开　　本	710毫米×1000毫米　1/16
印　　张	32.75
字　　数	329千字
版　　次	2022年12月第1版
印　　次	2022年12月第1次印刷
书　　号	ISBN 978-7-213-10793-1
定　　价	79.00元